**2020**

팔리는
라이프스타일
트렌드

시장의 흐름을 바꾸고 소비자들의 지갑을 여는
# 20개 트렌드를 포착하다

# 2020

# 팔리는
# 라이프스타일
# 트렌드

김나연　이상길
류현준　박종제
권정주　이현명
전준석　이지원
정하윤　지음

9791160074482

13320

한스미디어

## 글로벌 브랜드 마케팅 최전선에서
## 한 발 앞선 솔루션을 제시하다

본인이 광고대행사에 처음 입사했을 때만 하더라도 광고대행업을 위해서는 전략 플래닝AP: Account Planner, 광고 기획AE: Account Executive, 매체와 제작의 분업적 기능이 필요하다는 인식이 지배적이었다. 하지만 최근 광고대행사들의 흐름을 보면 이러한 전통적인 구조와 역할에서 벗어나려는 시도들이 보인다.

예를 들어 기획이 AP 기능을 함께 수행하고, 디지털과 TV의 경계가 허물어지면서 디지털 AE와 전통적인 AE들의 역할 구분이 모호해졌고, 나아가 기획과 제작을 겸하는 1인 크리에이터가 등장하는 등 직무 간의 경계를 넘어선 하이브리드 역량이 중요해지고 있다. 과거에는 광고 캠페인 전략을 수립하는 것을 주 업무로 생각하던 전략 플래너들도 이러한 변화의 흐름에 맞게 최근 영역을 넓혀가고 있다.

이 책의 저자들이 속해 있는 이노션 인사이트전략팀은 전통적인 AP의 역할이 아닌 마케팅 커뮤니케이션 전략 컨설턴트 집단을 지향한다. 최근 광고주와 광고대행사의 관계가 단지 광고 캠페인을 '대행'하는 관계가 아닌, 마케팅 전략을 함께 고민하고 솔루션을 찾아가는 파트너의 관계로 진화되고 있기 때문에 전통 AP의 역할 확장은 긍정적인 변화가 아닐 수 없다. 마케팅 기반의 커뮤니케이션 전략 전문가로서 클라이언트 브랜드가 처한 문제를 함께 고민하고, 시장과 소비자의 변화 흐름을 기반으로 문제 해결을 위한 새로운 시각과 대행사 내에서 바로 실행 가능한 전략 솔루션을 제안할 수 있기 때문이다.

이 책은 2018년 1월 팀이 세팅된 후 저자들이 꾸준히 연구해서 클라이언트들에게 매달 제공해온 트렌드 리포트 〈Monthly Picks〉를 기반으로 작성됐다.

이 책의 특징은 단지 눈에 띄는 트렌드를 현상적으로 탐색하는 데 그치지 않고, 트렌드가 생겨난 원인과 이 트렌드가 마케팅적으로 어떠한 의미와 활용 가치가 있는지에 대해 고민했다는 점이다. 가장 빠르게 변하는 마케팅 현장에서 다양한 광고주의 브랜드 과제를 고민하는 현업을 진행하는 중에 연구해온 결과물인 만큼 시대의 흐름과 변화를 예측하는 것은 물론 실제 마케팅에 적용 가능한 유의미한 인사이트를 얻는 데 도움이 될 것이라 생각한다.

이노션 월드와이드 비즈니스솔루션 부문

부문장 김 태 용

## 소비자와 시장의 변화를 가장 잘 이해할 수 있는 열쇠, '라이프스타일 트렌드'를 포착하다

이케아는 2016년 스웨덴 엘름홀트에, 무지는 2018년과 2019년 중국 베이징과 일본 긴자에 호텔을 각각 오픈했다. BMW 미니는 효율성이 높은 주거 공간에 대한 실험을 하고 있다.

국내에서는 2019년 10월 현대카드가 제작한, 상품이나 서비스가 직접 드러나지 않는 단편 영화 〈내 꿈은 컬러꿈〉이 24회 부산국제영화제에서 관객과 만났으며, 현대자동차는 2019년 9월 자동차 시트의 자투리 가죽과 에어백 등으로 만든 리스타일 패션을 뉴욕 패션위크에서 선보여 관심을 받았다.

요즘 들어 업의 경계를 넘어 새로운 시도를 하는 브랜드들이 늘고 있다. 이 브랜드들은 자사 제품과 서비스의 경쟁 우위 속성을 직접 강조해 이성적인 선택을 유도하기보다 소비자의 일상에 자연스럽게 침투하려고 한다. 상품이나 서비스가 표준화되고 있는 치열한 경쟁 환경에서 무리하게 차별점을 어필하지 않는다. 라이프스타일 브랜드로서의 공감대를 형성하는 게 오히려 더 차별적인 브랜드 이미지 구축에 기여할 수 있기 때문이다.

바야흐로 라이프스타일 브랜드를 지향하는 것은 시대적 흐름이 됐다. 5G 시대가 되면서 통신기술은 빠른 속도보다 일상생활에서 얼마나 밀접하게 연결될 수 있는가가 더 중요해졌다. 자율주행기술이 발전하면서 자동차의 연비나 주행 성능 자체보다 이동 공간으로서의 역할을 고민하는 시대가 되어가고 있다. 패션이나 생활용품, 서점, 심지어 유통업계 등 다양한 카테고리의 매장들이 상품 판매만을 목적으로 하는 곳이 아니라 고객들에게 새로운 라이프스타일의 경험을 제공하는 곳으로 진화하고 있다. 그리고 공유 경제와 구독 경제가 확대되면서 자동차, 집, 옷, 책, 영상 콘텐츠 등 다양한 상품을 직접 소유하지 않고도 즐길 수 있는 세상이 되었다.

이 시대의 소비자들은 상품과 서비스를 구매하거나 이용하기 위해 '재화를 소비'하는 사람들이 아니라 상품과 서비스의 '경험 자체를 소비'하는 사람들이라고 정의할 수 있다. 그래서 기업들은 이런 소비자들에게 새로운 경험을 주려고 다양한 영역으로 유연하게 확장하고 융합하는 데 보다 많은 관심을 기울이고 있다.

소셜미디어가 빠르게 성장한 최근 10년 동안의 사회문화적 변화는 그 어느 10년보다 변화의 폭이 컸다. 소비자들은 점점 더 자신이 원하는 것을 정확하게 충족시켜주는 제품을 찾으려고 끊임없이 정보를 탐색한다. 덕분에 자신의 삶을 보다 풍요롭고 즐겁게 만들 수 있는 경험을 찾아다닐 수 있게 됐다. TV나 신문, 라디오 등 전통 매체를 이용해 불특정 다수의 소비자에게 일방적인 메시지를 전달하는 광고 메시지의 효율성과 효과는 크게 떨어져버렸다. 대신 첨단기술이 발전해 고객에게 맞춤화된 콘텐츠와 상품을 제공하는 게 가능해지고 있다. 이런 환경의 변화로 기업들은 기존의 마케팅 방식에서 벗어나 타깃 고객들과 소통할 수 있는 접점을 넓히기 위한 새로운 시도를 하는 중이다. 소비자와의 접점의 구심점은 바로 그들의 일상생활에서 모든 순간으로, 이것이 바로 기업들이 라이프스타일 브랜드가 돼가는 이유다.

1990년대 후반부터 마케팅의 화두로 떠오른 고객 경험CX: Customer Experience은 이제 마케팅에서 핵심 요소가 됐다. 마케팅을 업으로 삼는 입장에서 단지 나의 브랜드와 제품이 어떻게 다른가를 보여주는 게 아니라 타깃 고객의 삶 속에 우리 브랜드가 어떻게 스며들 수 있는지를 고민해야 하는 시점이다.

이런 맥락에서 고객의 라이프스타일이 어떻게 변화하고 있고, 그 원인이 무엇이며, 앞으로 어떻게 이들에게 다가가야 할 것인가를 연구하는 것은 성공적인 마케팅을 위한 필수 요소다. 최근 10년간 상상 속의 일들이 현실에서 일어나면서 엄청난 변화를 일으킨 것처럼 2020년부터의 새로운 10년은 또 우리의 라이프스타일에 어떤 변화를 일으킬지 관심 있게 지켜봐야 할 때다.

이 책은 다양한 마케팅 전략 수립 프로젝트를 수행해온 경험과 시장에 대한 인사이트를 기반으로 팀원 전체가 함께 고민을 나누며 집단 지성을 발휘해 준비했다. 이 책에서는 사회문화적 환경 변화와 함께 다변화되고 있는 개개인의 라이프스타일, 사람들 속에서 관계를 만들어가는 방식, 각기 다른 가치관을 지닌 채 공존하고 있는 여러 세대를 보는 관점을 통해 새롭게 부상하는 비즈니스와 마케팅 방법론을 다룬다. 마케팅 커뮤니케이션 전략의 전문가로서 바라보는 새로운 트렌드의 등장과 이유, 향후 마케팅 활동에 대한 인사이트가 빠르게 변하고 있는 이 시대의 흐름을 읽어내는 데 작은 도움이 되기를 바란다.

# Contents

# Part 2 요즘의 우리를 말하다

# Part 3 요즘의 사회를 말하다

# Part 4 요즘의 비즈니스를 말하다

## Chapter 4 GreenityGreen+City: 도심 속에서의 자연을 소비하다

# Part 5 요즘의 마케팅을 말하다

## Chapter 1 나노 마케팅: 초세분화된 취향을 공략하다

## Chapter 2 Hyper Balance: 익숙하지 않은 것들을 조합하다

## Chapter 3 Space Shift: 공간의 역할이 진화되다

## Chapter 4 감수성의 시대: 사회적 편견에 질문을 던지다

## Chapter 5 CSR? CSF!: 지속 가능한 미래를 실천하다

## Part 1

# 요즘의
# 개인을
# 말하다

LIFESTYLE TREND

## Chapter 1

# 미-스펙트:
# 나의 행복은
# 내가 정의하겠어

LIFESTYLE TREND

지금까지 평범함은 '멋진 것'과는 거리가 멀었다. 또 평범함과 젊음은 더욱 거리가 멀었다. 그동안 젊음은 성공을 위해 온 몸을 던져 도전하고, 남과는 다른 특별한 삶을 위해 고군분투해야 하는 시간이라고 생각했다. 열정이 없는 젊음은 있을 수 없었다. 치열한 경쟁 사회에서 성공하기 위한 도전이 '멋진 모습'의 잣대를 만든 만큼 평범해지지 않기 위한 노력은 당연한 시대 현상이기도 했다.

팍팍한 시대에 청춘을 맞은 젊은이들에게 '멋진 삶'은 아무리 노력해도 보장되지 않는다. 우리 사회가 그들에게 '멋진 삶이란 수년간 희생 끝에 물질적 부 혹은 명예를 얻는 것'이라고 간접적으로 얘기해왔지만, 그것이 행복이라는 궁극적인 가치를 주는 것은 아니라는 걸 배워간다. 화려하고 자극적인 것에 질린 젊은이들이 적당히 하고 싶은 것을 하며 평범하게 사는 삶이 '멋진 삶', '가치 있는 삶', '행복한 삶'이라고 눈을 돌리는 요즘, 평범함에 대한 동경이 바로 몇 년 전부터 회자됐던 노멀 크러시 Normal + Crush 다.

노멀 크러시의 의미가 왜곡되는 경우도 적지 않다. 평범한 것을 추구한다고 대충 살아간다는 의미는 결코 아니다. 삶의 순간순간을 소중하게 생각하며 사회에서 보이는 성공의 이미지와 달리 내가 정한 기준에서 느끼는 행복에 가치를 둔다는 점을 꼭 기억하라. 이런 가치가 바로 설 때 평범한 삶이 멋진 삶으로 승화된다. 이것을 우리는 자존감에서 오는 행복이라고 정의하며, 이를 일컬어 '미-스펙트 Me + Respect'라고 한다.

# 평범하지만
# 행복한 삶

젊은이뿐 아니라 현대 사회에 살아가는 사람들에게 평범하다고 생각되는 계층은 세 부류다.

맨 먼저 사회적으로 평범하다고 인식되는 수준을 상회하는 부류다. 스스로 평범하다고 생각하지만 정작 같은 부류의 사람들은 그렇지 않다고 생각한다. 상류층, 부유층, 고위층 등으로 불리고 그 부류로 인식될 수 있지만 명확하지 않은 이유로 중간 계층에 삶의 중심을 두고 있는 부류다. 이들은 다른 사람의 관심을 받기 싫어한다. 그들이 세워놓은 성공이라는 잣대에서 벗어나 자신이 하고 싶은 일에 집중하길 원한다. 자신이 누리는 것은 부유층과 비슷하지만 그에 따르는 책임이나 타인의 관심 등의 부담은 지고 싶어 하지 않는다. 표면적으로 드러나는 모습만 평범할 뿐 비범한 계층이다.

이와 정반대로 평범한 수준을 하회하는 부류도 있다. 사회적으로 '평범하게' 보이지만 경제적으로 재능이 떨어지므로 삶이 생각보다 힘겹고 상대적으로 박탈감을 느낄 때가 적지 않다. 하위층 또는 저소득층 등과 같은 범위에 포함되지만 명확하게 '하위층'이라고 표현하기엔 무리가 있다. 이 계층에 속한 젊은이들의 근간을 붙드는 것은 주변 사람들로부터 자신을 지켜내기 위한 자존심과 자존감이기에 하위층이라고 과소평가하는 것을 스스로 허락하지 않는다.

마지막 부류는 사회적으로 해석하는 말 그대로의 '평범한 계층'이다. 경제적으로 중간 정도의 소득이 있으며 감당할 만한 수준의 어려움을 경험하는 등 비교적 완만한 삶을 살아가는 계층이다. 이들은 인생을 좌지우지할 만한 발전도 퇴보도 없는 정체된 인생을 살아가는 것 같지만 각기 다른 방법으로 절묘하게 현상 유지를 하며 행복을 느낀다.

요즘 젊은이들은 과열된 경쟁 속에 치열하게 살아가는 여유 없는 삶 속에서 주어진 것에 만족하며 행복하게 사는 것이 결코 쉽지 않음을 잘 알고 있다. 불확실성과 불안정성이 넘쳐나는 사회에서 이렇게 현상을 유지하며 살아갈 수 있는 것 자체가 멋스러워 보일 수 있다. 하루하루 무난하게 삼시 세끼를 해결하고 필요한 물건을 문제없이 구입하며 삶의 작은 행복을 누리는 것이 '평범하지만 행복한 삶'이다.

## 라이프스타일 트렌드에서 삶에 대한 태도 변화로

행복의 의미가 변하고 있다. 대학내일20대연구소의 〈2017 밀레니얼 세대 행복 가치관 탐구 보고서〉에 따르면 2030세대의 78%가

"성공적인 미래를 위해 몰입하기보다 현재의 일상과 여유에 더 집중한다"고 응답했다. 단순히 일시적인 라이프스타일 트렌드가 아닌 실제로 2030세대를 중심으로 젊은이들 사이에서 삶에 대한 가치관이 변화하고 있는 것이다.

심플한 멋을 지향하는 '놈코어룩', 덴마크인의 아늑한 라이프스타일을 지칭하는 '휘게' 등은 '평범하지만 행복한 삶'을 동경하는 2030세대들의 가치관 변화를 엿볼 수 있는 주요한 트렌드 키워드다. 이러한 트렌드에 기반한 패션과 인테리어 디자인 등은 라이프스타일 전반에 걸친 주요 유행 아이템이 됐다.

휘게, 놈코어와 같은 노멀 크러시는 '부담으로부터의 도피'를 원하는 경향이다. 부담스러운 인생 목표를 포기하고 부담스러운 패션을 거부한다.
자료: 마운티아(위), 블랙야크(아래)

# 사회적 관념에서의 성공보다는
# 높은 자존감

상당수의 젊은층에게 행복이란 별것 아니다. 치킨을 시켜 먹고 싶을 때 고민 없이 시켜 먹을 수 있는 정도의 삶, 아무리 소소해도 지금 이 순간만 누릴 수 있는 삶이다. 요즘 들어 이런 소소한 삶에 젊은이들이 집중하는 까닭은 무엇일까?

요즘 사회에서 인재라 불리는 사람들은 자신의 뛰어난 재능을 감추는 게 쉽지 않아 기업이나 다른 사람들로부터 발탁될 수밖에 없다. 반면 사회가 평가하는 기준에서 재능이 떨어지는 이들은 무능하다는 이유로 상대적인 박탈감을 느끼게 된다.

그렇다면 그 중간에 있는 사람은? '중간의 매력'이라는 말은 얼핏 쉬워 보이지만 갖추기 힘든 면모일 수 있다. '중간만 가고 적당히 한다'는 것이 아무것도 하지 않는다거나 무언가를 아무렇게나 하는 것이 아니기 때문이다. 평범한 삶을 살기 위해 갈망하는 젊은이들의 삶을 들여다보면 그다지 평범하지 못한 삶을 살아가고 있는 이들이 많다. 이런 이유로 '노멀 크러시' 같은 모순적인 말이 젊은층에게 '행복한 삶', '추구하고자 하는 삶'으로 각광받는 것일 수 있다.


## 2030에게 평범한 삶이란

저성장 시대에 삶을 영위하는 2030세대는 화려함과 자극적인 것을 접하면서 살고 있다. 사람은 누구나 주변 사람의 삶을 보며 영향을 받는다. 화려함과 성공을 갈망하는 사회적 통념에 물들 수밖에 없기도 하다. 하지만 남의 시선과 성공에 대한 사회적 통념을 의식하지 않으며 소박하지만 여유로움을 느끼는 삶이야말로 멋지고 '평범한 삶'으로 생각하고 있다. 평범함이 행복하다는 의미로 받아들여진다고 해석할 수 있다.

**당신에게 행복한 인생이란?**

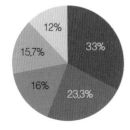

12%
33%
15.7%
16%
23.3%

■ 큰돈을 벌지 못해도 충분한 여가를 즐기는 삶
■ 타인의 기준 상관없이 내가 하고 싶은 일을 하는 삶
■ 단란한 가정을 꾸리고 일과 가정의 양립을 추구하는 삶
■ 재산 증식 등 경제적 여유를 누릴 수 있는 삶
▨ 존경하는 위치에 올라 명예를 누리는 삶

자료: Survey monkey, 2017년

## 평범하지만 그 자체를 즐길 수 있는 높은 자존감

핑클로 활동하며 가요계 요정으로 주목받다가 솔로 활동에 성공해 섹시 여가수 이미지로 각인됐던 이효리. 전성기가 지나면서 대중에게 잊혀지는 듯했던 그녀가 JTBC TV프로그램 〈한끼줍쇼〉(2017년 8월 2일 방영분)에 출연한 적이 있다. 이경규가 한 어린이에게 "훌륭한 사람이 돼야지"라고 말하자 "뭘 훌륭한 사람이 돼? 그냥 아무나 돼"라고 던진 말이 2030의 격한 환호를 불러일으켰다.

2019년 7월부터 9월까지 방송한 〈캠핑클럽〉에서 핑클 멤버와 여행을 떠난 이효리는 "스쿠터가 중간중간 설 때 일부러 나무 그늘을

'높은 자존감'의 아이콘이 된 이효리의 메시지가 2030세대로부터 많은 공감을 불러일으켰다.
자료: JTBC 〈한끼줍쇼〉와 〈캠핑클럽〉 방송 화면

지나서 섰다. 이진(핑클 멤버)이 나무 그늘에 서게 하기 위해서였다"며 "사실 그때 나는, 나 자신에게 감동했다. 남들은 몰라도 내 자신이 기특하게 보이는 순간이 많을수록 자존감이 높아진다"고 말했다. 이어 남편 이상순과의 일화도 전했다. "이상순이 보이지도 않는 의자 밑바닥에 사포질을 열심히 하는 모습을 보고 '여기 안 보이잖아. 누가 알겠어'라고 했더니 '내가 알잖아. 남이 나를 생각하는 것보다 내가 나를 어떻게 생각하는지가 더 중요해'라고 하더라"며 "그때 깨달음을 얻었다"고 덧붙였다.

'섹시함'의 아이콘으로 눈길을 끌던 이효리는 '높은 자존감'의 아이콘으로 주목받고 있다. 이렇듯 '평범하다'는 말 자체의 의미보다 '평범하지만 그 자체를 즐길 수 있는 높은 자존감'이 2030세대로부터 공감을 불러일으킨다는 것을 알 수 있다.

사회가 정한 성공의 잣대나 남의 시선에 굴하지 않고 자신이 즐겁게 일할 수 있으며 삶의 여유를 즐길 수 있는 직업을 택하는 젊은 층이 늘고 있다. 이 역시 경쟁 사회에서 상대적 박탈감을 쉽게 느낄 수도 있는 젊은이들이 스스로의 자존감을 높이기 위한 노력의 결과가 아닐까?

요즘 젊은층의 고질병이라는 '낮은 자존감'. 《자존감, 어떻게 회복할 것인가》(소울메이트, 2018)의 저자 선안남 상담심리사에 의하면 "(자존감은) 언제, 어디서나 평생 우리를 따라다니며, 우리의 생각과 행동에 영향을 끼치는 마음의 무게 중심 추"라고 말한다. 그는 "자존감이 높은 사람들은 우울·불안·분노·완벽주의·강박 같은 심리적 어려움을 경험할 가능성이 적고, 이를 더 쉽게 극복한다. 어려운 일에 도전하는 것도, 다른 사람 앞에서 의견을 당당하게 펼치는 것도, 관계 속에서 나타나는 갈등과 오해를 슬기롭게 풀어나가는 것도 모두 자존감과 관련이 깊다"며 "자존감은 우리의 행복과 건강, 성공을 위해 반드시 살펴봐야 한다"라고 덧붙인다.

그렇다면 자존감을 높이는 방법은 없을까? 심리학자 앨버트 앨리스는 3가지 방법을 소개한다.

첫째, 자존감과 자존심을 구분하는 것이다. 자존심은 타인이 자신을 어떻게 대하는가에 집중하며 자신을 소중하게 다루는 마음이지만, 자존감은 타인이 자신을 어떻게 대하는지와 무관하게 흔들리지 않는 자기 존중과 자기 사랑을 실천하는 마음이다. 의식하는 대상이 자존심은 '남'이라면 자존감은 '나'다.

둘째, 자존감의 높낮이와 '안정성'을 함께 생각하는 태도다. 자존감을 높다거나 낮다고 하는데, 이때 중요한 것은 '안정성'이다. 자존감이 높은 사람일지라도 심리는 변하므로 기복이 있을 수 있다. 어제의 나와 오늘의 내가 같고 내일도 크게 달라지지 않을 거라는 심리적 안정성을 갖추는 태도가 필요하다.

셋째, 자존감과 우월감을 구별하는 방법이다. 재능이 뛰어나거나 경험이 풍부해서 무언가를 잘하는 것에 대한 자신감은 자존감을 높여주고 때로는 우월감까지 느끼게 한다. 여기서 우월감은 열등감의 반대 개념이라는 사실을 기억해야 한다. 재능은 뛰어나지만 마음이 불행한 사람이 존재하는 이유도 우월감은 느끼지만 자존감이 낮아서일 수 있다.

# 무의미한 것에 관심과 시간을 투자하다

본인의 자존감을 높이고자 노력하는 과정으로 소소한 것에서부터 행복을 느끼고픈 젊은층이 부쩍 늘었다. 특별한 메시지나 드라마틱한 스토리 없이 묘하게 마음을 편안하게 해주는 콘텐츠가 온라인에서 인기를 끌고 있다.

### 브이로그

브이로그Vlog = Video + Blog는 소소한 일상을 영상에 담는 〈나 혼자 산다〉의 일반인 버전이다. 기상부터 독서실에서의 공부, 집에서 하는 피부 관리 등 하루 일과를 여과 없이 보여주고 육아 일상을 공유하

아나운서 이하정이 딸 유담이와의 일상을 공개한 브이로그.
자료: 〈이하정TV〉 유튜브 채널

액체괴물 ASMR, 편안한 슬라임 영상 모음.
자료: 〈Awesome Slime Erika〉 유튜브 채널

는 등 브이로거들의 평범한 일상이 공감을 얻고 있다. 이런 트렌드를 따라가듯 연예인들도 일상을 공유하며 팬들과 소통하고 있다.

### 슬라임

요즘 유튜브에서 풀, 치약, 클렌징 폼 등 다양한 일상 재료를 활용해 알록달록하며 물컹한 슬라임(일명 액체괴물)을 만들어 가지고 노는 영상이 인기다. 소재 자체는 의미가 없지만 보고 있으면 마음이 편안해지고 휴식이 된다.

## 옛것의 평범함에서 나의 편안함을 찾다

아날로그 컴백의 시대다. 과거에 대한 향수는 그 어느 시대에도 있었다. 이번에는 첨단 시대에 살면서 옛것의 평범함에서 편안함을 찾는 젊은층이 주도한 아날로그다. 이 같은 현상을 '뉴트로New+Retro'라고 부르기도 한다. 경쟁 속에서 바쁘게 살아가는 젊은이들은 현실에서 무너진 자존감을 회복하기 위해 여가 시간을 활용해 편안함을 주는 다양한 활동을 찾아 나선다.

'전통과 추억을 산다'라는 말이 있을 정도로 복고풍의 공간이 젊은이들에게 인기 있는 이유도 특이한 과거의 것을 볼 수 있는 신기함 때문만은 아니다. 온전히 나 자신을 생각하며 시간을 보내왔던 과거를 떠올리며 편안함을 느끼고 자존감을 회복하고자 하는 젊은이들의 '미-스펙트' 욕구를 해소해주기 때문이 아닐까?

레버와 스틱을 열심히 두드리며 과거의 오락실 감성을 만끽할 수 있는 콤콤 오락실은 1980~1990년대를 주름잡던 추억의 오락에 1990년대 분위기를 그대로 반영했다.
자료: 〈한국경제〉

아날로그 감성 가득한 LP 음악과 커피, 주류 등을 즐길 수 있는 '바이닐 카페'가 최근 인기다.
자료: 〈매일경제〉

### 콤콤오락실

쨍한 아몰레드 화면에 초고속 성능 칩으로 구동되는 최첨단 모바일 게임이 보편화된 요즘, 인내심을 필요로 하는 보드 게임이 되레 인기다. 또한 아날로그 RGB 모니터로 즐기는 테트리스와 팩맨 같은 단조로운 게임의 인기로 인해 오락실이 부흥하고 있다.

### 바이닐 카페

요즘 2030세대 사이에서 바이닐 카페가 인기다. 바이닐Vinyl이란, 사람들이 흔히 부르는 'LP'라 볼 수 있다. 이 카페는 낮에는 커피 등

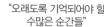

"일회용 카메라가 당신의 스마트폰 안에 있습니다"

"오래도록 기억되어야 할 수많은 순간들"

"잊었던 기억을 3일의 기다림 후 평생 추억으로 남겨보세요"

사진을 찍고 72시간을 기다려야 인화되는 '구닥 카메라' 어플리케이션.
자료: 구닥 카메라

의 음료를 판매하지만 저녁에는 주류를 판매하는 '바'로 바뀐다. 카페 한쪽 벽은 LP판들로 가득하다. 그 앞에는 바이닐을 재생하는 턴테이블과 큰 스피커가 반긴다.

### 아날로그 감성 카메라

완벽하지는 않지만 찍은 사진을 바로 인화할 수 있는 폴라로이드 카메라, 찍은 사진을 보려면 며칠을 기다려야 하는 필름카메라를 재현한 어플리케이션, 좁은 공간에 일부러 찾아가 사진을 찍어야 하는 포토 부스 등은 약간의 불편함이 있지만 특유의 편안한 안정감을 주는 놀이가 됐다.

이 시대 청년들은 열심히 살고 있지만 경기 불황, 치열한 경쟁에서 비롯되는 청년 실업 등으로 고통 받고 있다. 사회적으로 정의되어 있는 성공과 드라마틱한 삶의 질 향상이 노력만으로 이뤄지지 않는다는 것도 알고 있다. 큰 목표를 세우더라도 달성할 수 없다는 것을 깨닫고 개인이 이룰 수 있는 소소한 목표에 집중하며 자존감을 지키기 위해 노력하고 있다.

평범함 속에서 행복을 찾는 2030세대는 바쁘게 경쟁하며 끊임없이 자극을 찾아 나서던 과거와 달리 '의미 있는 일을 해야 한다는 강박에서 벗어나고 싶다'며 무의미하게 여겨져왔던 것에 눈을 돌리기 시작했다. 훌륭한 사람이 되자는 강박을 내려놓고 남들이 보기에 의미 없어도 내게 의미 있는 소소한 행복을 위해 살아가고 있다. 어떻게 보면 의미 없어도 되니 홀가분한 일상, 평범함, 무자극 휴식 등으로부터 오는 현실적 행복에 만족하는지도 모른다.

평범하게 산다고 해서 대충 살거나 되는 대로 살아간다는 의미는 아니다. 남의 시선에 휘둘리지 않고 내 삶의 순간순간을 만끽하며, 내가 사랑하는 사람들과 좋아하는 것을 행하며, 나만의 잣대를 세우고 그 속에서 느끼는 행복에 가치를 두는 것이 '미-스펙트'다.

치열하게 사는 게 옳지 않다는 건 아니다. 돈, 명예 등과 같은 사회적 관념에서의 성공 기준은 삶의 질 향상에 도움을 주니 이런 꿈을 갖고 있는 사람들이 많은 것 역시 당연할 수 있다. 그러나 성공에 집중하기보다 '내가 추구하는 가치를 실현하며 살아가는 것'에 집중하는 삶이 행복이라고 생각하는 모습 그 자체가 '미-스펙트'의 의미일 수 있다.

# Chapter 2

## 개취존러:
## 개인의 취향,
## 존중해주시죠?

LIFESTYLE TREND

회사 중역을 모시고 중국집으로 식사를 간다고 상상해보자. 중역이 점심을 빠르게 먹고 다시 회사에 들어가봐야 한다며 "여기 짜장면으로 통일해주세요!"라고 주문했을 때 가만히 있는 사람도 있을 것이고, "저는 삼선볶음밥 먹겠습니다"라고 말하는 사람도 있을 것이다. 한 가지 분명한 것은 삼선볶음밥이라고 자신의 취향을 분명하게 표현하는 사람들이 과거보다 점점 더 많아지고 있다는 것이다.

얼마 전까지만 해도 전통적 유교 사상과 군부독재 시기의 영향을 받아 남의 시선이나 눈치를 보면서 선택이나 결정을 내리는 것을 자연스럽게 생각해왔다. 하지만 자신이 원하는 바를 명확하게 표현하는 시대가 왔다. 자기가 원하는 것에 집중해 용기를 내면서 취향을 존중해달라고 목소리를 높이고 있는 취향 존중 시대가 다가온 것이다.

자신의 취향을 명확하게 표현하는 사람의 비중이 증가하면서 마케터들에겐 또 하나의 과제가 늘었다. 사람마다 취향이 다른 만큼 정교한 마케팅 방식을 적용시키지 않거나 소비자에 대한 깊은 이해가 없는 상태에서는 마케팅 활동의 효율성이 감소하기 때문이다. 자신의 취향을 분명하게 표현하는 사람들이 왜 많아지는지, 그들을 성공적으로 공략한 마케팅 사례를 알아보고 취향 존중(취존) 시대에 더 중요해진 관점을 알아보자.

# 취존 시대가
# 열리다

## 취향이란

'취향'을 국어사전에 검색하면 '하고 싶은 마음이 생기는 방향. 또는 그런 경향'으로 정의하고 있다. 하고 싶은 마음은 자발적으로 생겨날 수밖에 없으므로 '내가' 무언가를 좋아한다는 것이다. 내가 무언가를 좋아하려면 자연스럽게 직접 또는 간접 경험이라는 과정을 꼭 거쳐야 한다. 마치 매운 음식과 덜 매운 음식 가운데 어떤 음식이 내 취향인지 알려면 직접 먹어보고 내 몸의 반응을 확인하는 것처럼 취향에 있어 경험은 필수 불가결한 요소다.

사람은 각자만의 인생을 살고 있고 타인과는 다른 자기만의 경험을 보유하고 있다. 마케팅 관점에서 취향을 다시 정의한다면 사람마다 보유한 각기 다른 경험 속에서 상호 작용하며 생겨나는 호감 또는 비호감의 감정(느낌)으로 정의할 수 있다.

## 왜 취존 시대인가

과거와 비교해 취향 존중 시대가 열린 이유는 '경험의 확장과 현재에 충실하고자 하는 자세'에서 찾아볼 수 있다.

첫 번째 경험의 확장 요인은 취향의 정의와 밀접한 관련이 있다. 취향은 개개인의 경험과 밀접한 상호 작용을 한다. 현재 마케팅에서 타깃으로 삼고 있는 주류 세력인 밀레니얼 세대는 과거와 비교해 누릴 수 있는 경험의 양과 질이 폭넓게 확장되고 있다. 스마트폰을 비롯한 첨단기술의 발전은 밀레니얼 세대에게 정보에 손쉽게 접근할 수 있는 기회를 제공한다. 마케팅 활동도 디지털 혁신이라는 옷을 입고 이전에는 상상할 수 없었던 경험을 제공한다. 이 같은 경험의 확장은 적극적인 취향 표현으로 이어지고 있다.

현재에 충실하고자 하는 자세 또한 중요한 요인이다. 많은 전문가들이 한국 경제가 장기 저성장 국면으로 들어섰다고 분석한다. 이런 사회경제적인 어려움으로 인해 'N포 세대'로 불리는 밀레니얼 세대는 집도, 연애도, 결혼도 포기하고 있다. 그래서 현재를 희생해도 미래에 주어지는 행복을 얻을 수 없다면 주어진 현실이라도 충실하게 살아가자는 태도가 주류를 이루게 됐다.

욜로나 소확행 같은 트렌드 키워드에는 눈앞에 주어진 현재를 충실하게 살아가고자 하는 태도가 잘 반영돼 있다. 현재를 충실하게 살아가려면 선택할 때마다 내가 정말 좋아하고 원하는 건지 자신의 목소리에 귀를 기울일 수밖에 없다. 현재에 충실하며 행복을 추구하려면 자신의 취향을 적극적으로 표현할 수밖에 없는 것이다.

# 취존 시대의
# 증거

## 대중 매체에서 볼 수 있는 취존 시대

JTBC에서 〈취향존중 리얼라이프: 취존생활〉(2019년 5~8월)이라는 예능 프로그램을 방영한 바 있다. 이 프로그램에서는 주 52시간 근무제 도입 및 음주 회식 지양으로 빨라진 퇴근 시간을 활용해 취향을 찾아 취미를 배우는 밀레니얼 세대처럼, 연예인들도 본인의 취향에 맞는 분야나 취미를 선택하고 그들과 함께 호흡하며 배워가는 모습을 그렸다. 예를 들면 안정환과 정형돈이 스쿠버다이빙 동호회를 찾아 스쿠버다이빙을 배우는 에피소드를 그리는 방식이다.

아저씨들의 고루한 취미처럼 보였던 낚시 또한 재조명받고 있다. 이경규와 이덕화가 주축이 돼서 이끈 〈나만 믿고 따라와, 도시어부〉(2017~2019)는 아재들의 취미를 전면에 내세워서 남녀노소 관계없이 인기를 끌었다.

## 오로지 취향에 집중해 다른 사람과 연결되다

자신의 관심 분야에 대해 잘 알고 있는 다른 사람과 얘기하면서 정보를 나누는 자리는 즐겁고 유쾌한 경험으로 기억될 가능성이 높다. 최근 밀레니얼 세대를 중심으로 프랑스에서 넘어온 '살롱 문화'가 인기를 얻고 있다.

취향 기반 오프라인 모임인 살롱은 프랑스어로 '사교 집회, 응접실' 등을 뜻한다. 음악·미술·문학 등 다양한 분야에 대해 자유롭게 토론하며 공유하는 자리다.

'취향관'이나 '소셜살롱 문토' 같은 대표 살롱 커뮤니티 공간은 일부러 나이와 직업을 밝히지 않는 것을 권장한다. 보이지 않는 사회적 지위의 영향에서 벗어나 오로지 취향에 집중해 자유로운 토론을 유도하기 위함이다.

자신이 좋아하는 취미나 특정 분야에 전문 지식을 갖춘 다른 사람과 연결해주는 '탈잉'이라는 어플리케이션도 생겨났다. 탈잉을 통해 250개 이상의 취미 관련 수업을 들을 수 있다. 2만 명 이상의 일반 강사가 메이크업, 피트니스, 포토샵, 프로그래밍 등 다양한 수업을 제공한다. 예전에는 피아노를 배우고 싶으면 피아노학원에서 커리큘럼에 따라 정해진 시간에 레슨을 받아야 했다. 지금은 피아노 교습 능력이 있는 사람 중에서 내가 편한 시간에 맞출 사람을 찾는 시대가 온 것이다.

## 불호의 취향까지 존중해주는 태도

특정 제품 또는 물건을 싫어하는 사람들이 모자이크를 통해 자신의 불호 취향을 적극적으로 밝히고, 이를 놀이 문화처럼 즐기는 현상이 나타나고 있다. 자신이 불호하는 특정 물건 또는 행위 등에 대해 의견을 적극적으로 표출하는 동시에 타인과 불호 취향의 의견을 소셜

오이를 싫어하는 사람을 배려해 모자이크 처리한 '오자이크'.
자료: 농심 인스타그램

미디어에 공유하는 현상도 나타났다. '오자이크' 현상이 대표적이다. 오이는 특유의 향이 있어 호불호가 갈리는 식재료다. 오이를 싫어하는 사람들은 오이가 나오는 사진에서 오이를 모자이크로 지운 다음 소셜미디어에 공유하면서 자신의 불호 취향을 드러내고 있다.

## 신념이라는 취향이 소비의 옷을 입다

개인 취향을 넘어 정치·사회적 신념을 적극적으로 드러내고 소비 행위로까지 연결시키는 미닝아웃Meaning Out = Mean + Coming Out이라는 키워드가 있다. 요즘의 소비자는 도덕적 또는 사회적으로 지탄받는 기업의 제품을 불매 운동하자는 의견을 소셜미디어에 올리는 것을 자연스럽게 생각한다. 상속세를 자발적으로 성실하게 납부하고

대형마트 시식 요원을 정규직으로 고용하는 등 착한 행보를 선보인 오뚜기를 '갓뚜기'로 부르며 착한 기업의 제품을 소비하자는 의견을 드러내는 것이 대표적인 사례다. 최근 강제징용 문제에 대한 대법원 판결에 불만을 품고, 부당하게 한국을 화이트리스트 국가에서 제외하는 경제 제재를 한 일본에 대한 감정이 격해지면서 전 국민적으로 일본 기업(제품) 불매 운동이 벌어지고 있다. 소비자의 선택권을 제한한다는 일부 비판의 목소리는 있지만 의식 있는 소비를 통해 부당한 조치에 대해 국내 소비자가 정당한 저항의 목소리를 높이고 있다는 평가가 지배적이다.

# 취존 시대를
# 적극 공략한 브랜드

취향 존중 시대에 소비자의 니즈를 포착한 기업들은 발 빠르게 이들을 공략하고 있다. 취존 시대에 인상적인 마케팅 활동을 펼치고 있는 삼성전자와 츠타야 사례를 살펴보자.

### 내 취향과 라이프스타일에 최적화된 냉장고, 비스포크

냉장고 하면 떠오르는 고정관념이 있다. 메탈릭한 색깔, 커다란 크기 같은 것이 대표적이다. 2019년 9월 삼성전자에서 내놓은 비스포크 냉장고는 이런 고정관념을 파괴했다. 비스포크는 19세기 영국에서 귀족들이 고급 의류나 기호품을 취향에 따라 맞추던 것을 의미한다. '말하는 대로 되다Be+Speak'라는 어원처럼 비스포크 냉장고는 말하는 대로 맞춤이 가능한 냉장고다. 소비자는 1도어부터 4도어까지 총 8개 타입 모델에 3가지 패널 소재, 9가지 패널 색상 등을 조합할 수 있다. 4도어 프리스탠딩 타입을 제외한 나머지 제품은 주방과

'말하는 대로 되다'라는 어
원처럼 비스포크 냉장고는
말하는 대로 맞춤이 가능한
냉장고다.
자료: 삼성전자

거실의 경계가 사라지는 인테리어 트렌드에 적합한 키친핏(주방 가구
에 꼭 맞는 사이즈)이 적용돼 빌트인 가전 같은 효과를 낸다.

　　비스포크 냉장고는 '이사를 가거나 인테리어를 바꾸거나, 라이프
스타일이 바뀌면 어떻게 하나?'라는 질문에도 대응하고 있다. 이사
를 하거나 인테리어를 바꿀 때 냉장고 문 소재와 색깔을 원하는 대
로 바꿔 끼울 수 있다. 제품을 확장하거나 변경도 할 수 있다. 1인 가
구로 살던 남성이 이 냉장고를 구입해도 결혼 후 라이프스타일에 맞
게 디자인이나 용량을 바꿀 수 있다. 냉장고 하면 떠올리는 메탈 색
상이 아닌 새로운 색상의 비스포크 냉장고를 선택하는 비중이 절반
이상이라고 하니 소비자가 그간 얼마나 자유로운 선택에 목말라왔
는지 알 수 있는 대목이다.

　　삼성전자는 취존 시대에 대응하기 위해 '프로젝트 프리즘'이라

는 중장기 비전을 내세우고 있다. 프로젝트 프리즘은 취존 시대의 주류 세력인 밀레니얼 세대를 정조준하고 있으며, 방향성은 크게 3가지다. 제조가 아닌 창조, 표준화가 아닌 개인화, 다른 업종과의 광범위한 협업이다. 비스포크 냉장고는 프로젝트 프리즘을 구현한 첫 제품이다.

## 취향을 설계하는 브랜드, 츠타야

고령화가 빠르게 진행되고 있는 일본에서는 소도시마다 어떻게 하면 관광객을 끌어올 수 있을까를 고민하고 있다. 관광객 증감이 지역 경제에 끼치는 영향력이 크기 때문이다. 큐슈의 다케오시는 5만 명 정도가 사는 소도시다. 인근의 유후인이나 벳푸가 온천이 유명한 것과 대비해 자연환경의 이점이 없는 도시였다.

하지만 츠타야의 창업자 마스다 무네아키가 다케오시립도서관에 츠타야 서점의 콘셉트를 적용하고 재개관한 다음 연간 방문자 수가 100만 명을 돌파했다. 이와 같이 급격히 늘어난 방문객들은 지역 경제에 긍정적인 영향을 끼쳤다. 실제로 2018년에 다케오시립도서관을 방문해보니 다른 도서관과 차별화되는 포인트가 있었다. 책을 분류하는 코너별로 연관성이 낮은 백과사전식 분류 방식이 아니라 책을 읽는 사람의 입장에서 관심을 가질 만한 코너 간의 연결이 유기적이고 자연스러웠다.

일반적인 도서관에서는 컴퓨터프로그래밍 서적 옆에 중고등학교 참고서가 있지만 다케오시립도서관에는 예술 → 패션 → 디자인 → 인테리어 등으로 흐름이 이어진다. 얼핏 보기에 분절적인 흐름 같지만 예술이나 패션 서적과 물건(굿즈)의 큐레이션을 자연스럽게 만들어두었다. 이러한 매장 운영 방식은 국내 브랜드에도 영감을 줬다. 교보문고는 100인 테이블을 서점 내부에 설치하고 책을 더 읽을 수 있도록 분위기를 조성했다. 일렉트로마트는 가전제품을 단순 나열이 아닌 3040대 성인 남성의 관심 분야에 집중해 매장을 구성했다.

츠타야 매장 운영 방식의 핵심은 '취향 기반의 라이프스타일 제안'이며 이는 츠타야 브랜드가 추구하는 핵심 가치라고 볼 수 있다. 츠타야 서점은 초기에 도서, 음반 및 DVD를 대여해주던 형태에서 책을 매개로 음반, 문구, 소품, 가전까지 제안하는 형태로 변모해왔다. 숍인숍(매장 안에 매장)을 적용해 소비자가 원하는 공간의 영역을 확장하고 있다. 패밀리마트 같은 편의점이나 스타벅스 같은 커피숍

음반과 서적, 각종 생활용품과 전자제품, 여행은 물론 숙박까지 다루며 서점을 넘어 지적 자본이 결집한 공간의 미래를 보여주고 있는 츠타야.
자료: 〈동아일보〉

매장이 대표적이다. 츠타야 서점 내부에서 평소 스타벅스나 패밀리마트를 자주 이용하는 고객의 취향을 저격하며 시너지 효과를 내고 있다.

A라는 취향을 가진 소비자가 B라는 분야에 관심을 가질 가능성이 높다는 주장에는 명확한 근거가 있어야 하는데, 츠타야 창업자 마스다 무네아키는 '고객 경험에 대한 이해는 데이터를 통해서 가능하다'는 철학을 가지고 있다. 츠타야의 취향 설계의 핵심이 되는 데이터는 여러 업종을 망라한 공통 포인트 적립 서비스인 'T포인트'라는 플랫폼에서 얻고 있다. T포인트는 2003년에 개시한 후 현재 일본 인구의 절반에 달하는 회원 수(6,156만 명)로 성장해 츠타야의 생활 제안 서비스를 위한 데이터가 되어주고 있다.

### 나의 취향을 반영하는 인플루언서와 함께 여행을 떠나다

아무리 친한 친구라도 여행을 떠나면 싸운다는 얘기는 들어봤을 것이다. 단둘이 여행을 떠나면 여행 스타일이나 취향이 맞지 않아 크게 싸우고, 셋이 떠나면 여행 취향이 맞는 둘이 뭉쳐 다녀 한 명은 외로울 수밖에 없다. 그래서 친구끼리 여행은 4명으로 가서 취향이 맞는 둘씩 뭉쳐 다니는 게 가장 좋다는 얘기가 있다. 취향은 여행 산업에서 중요한 요소다. 이런 니즈를 공략하기 위해 여행업계도 빠르게 움직이고 있다. 인플루언서를 적극 활용하기 시작한 것이다.

소비자 취향을 고려해 특정 분야의 전문성을 갖춘 인플루언서와 함께 떠나는 여행 상품을 연달아 내놓는 여행사도 있다. 가장 대표적인 여행 상품이 2018년 완판 행진을 기록한 '박나래와의 클럽파

여행에 소비자의 취향을 덧입혔다. '인플루언서와 함께하는 여행 상품'.
자료: 하나투어, 모두투어

티'다. 단순히 '박나래와 함께 떠나는 해외여행'으로 마케팅을 했다면 파급력이 크지 않았을 것이다. 박나래가 전문성을 갖고 있는 클럽 파티와 디제잉을 박나래와 함께 경험하는 상품이었기에 가능한 일이었다.

유명 연예인을 활용한 상품만 있는 건 아니다. 은하수 사진작가로 유명한 이윤상과 자연환경이 아름다운 울란바토르에서 사진 촬영 노하우를 배우는 여행 상품도 있다. 산악계에서 영향력이 막대한 허영호 대장과 동남아에서 가장 높은 키나발루산을 등정하는 상품도 있다. 또한 명품 브랜드 모델로 활약하는 패션 인플루언서 민준기와 함께 아시아 패션의 중심지라고 불리는 방콕과 파타야를 방문하고 패션 스타일링 노하우를 전수받는 상품을 내놓기도 했다.

인구통계학 정보를 기준으로 '30대 남성'을 제품의 주요 타깃으로 규정하는 건 낡은 방법이다. '패키지 여행보다 자유 여행을 선호하고, 근교에 위치한 전망 좋은 카페 가는 것과 사진 찍는 것을 좋아한다' 등의 구체적인 취향으로 타깃 페르소나를 구체화시키는 게 필요한 시대다. 많은 이가 유튜브에서 자신만의 전문성을 기반으로 매력을 어필하고 있다. 소비자는 취향에 맞는 인플루언서를 구독하고 '좋아요'를 누르고 있다. 취향 중심으로 소비자가 뭉치는 현상은 더욱더 강화될 것이다. 취향을 적극 활용하는 기업이 소비자의 선택을 받기 쉬운 이유다.

# Chapter 3

## 비우미즘:
## 끌리지 않으면
## 버려라

LIFESTYLE TREND

현대인은 예전에 비해 풍요로운 시대를 살고 있다. 어느 정도 편차는 있겠지만 물질적으로도 풍요로워졌고 기술과 네트워크의 발전으로 어느 때보다 많은 정보와 인간관계를 누리고 있다. 그렇다면 이런 풍요로움으로 우리는 더욱더 행복해지고 있는 것일까? 적정선에서 절제하지 못하면 풍요로움은 과잉으로 변질된다. 이런 과잉이 오히려 우리 삶의 행복을 위협하는 존재가 될 수 있다.

과유불급이라고 하지 않았던가. 그 어느 시대보다 현대인은 과잉의 함정에 빠져들곤 한다. 경제생활에서는 과소비가 여전히 이슈이고 식생활에서는 과식에 대해 끊임없이 문제제기를 하고 있다. 연결의 시대에 살면서 가장 많은 정보와 관계망을 가지고 있지만 TMI라는 유행어처럼 안물안궁('안 물어봤고 안 궁금하다'의 줄임말)의 정보들이 우리의 피로도를 높이고 있다. 소셜미디어에서는 제대로 기억하기 힘들 만큼 많은 수의 팔로워와 친구들로 인해 관계 다이어트를 시도하기도 한다.

과잉의 시대를 살고 있는 현대인은 자신의 행복을 위해 다시금 '비움'의 지혜를 배우고 있다. 때로는 과한 것은 덜어내고 비우는 것이 절실히 필요하다는 것을 깨달으며 온전히 비울 때 가장 중요한 본질을 얻을 수 있다는 교훈을 얻고 있다. 비우는 것을 통해 행복해지는 법을 배우고 있는 현대인의 삶의 단면과 이런 비우미즘비움-ism을 활용한 기업의 마케팅 활동을 살펴보자.

# 비우미즘:
# 과잉의 시대를 살아가는 '비움'의 지혜

국민소득 수준이 증가하고 기술이 발전하면서 예전보다 풍부해진 자원과 정보를 누리고 있지만 지나친 과잉으로 인해 어두운 면이 나타나고 있다. 풍요로운 시대에 일어난 과잉의 역설을 살펴보고 비우미즘의 등장 원인을 파헤쳐보자.

## 풍요로움의 시대

우리나라는 국민소득 3만 달러 시대에 접어들었다. 2018년 IMF 통계 기준 1인당 GDP가 3만 달러를 넘기게 되면서 세계 29위, 인구 1,000만 이상 기준 세계 10위를 기록했다. 4차 산업혁명을 비롯한 변화를 거치면서는 더욱 성장에 박차를 가하고 있다.

3만 달러의 원칙을 들어본 적이 있는가. 국민소득 1만 달러 시대

**한국의 1인당 GDP 증가 추이**

단위: 달러, 2017~2018년은 정부 경상성장률 전망으로 추계

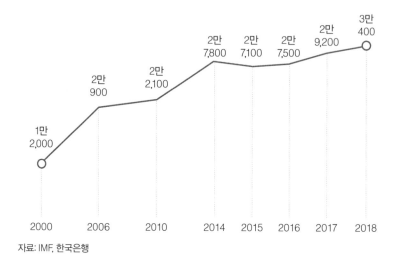

자료: IMF, 한국은행

에 사람들은 자동차에 관심을 가진다. 2만 달러 시대에 진입하면 관심 주제가 집으로 바뀐다. 3만 달러를 넘기게 되면 인테리어에 관심을 가진다. 이런 관심의 변화가 의미하는 건 무엇인가. 소득이 늘면서 일정 수준의 임계점에 다다르게 되면 남들에게 보이는 '있어빌리티'보다 본인이 향유하는 삶의 질에 관심이 높아진다는 것이다. 예전보다 나아진 풍요로움 속에서 우리는 과연 행복하게 잘 살고 있는지 자연스럽게 자문하게 되고, 그 속에서 우리가 놓치고 있는 부분을 주목하기 시작한 것이다.

**성인 비만 유병율**

단위: %, 만 19세 이상

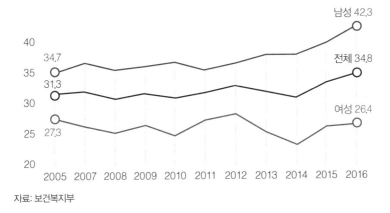

자료: 보건복지부

## 과잉의 역습, 비우미즘의 등장

풍요로움 가운데 과잉의 그림자가 드리우고 있다. 한 예로 OECD 2017 발표에 따르면, 우리나라 성인 남성의 비만 유병율이 42.3%에 달하는 것으로 보고됐다. 전체 성인 남녀로 보면 3명 가운데 1명 꼴로 비만이다. 소모되는 칼로리 대비 음식 섭취의 과잉에서 비롯된 결과로 그 비중이 증가하고 있음을 알 수 있다. 보릿고개로 대표되는 기근의 걱정에서 탈피한 게 오래되지 않았지만 이제는 비만 인구 비중을 심각하게 고민하는 시대가 되었다.

한편 소셜미디어를 통해 사람들과 관계를 맺고 풍성해진 인맥을 자랑하던 현대인들도 피로도를 느끼고 있다. 절반 이상의 직장인이

**소셜미디어를 통해 피로도를 느끼는 이유?**

| 이유 | 비율 |
|------|------|
| 소셜미디어 관리에 많은 시간을 쏟게 돼서 | 38.9% |
| 광고 마케팅이 너무 많아져서 | 18.7% |
| 상대적 박탈감을 느끼게 돼서 | 15.1% |
| 원치 않는 사람과의 관계 형성이 부담돼서 | 10.7% |
| 너무 많은 정보들에 노출돼서 | 9.5% |
| 사생활이 불특정 다수에게 공개되는 것 같아서 | 7.1% |

자료: 〈벼룩시장〉 설문조사

소셜미디어 피로도를 느낀다고 응답했는데 그 이유를 살펴보면 "소셜미디어 관리에 많은 시간을 쏟게 되기 때문"이라는 응답이 가장 높았다(39%). 네트워크가 발전하면서 누리게 된 풍성한 정보와 관계 맺기가 과잉이 돼 우리 삶을 피곤하게 하고 있는 것이다.

이런 과잉의 역습에 현대인은 어떻게 대응하고 있을까? 과잉을 해결하기 위해 현대인은 삶의 여러 영역에서 과도한 것을 덜어내고 필요한 것에 집중하는 '비움'의 철학을 배우고 있다. 이것이 바로 '비우미즘'의 등장 배경이다.

# 공간을 비우는
# 삶의 지혜

우리가 어디에 있든 우리 주변에는 공간이 있고 그 공간에 무엇인가 자리 잡고 있게 마련이다. 필요한 물건을 원하는 자리에 놓은 것뿐인데 시간이 지나면 어느새 정리 안 된 물건들로 인해 스트레스를 받는 게 흔한 일상일 것이다. 그러고 보면 공간 정리만 잘 돼도 인생이 행복해지지 않을까 싶다. 2019년 초부터 세계에 정리 열풍을 불러일으키고 있는 일본인 여성이 있다. '정리의 여왕' 곤도 마리에가 그 주인공이다.

## 설레지 않으면 버려라

곤도 마리에는 과잉의 시대에 살고 있는 현대인에게 정리법을 통해 비움의 행복을 찾는 비결을 알려주고 있다. 어릴 때부터 정리광

곤도 마리에는 "정리를 잘하면 스트레스가 날아가고 가정과 회사에 행복과 성공이 찾아온다"고 말한다.
자료: 넷플릭스 홈페이지

이던 그녀는 대학을 졸업한 후 정리법을 연구하다 자신의 이름을 딴
'곤마리'라는 정리컨설팅회사를 설립했다.

《인생이 빛나는 정리의 마법》(더난출판사, 2012)은 2014년 영어
로 번역돼 미국에서만 600만 부 이상 팔리는 베스트셀러가 됐다.
2015년 곤도 마리에는 시사주간지 〈타임〉이 선정하는 '세계에서 가
장 영향력 있는 100인'에 오르기도 했다. 그녀의 이름 '곤도'는 '정리
하다'를 뜻하는 신조어가 됐다. '구글'이 검색을 뜻하는 신조어가 된
것처럼 말이다.

곤도 마리에는 2019년 초 넷플릭스와 〈설레지 않으면 버려라〉라
는 가정 방문 정리 프로그램을 진행했다. 프로그램에서 집 안의 잡
동사니를 그녀의 분류법으로 없앤 뒤 놀랄 만큼 깨끗해진 집을 본
사람들은 오래된 옷과 헌책 등을 정리해서 기부하기 시작했다.

영국 BBC에서는 이 프로그램을 본 후 집에 있는 물건의 3분의 1을 버리자 조울중 증세까지 호전된 런던의 한 가정 사례를 소개하기도 했다. 국내 트위터·인스타그램 등 소셜미디어에서도 곤도 마리에의 정리법으로 인생을 정돈하기로 마음먹은 이들의 인증샷이 올라오고 있다. 정리되지 않은 물건들로 가득했던 공간을 비우는 것을 통해 인생을 바꾸는 반전 스토리들이 하나둘 생겨나고 있는 것이다.

## 곤마리 정리법과 비우미즘

곤도 마리에의 정리법을 줄여서 '곤마리 정리법'이라고 한다. 그녀는 "정리를 잘하면 스트레스가 날아가고 가정과 회사에 행복과 성공이 찾아온다"고 말한다. 주변을 깔끔하게 정리하면 자신이 진짜 원하는 게 무엇인지 알게 되고 일의 효율성이 높아지며 판단력과 결단력도 커진다는 것이다. 생산력 향상은 물론이고 자신의 삶이 제대로 변하는 계기도 된다. 공간을 비우는 것을 시작으로 정말 중요한 게 무엇인지 깨달으며 행복을 찾을 수 있다는 점에서 공간에 적용한 비우미즘의 대표적인 예라고 할 수 있다.

# 몸속을 비우는
# 삶의 지혜

새해가 되면 꼭 빠지지 않는 결심 가운데 하나가 체중 감량과 건강에 대한 내용일 것이다. 다이어트에는 다양한 방식과 방법론이 있다. 그중에서 2019년 들어 또다시 인기를 끈 방식이 있다. 2013년에 이어 다시 인기를 끌고 있는 간헐적 단식이다. 최근 몸속을 비우는 공복에 대해 많은 이들이 관심을 가지고 있다.

## 공복의 미덕, 간헐적 단식 열풍

2013년 뜨거운 열풍을 일으켰던 '간헐적 단식'. 이 단식법이 다시 2019년 초부터 관심을 끌고 있다. 〈SBS 스페셜 끼니반란〉, MBC 〈공복자들〉 등 여러 TV 프로그램에서 간헐적 단식이 소개돼 시청자들에게 긍정적인 반응을 얻었고 이를 시도하는 사람들이 늘기 시작

음식 섭취를 제한하고 몸속
을 비우는 간헐적 단식이 다
시금 인기다.
자료: 〈SBS 스페셜〉 방송
화면

했다. 〈SBS 스페셜〉은 '2019 끼니반란 1부 간헐적 단식 2.0'에 이어
'2부 먹는 단식, FMD의 비밀'을 두 차례에 걸쳐 방송했다. 이 프로
그램은 2013년 소개됐던 〈끼니반란〉이 2019년 더 새롭고New, 더 강
력하고Hot, 더 간단한Easy 방식으로 돌아왔다고 알렸다. 2부에서는
미국 서던캘리포니아대학의 발터 롱고 박사가 개발한 단식 모방 식
단 FMDFasting-Mimicking Diet를 소개해 이목을 집중시켰다.

간헐적 단식의 원리는 이렇다. 공복 상태에서의 인체는 염증을
유발하는 '백색 지방'을, 칼로리를 소모하도록 하는 '갈색 지방'으로
바꿔준다. 이 과정은 좀 더 효율적인 칼로리 소모가 일어나도록 유도
한다. 간헐적 단식은 효율성에 더해, 음식 종류를 제한하는 일반 다

쏟아지는 먹거리와 맛집 속에서 한 끼의 진정한 의미를 되찾아준 리얼 관찰 예능 프로그램인 〈공복자들〉.
자료: MBC 홈페이지

이어트와 달리 정해진 식사 때는 먹고 싶은 것을 먹어도 된다는 장점이 있어 인기다.

## 공복의 미덕과 비우미즘

2019년 들어 다시금 간헐적 단식에 대한 반응이 뜨거운 이유는 무엇일까? 음식의 홍수 속에서 입이 쉴 틈 없는 시대에 우리의 몸은 공복이 필요하다. 몸속을 적절하게 비워줄 때 공복은 건강한 신체는 물론 잃어버린 미각까지 되찾도록 해준다. 음식 섭취를 절제하고 몸속을 비움으로써 건강과 미각을 얻는 삶의 지혜를 배우고 있는 것이다.

MBC 예능 프로그램 〈공복자들〉(2018년 12월~2019년 3월)은 24시간 자율 공복 프로젝트라는 콘셉트로 리얼 미각과 건강을 되찾게 해주는 공복의 이점을 어필했다. 오랫동안 인기를 끌었던 '먹방' 코드를 이어가면서도 '공복'이라는 트렌디한 화두를 차별적으로 활용해 주목을 받았다.

# TMI에 대응하는
# 삶의 지혜

## TMI가 난무하는 시대

이츠 투 머치It's Too Much! 시시때때로 스마트폰은 과다한 정보를 제공하고 수시로 쏟아지는 소셜미디어 친구들의 포스팅은 피곤하기만 하다. '과하다면 컷하고 비워라.' 현대인들이 정보와 관계의 과잉에 대응하기 시작했다.

TMI란 너무 과한 정보Too Much Information의 줄임말이다. 달갑지 않은 정보, 알고 싶지 않은 얘기를 듣게 될 때 쓴다. 초연결 사회에 살고 있는 현대인은 디지털 디바이스로 인해 과도한 정보에 노출돼 있다. 따라서 자신의 일상에 온전히 몰입하기 힘든 경우가 적지 않다. 인간관계에서도 필요 이상으로 쌓인 네트워크 때문에 상당한 피로를 느끼는 사람이 많아지고 있다.

### 디지털 디톡스

스마트폰 진동이 울리지 않았는데 진동을 느끼는 착각을 한 경험이 있는가. 공인된 질병은 아니지만 유령진동증후군이라 불리는 이 증상은 스마트폰 사용자 10명 가운데 8명이 경험할 만큼 흔한 중독 증세다. 누구나 일상에 몰입하려 할 때 스마트폰의 알림과 정보들로 방해받은 경험이 있을 것이다.

현대인의 스마트폰 의존도가 높아진 만큼, 디지털 디톡스에 대한 관심도 높아지고 있다. 디지털 디톡스는 스마트폰 등 디지털기기 사용을 멈추고 몸과 마음을 휴식한다는 뜻이다. 다른 용어로 디지털 다이어트, 디지털 단식, 디지털 금식이라고 표현하기도 한다.

디지털 디톡스는 일상에서 다양하게 실천할 수 있다. 하루 30분, 1시간 등 스마트폰 사용 시간을 정해놓는 것이 대표적이다. 필요 없는 스마트폰 알림을 끄거나 비행기 모드로 설정할 수도 있고 평소에 잘 쓰지 않는 스마트폰 어플리케이션을 없애는 것도 방법이다.

구글의 에릭 슈미트 회장은 2012년 보스턴대학 졸업식 축사를 통해 "인생은 모니터 속에서 이뤄질 수 없다"며 "하루 1시간만이라도 휴대폰과 컴퓨터를 끄고 사랑하는 이의 눈을 보며 대화하라"라고 강조했다.
자료: 셔터스톡

인맥 다이어트(인맥+다이어트)의 사전적 의미는 번잡한 인간관계에 스트레스를 받거나 취업·사회 활동 등 바쁜 생활 때문에 의도적으로 인간관계를 정리하는 행위다.
자료: 셔터스톡

### 인맥 커팅

2018년 취업포털 인크루트가 조사한 결과에 따르면 성인 남녀 2,526명 가운데 무려 85%는 "인간관계에서 어떤 방식으로든 피로감을 느껴본 적이 있다"고 답했다. 46%의 응답자가 "인맥 다이어트를 실행에 옮겼다"고 밝혔으며 "생각은 했으나 실행으로 옮기지는 못했다"는 답변도 18%나 됐다. 젊은층 사이에선 인맥 다이어트, 인맥 커팅, 인맥 거지를 언급하는 경우가 빈번해지고 있다. 이는 형식적인 인간관계를 끊는 것을 말한다. 인간관계에서 오는 부담감을 해소하기 위한 방법이다.

곽금주 서울대학교 심리학과 교수는 "사람들의 관계망은 소셜미디어를 통해 굉장히 확산됐지만 피상적이고 얄팍한 관계들이 다수이다 보니 외로움은 오히려 더 커지고 있다"며 "자기 속내를 드러내거나 도움을 받을 수 있는 관계가 아니어서 회의감이 들자 점차 '인맥 커팅'에 나서는 것"이라고 진단했다.

## 본질에 집중한 마케팅 사례

제품과 서비스가 다변화되고 부가적인 것이 많아질수록 본질이 흐려지기 마련이다. 버릴 것은 버리고 본질에 집중하게 되면 그 매력은 강해진다는 면에서 비우미즘은 미니멀리즘과 맞닿아 있다. 비우미즘을 통해 제품의 매력을 어필한 사례를 살펴보자.

### 메뉴 단순화를 통해 커피 본연의 맛에 집중한 블루보틀

애플이 스티브 잡스 복귀 후 제품 라인업을 단 4가지로 줄였던 것처럼 블루보틀은 로스팅한 후 48시간 이내 원두를 사용한 8가지 메뉴만 판매했다. 가장 대중적인 메뉴인 아메리카노나 기타 음료를 취급하지 않고 커피에 대한 철학과 자부심을 고객에게 전달하기 위

자신만의 브랜드 색깔을 잘 보여주기 위해 메뉴를 과감히 '비운' 블루보틀.
자료: 셔터스톡

향기의 진정한 가치를 위해 화려한 스타 광고와 포장지를 '비웠다'.
자료: 톰빌리 홈페이지

한 길을 택한 것이다. 커피 그 자체에 대해 오롯이 집중한 덕분에 많은 이에게 인기를 끌고 있으며 매니아 또한 많다. 그동안 미국, 일본에서만 블루보틀 매장을 방문할 수 있었는데, 2019년 한국에도 블루보틀 매장이 문을 열었다.

### 향기를 정말 좋아하는 이들에게 어필하는 톰빌리 향수

향수는 사치품이란 명목으로 스타 마케팅을 강조하거나 화려하지만 불필요한 포장으로 소비자를 유혹하곤 했다. 하지만 톰빌리는 향기의 진정한 가치를 알고 즐기는 향기 마니아들에게 어필하고자 한다. 유튜브를 통해 향기에 대한 얘기와 정보를 제공하고 향기를 정말 좋아하는 사람들과 친근하게 소통하고자 노력하고 있다. 톰빌리 홈페이지에는 유튜브를 통해 이 브랜드에 대해서 호기심을 가지게 된 소비자의 개인적 경험과 스토리들을 볼 수 있다.

오직 음악에만 몰입할 수 있게 해주는 마이티.
자료: 마이티 홈페이지

## 오롯이 음악에만 집중할 수 있는 스포트파이 마이티

음악 전문 스트리밍 서비스를 하는 스포티파이는 '마이티'라는 제품을 출시해 주목받고 있다. 이 제품에는 약 1,000곡의 음악을 저장할 수 있어 오프라인 상태에서도 감상할 수 있다. 음악 감상 외 다른 기능은 없다. 부가 기능을 생략하고 음악 본연의 감상에만 집중하게 해 몰입의 즐거움을 누리게 한 것이다.

마음을 비운다는 말이 있다. 채우려고 하다 보면 욕심이 생기고 만족을 모르게 되면 인생의 많은 것들이 불행해지기 시작한다. 현대인들은 미니멀리즘부터 단샤리, 소확행, 휘게, 라곰에 이르기까지 여러 나라 다양한 문화권에서 이 과잉의 역습에 대처하는 법을 하나씩 배워가고 있다.

2019년 들어서는 비우미즘을 통해 좀 더 다양하고 새로운 방식으로 과잉의 역습에 대응하고 있다. 공간을 비우고, 몸속을 비우고, 관계와 정보를 비운다. 제대로 비우는 법을 통해 순간순간의 만족감과 행복을 채워가는 것을 배우고 있다. 앞으로도 과잉이 우리를 지배할 것이기에 이 비우미즘의 지혜는 우리에게 커다란 도움을 줄 것이다.

# Chapter 4

## 펀노마드: 재미밖에 난 몰라

LIFESTYLE TREND

소비에 지불하는 가격 대비 보다 나은 효용을 얻고자 하는 행태는 익숙한 현상이 됐다. 경제의 불확실성이 높아지면서 가격 대비 높은 성능을 추구하는 '가성비'가 주목받았고, 이후 성능을 넘어 가격 대비 주관적인 만족을 추구하는 '가심비'가 중요한 시대를 지나, 가격 대비 재미를 중시하는 '가잼비'의 시대가 왔다.

펀노마드Fun Nomad는 가잼비의 시대에 일, 취미, 소비 등 생활 전반에 걸쳐 재미의 가치를 중시하고 이를 찾아다니는 라이프스타일을 의미한다. 이들은 재미의 유무를 의사 결정의 기준으로 삼는다. 미래에 대한 경제적·사회적 불확실성으로 인해 스트레스와 함께 살아가는 우리에게 재미를 통해 이를 해소하고자 하는 욕구가 높아지는 것은 자연스러운 현상이다. 가성비, 가심비를 넘어 가잼비라는 단어가 개인을 넘어 사회에서 언급되는 배경에는 소셜미디어가 일상화되면서 추구하는 소비 경험이 변한 데 있다. 상품을 구입하고 사용하는 데서 느끼는 개인적 만족에서 끝나는 것이 아니라 소셜미디어를 통해 누군가에게 자신의 경험을 공유하는 것까지를 포함하는 확장된 형태로 변한 것이다. 인스타그래머블이 주목받는 것도 같은 맥락이다. 소비자는 단순히 기능적, 심리적 만족에 집중하는 것이 아니라 이목을 집중시킬 수 있는, 재미 요소가 있는 소비를 추구한다.

재미를 추구하는 현상은 단순히 소비 활동에만 나타나지 않는다. 우리 사회의 다양성에 대한 존중이 높아지면서 직업 선택의 자유나 취향이 세분화되고 있다. 이는 자연스럽게 본인이 재미를 느끼는 분야에 대한 관심과 적극적인 추구 양상으로 이어진다. 바야흐로 펀노마드가 사회문화적 영향력을 발휘하는 시기가 도래한 것이다.

# 펀노마드의
# 이해

## 호모루덴스, 놀이하는 인간

펀노마드를 이해하는 데 근간이 되는 개념은 요한 호이징거가 제시한 '호모루덴스(놀이하는 인간)'라 할 수 있다. 호모루덴스는 인간의 본질은 놀이에 있다는 개념으로, 이때 놀이는 단순히 논다는 의미보다 정신적인 창조 활동을 포함한다. 그는 놀이를 통해 사람은 다양하고 독창적인 상상을 하며, 이를 기반으로 학문, 예술 등 사회의 전체적인 발전에 기여하는 다양한 창조 활동을 가능케 한다고 봤다.

우리가 알고 있는 호모사피엔스가 합리적이고 결과나 목적 지향적인 존재라면, 호모루덴스는 언제든지 하고 싶은 것에 자발적으로 관여하는 존재다. 호모루덴스는 이러한 모든 활동을 놀이라고 인식하고 있으며, 놀이의 과정과 놀이 그 자체가 주는 즐거움에 집중한다.

요한 호이징거는 즐거움과 흥겨움을 동반하는 가장 자유롭고 해방된 활동, 삶의 재미를 적극적으로 추구하는 활동인 '놀이'가 법률, 문학, 예술, 종교, 철학을 탄생시키는 데 깊은 영향을 끼쳤다고 주장한다.
자료: 셔터스톡

　　한국인은 전형적인 호모루덴스의 특징이 있다고 분석하기도 한다. 조흥윤 한양대학교 문화인류학과 명예교수는 "풍류와 음주가무를 즐기며, 신명남을 중시하는 한국 민중 문화는 다른 나라와 비교해 훨씬 다양하고도 독특한 놀이 문화를 가꿔왔다"고 분석했다. 이 놀이 문화는 현대에 와서 보다 다양한 방면에서 나타나고 있다.

# 재미를
# 찾아 나선 사람들

## Funsumer = Fun + Consumer

재미와 고객의 합성어인 편슈머는 재미있고 가치 있는 소비를 함으로써 행복과 즐거움, 만족감을 느끼는 소비자를 의미한다. 편슈머는 제품에 대한 긍정적인 인식을 기반으로 소셜미디어상에서의 홍보에 일조한다. 이들은 재미를 혼자만 간직하기보다 누군가와 공유하려는 성향이 강하다.

편슈머는 일반인의 자연스러운 유입을 유도하고 공감과 참여를 이끌어내기 때문에 기업 입장에서 매력적인 타깃이다. 특히 제품 사이클이 짧고, 경쟁이 치열한 식품·패션·뷰티 및 유통업계에서 편슈머의 영향력은 더욱 주목받고 있다.

### 언어유희에 빠진 식품 브랜드

팔도는 비빔면, 왕뚜껑, 꼬꼬면 등과 같이 독특한 상품을 보유하고 있다는 점에서 다른 경쟁사 대비 차별성을 확보하고 있는 기업이다. 팔도는 브랜드 정체성을 '색다른 즐거움'이라 정의하고 있다. 다른 브랜드들이 주지 못하는 새로운 재미를 주고자 노력하겠다는 의미를 담고 있다. 팔도가 팔도비빔면 출시 35주년을 기념해 또 하나의 즐거움을 소비자에게 선사했다.

1020세대가 재미 삼아 쓰는 언어 패턴을 활용해 제품명을 '괄도네넴띤'으로 변경한 한정판을 출시했다. 소비자는 새로운 시도에 열광했고 그 분위기는 판매로 연결됐다. 팔도는 새로운 언어 패턴으로 소비자의 호기심을 자극하는 동시에 실제 소셜미디어나 동영상 공유 사이트에서 매운맛에 도전하는 놀이 문화가 활성화되어 있다는 점을 활용했다. 기존의 비빔면 대비 5배가량 맵게 출시된 '괄도네넴띤' 또한 하나의 놀이 문화가 돼 구매 인증샷을 공유하거나 제품 리뷰를 하는 등 폭발적으로 확산되는 계기가 됐다. 이후 괄도네넴띤은 소비자의 호응에 힘입어 정식 상품으로 출시됐다. 시간이 지나면서

언어유희를 제대로 활용한 식품 브랜드들.
자료: 팔도, 해태htb

노후화되는 브랜드 이미지를 밀레니얼 세대에 걸맞게 젊은 이미지로 전환했다는 점에서 괄도네넴띤은 성공 사례로 꼽힌다.

언어유희는 국내에만 국한되지 않는다. 1999년 첫 선을 보인 '갈 아만든 배'는 최근 국내에서는 빛을 보지 못했지만 몇 년 전부터 해 외에서 숙취 해소 음료로 입소문이 나면서 부활했다. 많은 외국인이 '배'라고 쓰인 국문 표기를 'IdH'로 해석했는데 이 독특하고 재미있 는 발상은 핵인싸<sup>핵+Insider</sup>의 아이템으로 거듭나는 데 큰 몫을 했다. 제조사인 해태htb는 이 같은 흐름에 힘입어 '갈아만든 배 by 숙취 비책'과 '갈배사이다' 등 신제품 출시로 새로운 성장의 기회를 만들 어가고 있다.

### 브랜드 × 브랜드=재미?

패션 및 뷰티업계에서 콜라보레이션은 낯선 단어가 아니다. 최근 에는 단순히 이미지가 비슷하거나 어울리는 브랜드와 콜라보레이션 을 하는 것이 아닌 소비자의 예상을 뛰어넘는 다른 영역의 브랜드와 콜라보레이션을 하고 있다.

이런 시도들은 펀슈머들에게 전통적인 아름다움이 아닌 경계가 허물어진 엉뚱한 조합에서 오는 호기심과 독특함, 위트를 통해 자신 의 취향을 반영하고 나만의 스타일을 추구할 수 있는 수단이 됐다는 점에서 호응을 얻고 있다. 최근 뉴트로 열풍과 함께 오랜 헤리티지를 가진 이종 산업 브랜드 간의 콜라보레이션이 활발하다.

빅 사이즈 패션 브랜드 4XR은 어울리는 키워드를 고민하다가 '곰'을 떠올리고 곰표밀가루와 콜라보레이션을 했다. 곰표밀가루 심

빅 사이즈 브랜드에 어울리는 키워드를 찾아 곰표밀가루와 콜라보레이션을 한 패션 브랜드 '4XR'.
자료: 4XR 홈페이지

볼과 캐릭터가 가진 레트로한 감성을 활용해 트렌디하게 연출했다. 곰표 티셔츠를 만드는 과정을 밀가루로 요리하는 스토리에 담아 위트 있게 풀어내거나 곰표밀가루 포대에 옷을 담아 배송해 인증 욕구를 자극하는 등 펀슈머들이 열광할 수 있는 요소를 두루 갖춘 완성도 높은 콜라보레이션으로 주목받았다.

노후화된 이미지가 고민이던 곰표밀가루는 뷰티 브랜드인 스와니코코와 함께 밀가루 쿠션, 밀가루 선크림도 출시했다. 편의점 CU와는 소셜미디어상에서 '인간사료'라는 별칭으로 불리는 곰표 팝콘까지 선보이며 영역을 확대했다. 덕분에 곰표밀가루는 밀레니얼 세대에게 친근한 브랜드 이미지를 확보할 수 있게 됐다.

그 외에 키덜트 팬을 거느리고 있는 애니메이션 〈건담〉 40주년을 기념해 휠라만의 스포츠 스트리트 감성으로 재해석한 '휠라 × 건담', 국민 간식인 천하장사 소시지를 위트 있게 재해석한 'TBJ × 천하장사', 갓뚜기라고 불리며 밀레니얼 세대에게 존경받는 브랜드로 거듭난 오뚜기의 3분짜장, 3분카레 등을 소재로 활용한 '시스템옴므 × 오뚜기' 등이 재미있는 콜라보레이션으로 최근 주목을 받고 있다. 기업들의 콜라보레이션은 고객의 구매를 견인하는 역할뿐 아니라 브랜드 이미지를 전환시키는 모멘텀으로서도 활용된다.

## Kidult = Kid + Adult

2000년대까지 흔히 쓰였던 말 가운데 피터팬 콤플렉스가 있다. 어른이지만 사회에 적응을 하지 못한 채 어린이 같은 행동을 사람을 가리킨다. 이들은 책임감이 없고, 항상 불안해하고, 쉽게 현실을 도피해 자기만의 세계에 빠져드는 경향을 보인다. 우리는 지금까지 이런 성향의 사람을 철이 없다며 부정적인 시각으로 바라봤다. 그러나 키덜트라는 말이 주목받으면서 이들의 사회적 의미가 보다 긍정적인 방향으로 전환되고 있다. 키덜트는 각박한 일상생활에서 벗어나 감성적이고 즐거운 삶을 영위하고자 하는 어른들의 심리 상태를 기반으로 한다. 특징은 진지하고 무거운 것 대신 유치할 정도로 천진난만하고 재미있는 것을 추구한다는 점이다. 어린 시절의 환상을 통해 정서적 안정과 스트레스를 해소하려는 것이다. 이런 일부 어른들의 욕구가 자기표현이 인정되는 사회 환경의 변화와 맞물리면서 유통, 문화 산업 등의 영역에서 키덜트를 타깃으로 하는 캐릭터 의류, 액세서리, 장난감, 만화 영화 등이 새로운 시장을 형성하고 있다.

### 어른들의 놀이터, 스포츠몬스터

흔히 놀이터는 유년 시절에 머물던 추억의 공간으로 기억되기 마련이다. 하지만 '세상에 없는 스포츠 놀이터'를 표방한 스포츠몬스터는 '다양한 재미와 즐거움이 있다'는 입소문을 타고 젊은이들의 핫플레이스로 떠올랐다. 트램폴린부터 실내 클라이밍, 짚라인, 장애물 통과 등의 익스트림 스포츠뿐 아니라 가상 체험을 즐기는 디지털 놀이터까지 갖추고 있다. 놀이터를 잃어버린 어른들, 휴대폰과 디지털기기에 포위된 청소년들에게 스포츠몬스터는 신체 활동의 새로운 경험을 제공하며 스포츠 산업의 성공 사례로 각광받고 있다.

### 어른들의 장난감 가게, 펀샵

키덜트 시장의 대표 쇼핑몰로 평가받는 펀샵은 '어른을 위한 장

다양한 실내 스포츠와 어드벤처 시설이 결합된 스포츠 융복합 테마파크 '스포츠몬스터'.
자료: 스포츠몬스터 홈페이지

효도를하자

쑥스러워서 하지 못했던 말,
가슴속에만 담아둔 말,
망설이지 마세요! 펀샵이 도와줄게요

편샵은 어른들을 위한 장난감 가게라는 콘셉트에 맞게 국내에 소개되지 않은 수입품이나 재미있는 상품들을 트렌드에 맞춰서 소개하고 있다.
자료: 편샵 홈페이지

난감 가게'를 표방하며 생활의 불편함과 문제를 유쾌하게 해결할 수 있는 상품을 판매하는 온라인 쇼핑몰로 시작했다. 이들은 어른을 위한 장난감은 규정하기는 힘들지만 무엇인가 즐거움을 주는 것이라고 정의한다. 새로운 발상이나 가치를 발견하는 즐거움, 일상의 무료함을 달래주는 그 무엇, 재미있는 몰입의 대상, 남자의 로망 또는 여자의 스타일을 가진 다양한 영역의 상품을 찾아 어른들에게 삶의 즐거움을 선사하고 있다. 2017년 5월 CJ오쇼핑이 아트웍스코리아의 지분 70%를 인수해 화제가 되었는데, 이는 상대적으로 취약한 남성 고객층을 확보하는 동시에 30대 남성 고객 비중이 높은 편샵으로부터 트렌디한 상품을 발굴하고 소싱하는 역량을 강화하기 위한 포석이었다.

# 재미에는
# 끝이 없다

## 홈루덴스족

홈루덴스족Home+Ludens은 밖이 아닌 집에서 주로 여가 시간을
보내는 사람들을 가리킨다. 잡코리아와 알바몰이 20~30대 밀레니
얼 세대 3,839명을 대상으로 조사한 결과에 따르면, 설문에 참여한
응답자 가운데 72.3%가 스스로를 집에서 노는 것을 더 좋아하는
홈루덴스족이라고 생각했다. 이유로 79.4%(복수응답)가 "집이 가장
편해서"라고 답변했다.

홈루덴스족은 사람이 북적이는 곳보다 혼자만의 여유를 느낄 수
있는 주거 공간에서 편안하게 본인만의 즐거움을 느끼는 것을 선호한
다. 집에서 취미 생활을 즐기고 좋아하는 음식을 레스토랑에 온 것
처럼 차려 먹기도 하며 사람들을 초대해 파티를 즐기기도 한다.

이러한 변화의 배경은 집이라는 공간의 기능이 변한 데서 찾을

집에서 운동하는 사람들이
많아지면서 홈트레이닝을
뜻하는 '홈트'가 대세다.
자료: 대신증권 공식 블로그

수 있다. 집은 단순히 먹고 자며 휴식을 취하는 일상 공간에 머무르지 않고 행복을 느끼고 개성을 표현하는 심미적 공간으로 변하고 있다. 이는 네트워크 환경이 발달하면서 외부에서 즐기던 문화생활, 외식 등이 집이라는 가장 편안한 플랫폼에서 버튼 클릭 하나만으로도 접근 가능해졌기 때문이다.

### 홈트레이닝

홈루덴스족의 대표 활동 가운데 하나는 홈트레이닝이다. 집 관련 키워드 언급량 변화 분석을 보면 홈트레이닝은 2017년 대비 2018년에 무려 213% 늘었다. 마음은 수영장이나 헬스장에서 운동하며 건강한 라이프스타일을 즐기고 싶지만, 현실은 각종 핑계를 대며 집에서 스마트폰을 뒤적거리기 일쑤다. 이런 바쁜 직장인에게 동영상을 보면서 손쉽게 따라 할 수 있는 홈트레이닝은 좋은 대안을 제시한다. 특히 시간과 장소에 구애받지 않고 운동을 할 수 있다는 것이 가장 큰 장점이다.

블룸엔진은 식물의 생장을 돕는 LED 조명을 사용해 빛이 부족한 공간에서도 충분히 식물을 키울 수 있다. 스마트폰 어플리케이션을 통해 작동 시간 설정, 물탱크 수위, 물 부족 확인 등도 가능하다.
자료: 블룸엔진 홈페이지

### 홈가드닝

전 세계적으로 도시화는 심화되고 있지만 사람의 자연에 대한 갈증은 커지고 있다. 반려동물을 넘어 반려식물이라는 신조어가 유행하는 이유도 이런 배경에 있다. 키우기 쉬운 식물을 집 안 곳곳에 장식하는 홈가드닝은 공기 정화로 미세먼지 걱정을 덜고 인테리어 효과도 줄 수 있어 인기다. 미니 정원이나 반려식물을 가꾸는 과정이 바쁜 현대인에게 즐거움과 힐링을 선사한다는 점에서 앞으로도 주목받는 취미 활동이 될 것이다. 최근에는 어플리케이션을 통해 생육 초기부터 빛, 물, 바람 등의 양을 알맞게 조절하고 조명 기능 등 인테리어 효과까지 강화된 스마트 화분이 등장해 홈가드닝을 쉽게 즐길 수 있는 환경을 제공하고 있다.

### 홈캠핑

대표 야외 활동인 캠핑도 집으로 들어왔다. 홈캠핑은 집 안이나 베란다, 옥상에 각종 캠핑 장치를 활용해 캠핑 온 듯한 분위기를 연출해 시간을 보내는 것을 의미한다. 캠핑 분위기가 주는 편안함을

새로운 트렌드로 집에서 프라이빗하게 캠핑 분위기를 낼 수 있는 홈캠핑이 유행하면서 관련 용품도
주목받고 있다.
자료 : 리바트 홈페이지

좋아하나 야외 캠핑 시 겪을 수 있는 이동 시간, 날씨 등의 제약으로
부터 벗어나고 싶어 하는 홈루덴스족에게 트렌드로 자리 잡고 있다.

## 덕업일치 = 덕질(재미) + 직업의 일치

'회사를 재미로 다니지 말라.' '일은 진지하게 해야 한다.' 직장 상
사들이 젊은 사원들에게 자주 하는 말이다. 일의 개인적 즐거움이
다소 부족할지라도 소처럼 성실해야 한다는 것이 일을 바라보는 기
성세대의 시각이지만, 요즘 밀레니얼 세대는 다르다. 취업 환경이 어
려워도 '좋은 대학 → 대기업 → 승진 → 정년'이란 기존의 전형적인
커리어 패스에서 벗어나 본인이 좋아하는 일에서 재미를 찾고 성공

을 거두겠다는 인식이 강하다.

한 신문사가 청년 452명에게 "○○ 없이 살기 싫다"를 질문을 던져보니 "'재미' 없이 살기 싫다"(44.0%)는 응답이 가장 많았다. 청년 세대는 '직장에서 머무는 시간의 비중은 큰데 일이 재미없다면 동기 부여가 안 되고 고통스러울 것 같다'고 얘기한다. 이는 직업관이 달라졌기 때문이다. 이들은 직업을 '먹고 살기 위한 수단'으로 보는 게 아니라 '자아실현의 도구'로 여기고 업무에서 행복이라는 가치를 얻는 것을 중시한다.

덕업일치의 성향은 창업 시장에서 더욱 두드러진다. 평소 자신이 좋아하던 분야나 취미를 사업으로 연결하는 것이다. 애슬레틱(운동 경기)과 레저(여가)를 합친 애슬레저 전문 브랜드 안다르의 신애련 대표는 취미로 하던 요가가 사업의 기반이 되었다. 그녀는 요가를 하면서 평소 느꼈던 불편함을 해소할 수 있는 상품을 만들어 성공했다. 공룡을 사업 아이템으로 잡은 ㈜비타민상상력의 김진겸 대표는 공룡덕후다. 김 대표는 국내에서 컴퓨터그래픽 분야인 3D 모델링으로 공룡을 복원하고 모형으로 만드는 전문가다. 창업 후 5년 동안 290개의 3D 모델링과 모형을 만들었다. 재미가 성공을 담보하지는 못하지만 일을 할 때 재미가 전제돼야 하는 시대가 오고 있는 것이다.

# 펀노마드에게 사랑받는
# 브랜드가 되기 위한 고려 사항

## 즐거움을 만드는 환경을 제공

기존 마케팅에서 펀을 추구하는 방식은 대부분 광고나 이벤트 등에 재미 요소를 투입한 캠페인을 운영하는 것이었다. 불과 얼마 전까지만 해도 소비자들은 이런 콘텐츠를 소비하면서 재미를 느꼈다. 그러나 최근에는 소비자가 제품, 서비스 자체에서 직접 재미있는 요소를 경험하고 이를 스스로 타인과 공유하는 등 능동적인 재미를

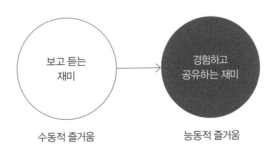

추구하는 형태로 변하고 있다. 앞으로 마케터는 담당하는 브랜드에 단순히 '재미 요소'를 적용하는 게 아니라 소비자가 '재미'를 느낄 수 있는 환경을 만들어줘야 한다. 소비자는 마케터가 만든 놀이터에서 상호 작용하면서 큰 재미를 경험하고 이러한 재미는 궁극적으로 브랜드에 활력과 생명력을 부여하게 된다. 즐길 수 있는 환경을 소비자에게 제공하려면 정교한 경험 설계가 필수적이기 때문에 앞으로 이를 위한 상품과 마케팅 담당자의 협업이 더욱 중요해질 것이다.

## 타깃에 부합하는 펀 코드를 사용

펀노마드는 취향이나 세부 집단에 따라 추구하는 펀 코드가 다양하다. 타깃에 대한 이해와 그에 부합하는 코드를 적용해야만 소비자의 공감을 얻을 수 있다는 얘기다. 흥미와 주목도가 높은 펀 요소는 단기 영향력은 높으나 시간이 지나면서 빠르게 지루해지는 경향이 있다. 반복적으로 같은 기법의 펀 코드를 사용하면 오히려 소비자가 싫증을 낼 수 있다. 따라서 마케팅 담당자는 타깃 그룹에 대한 깊이 있는 이해와 펀 코드의 변화에 대한 모니터링을 해야만 장기적으로 '재미있는 브랜드'로 만들 수 있다.

재미는 지금까지 진지하지 못한 것, 유치한 것으로 여겨졌다. 하지만 각자의 가치와 취향의 다양성이 존중되는 시대가 되면서 재미는 새롭게 재해석되고 있다. 소비를 비롯한 라이프스타일 전반에 걸쳐 영향력이 높아지고 있다는 얘기다. 재미는 창의력에 기반해 발현되는 가치다. 이를 위해서는 사람에 대한 깊이 있는 이해가 전제돼야 한다. 그런 면에서 재미는 4차 산업혁명의 기술적 변화 속에서도 흔들리지 않는 구심점이 될 수 있다.

# Chapter 5

# 넌센서티브:
# 담백한 게
# 좋더라

LIFESTYLE TREND

간편하게 사회적 연결을 제공하는 스마트폰과 소셜미디어가 일상생활에 보급되면서 현대인의 고질적인 피곤함은 줄어들 것으로 예상되었지만 현실은 오히려 그 반대 방향으로 흘러가고 있다. 지나치게 많은 게시물과 기업들의 자극적인 마케팅, 넘쳐나는 가짜 뉴스와 정치적 논쟁 속에서 소셜미디어와 각종 매체에 대한 피로감과 거부감이 더 늘어났다.

지금까지 소셜미디어는 손쉽게 사회적 관계를 넓혀주고 다양한 콘텐츠를 제공해주기에 사회적 스트레스 강도를 낮추는 긍정의 공간으로 평가되어왔다. 그러나 무차별적으로 피드되는 자극적 정보들과 무리하게 확장된 관계는 또 다른 심리적 긴장 상태를 만들어낸다. 우리는 지금도 산만한 주의 상태와 과잉 활동으로 예민해진 신경과민 상태로 소셜미디어 공간을 부유하고 있는지 모른다.

재독 철학자 한병철 교수는 《피로 사회》(문학과지성사, 2012)에서 변화된 현대 사회에 살고 있는 인간을 '성과 주체'라 명명했다. 아무도 통제받지 않지만, 아무도 통제받지 않기 때문에 성과 사회에는 과잉 활동과 과잉 자극이 범람한다. 그는 이러한 성과 사회에서 극한으로 치닫는 휴식 없는 삶의 방식에 맞서 사색적 삶, 영감을 주는 무위와 심심함, 휴식의 가치를 역설한 바 있다. 그러한 기류에서 새롭게 해석돼야 할 저자극 순수 감성 추구 트렌드인 넌센서티브 콘텐츠를 주목해볼 필요가 있다.

# 넌센서티브라는
# 새로운 성향의 추구

넌센서티브, 즉 저자극 혹은 무자극의 감성 추구 성향은 넘쳐나는 사회적 메시지들과 양적 증대만 추구해오다 산만해져버린 사회적 관계 활동에 대한 반발 심리에서 시작됐다. 그 방향성은 매우 단순하다. 화려함이나 호사스러움의 추구에서 단순함과 소소함으로, 바쁘게 북적대는 하루에서 벗어나 일이 없는 시간과 삶의 찬미로 나아가는 것이다. 그것은 스스로의 시간을 채우는 방식을 바꾸는 것으로 천천히 움직이고, 누군가와 함께 있음을 느끼고, 옆에 있는 사람과 자연을 바라보는 것, 그 순간을 나누고, 음미함으로써 피로해진 감각과 산만해진 뇌의 휴식을 추구하는 것이다.

# 넌센서티브, 소셜미디어의 일상은 피로하다

**소셜미디어 가입 현황**

단위: %

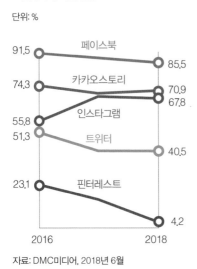

페이스북
91.5 / 85.5

카카오스토리
74.3 / 70.9 / 67.8

인스타그램

트위터
55.8 / 51.3 / 40.5

핀터레스트
23.1 / 4.2

2016 / 2018

자료: DMC미디어, 2018년 6월

빠른 속도의 성장과 사회적 영향력 확대를 보여주던 소셜미디어에 대한 사용량 감소 추세와 함께 소셜미디어에 대한 피로감과 불쾌감을 호소하는 사람들이 늘고 있다. 일부 전문가들은 최근 소셜미디어가 지닌 극단적 폐해에 대한 지적과 함께 소셜미디어 사용 자체를 피해야 한다는 의견을 내놓고 있다.

**가파른 상승세에서 벗어나 최근 감소하고 있는 소셜미디어 사용량**

광고 플랫폼 기업인 DMC미디어가 내놓은 〈2018 소셜미디어 이용 행태 및 광고 접촉 태도 분석〉 보고서에 따르면 최근 3년간 소셜미디어 가입률이 전반적으로 하락세를 나타내고 있다. 응답자들의 소셜미디어 사용 시간은 하루 평균 35.5분으로 집계되었는데, 2017년 조사 결과(42.9분)보다 7.4분 줄어든 수치다.

**이유는 정보의 과잉과 자극적인 광고로 인한 소셜미디어 피로감**

이러한 현상을 촉발시킨 원인을 분석한 내용을 살펴보자. 최근

**Q. 소셜미디어 때문에 피로를 느끼고 있습니까?**　**Q. 피로를 느끼는 이유는 무엇입니까?**

아니다
30.6%

그렇다
69.4%

① 원하지 않는 내용이 많이 보여서 27.7%
② 광고, 마케팅이 너무 잦아서　　26.1%
③ 일과 사생활 경계가 모호해져서 15.8%
④ 시간을 많이 소비하게 해서　　14.6%

자료: 휴넷, 2017년 8월

소셜미디어 사용 감소세의 주요 요인으로 '소셜미디어 피로증후군'이라는 진단명이 등장한다. 과거 '소셜미디어 피로증후군'이 사용 중독이나 상대적 박탈감으로 인한 것이었다면 최근에는 무분별하게 노출되는 광고성 메시지 때문이다. 온라인에서 인적 관계망을 형성하고 소통하려고 이용하는 소셜미디어가 본연의 역할이 아닌 수익 증대에 눈을 돌리고 있기 때문에 불필요한 정보들이 넘쳐나게 되었고, 그 결과 사용자들에게 새로운 피로감을 주고 있는 것이다.

### 우울증을 유발시키는 소셜미디어로부터의 탈주 필요성

소셜미디어가 지닌 극단적 폐해를 우려하는 일부 전문가들은 소셜미디어를 사용하는 것이 사람들의 일상적 스트레스를 발생시키는 근원이라고 지적하고 있다. 대표 인물인 재런 러니어는 컴퓨터과학자로 가상현실 기술을 처음 고안하고 상용화했다. 그는 《지금 당장 당신의 SNS 계정을 삭제해야 할 10가지 이유》(글항아리, 2019)에서 소셜미디어 사용 중단은 부정적인 감정에 휘둘리지 않는 자유로운 사고를 가능하게 할 뿐 아니라 좀 더 나은 인터넷 문화를 만들어나갈 수 있게 한다고 주장한다. 그는 소셜미디어로 인해 발생하는 문제가 알고리즘에 기반한다고 지적한다. 소셜미디어 알고리즘이 사용자의 부정적 감정을 증폭시키도록 설계되었다는 것이다. 소셜미디어 알고리즘은 사용자가 시스템 안에 최대한 오래 머무르면서 더 많은 사람을 자극하고 참여할 수 있는 콘텐츠를 생산하도록 유도한다. 대표적인 예가 페이스북이나 인스타그램의 '좋아요' 시스템이다. 소셜미디어 시스템 내의 사용자들은 포스트를 올리고 칭찬을 들으면 비슷한 포스트를 더 많이 올리는 행동을 보인다.

소셜미디어는 이 시스템을 악용하는 '꼴통'과 '관심종자'를 양산해내기도 한다. 그들은 사람들의 주의를 끌어 모으려고 부정적인 감정을 자극하는 방법을 이용하며, '맞춤형 피드'는 이용자의 감정에 강력한 자극을 주도록 해 중독을 유발하기도 한다. 현재 소셜미디어에는 두려움을 자극하기 위한 가짜 뉴스도 횡행하고 있다. 소셜미디어에선 '좋아요'가 넘쳐나지만 사회 전반에선 공감 능력이 사라지고 있다는 지적이다.

## 넌센서티브 소셜라이징, 피로감 없는 관계를 추구하다

소셜미디어를 통해 발생되는 일상적 피로감을 해소하기 위한 해결책이 오직 소셜미디어 사용 중지나 사회적 관계의 단절만으로 귀결되는 건 아니다. 최근 소셜 피로감을 양산해내는 알고리즘의 구조에서 벗어나 부담 없는 공감과 사색을 추구하는 순수 목적 관계가 늘고 있다.

**어라운드 어플리케이션, 친목 확대보다 따뜻한 소통에 집중한 소셜 활동**

어플리케이션 '어라운드'는 지나친 비교 의식과 심리적 피로감을 발생시키는 소셜미디어에서 벗어나 진심을 담는 소통 공간을 지향함으로써 사용자들로부터 큰 호응을 얻고 있다. '있는 그대로'라는 캐치프레이즈를 내건 어라운드에는 억지로 꾸미거나 호응을 유도하는 글보다 자연스럽게 자신의 속마음을 담아낸 익명의 감성적인 글들이 지속적으로 공유되고 있다. 논리적 비판이나 평가보다는 응원의 메시지로 상호 간의 위안을 찾아가는 선플 중심의 생태계 구축으로 지금까지의 소셜미디어와는 다른 새로운 길을 찾아가고 있다.

'있는 그대로'라는 캐치프레이즈를 내건 익명 소셜미디어 어플리케이션 어라운드.
자료: 어라운드

**플라이북 묵독파티, 함께이지만 간섭이 없는 편안한 책 읽기에 매력을 느끼다**

도서 공유 플랫폼인 플라이북은 친목 중심이 아닌 오로지 함께 모여 책을 읽는 것에 집중하는 묵독파티Silent Reading를 통해 성장하고 있다. 사전 공지된 약속 장소에서 주어진 시간 동안 책을 읽고 싶은 사람들이 자유롭게 모여 책을 읽는 모임이다. 인사나 토론 없이 오로지 책을 각자 읽고 애프터 토크는 원하는 사람만 참가한다. 묵독파티가 진행되는 동안 각자의 스마트폰 전원을 끈 채 불필요한 소음은 최대한 발생시키지 않는다. 아는 사람을 만나더라도 눈인사만 허용된다. 이러한 규칙은 모임의 지속성을 위해 만들어졌다. 책 읽기를 넘어 기존 회원들 간에 깊은 유대 관계가 형성되면 이러한 부분이 오히려 신규 가입자들이 참여하는 데 있어 장애가 되기 때문이다.

묵독파티는 인사나 토론 없이 오로지 책만 읽고 애프터 토크는 원하는 사람만 한다.
자료: 플라이북 공식 블로그

## 무자극콘텐츠연구소, 자극 없는 청정 피드로 일상의 피로감을 씻다

페이스북 페이지와 인스타그램을 운영하고 있는 무자극콘텐츠연구소는 '자극 없는 청정 피드'라는 타이틀을 걸고 너무 많은 자극이 넘쳐나는 요즘, '자극의 균형'에 대해 함께 고민하고 소통하는 공간을 꾸며가고 있다. 그들이 이야기하는 '무자극'이란 자극적인 모든 것에 반대하는 극단적인 상태는 아니다. 피로를 유발하는 부정적인 자극을 모두 차단할 수는 없으니 편안한 느낌과 머리를 비울 수 있는 시간을 통해 '자극의 균형'을 찾아가자는 의도다. 햇볕을 받고 있는 벽돌, 지하철의 빈자리, 누워 있는 동물들, 그릇에 담긴 배추김치 등 누구나 일상에서 쉽게 마주하지만 주목하지 않았던 풍경과 사물이 무자극콘텐츠연구소의 주된 소재들이다. 무자극콘텐츠연구소는 최근 페이지를 통해 모은 이미지와 콘텐츠를 다시 하나로 모아 책으로도 출간하고 있다.

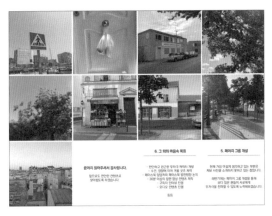

자극의 균형을 함께 고민하고, 소통하는 공간을 꾸며가는 무자극콘텐츠연구소.
자료: 무자극콘텐츠연구소 페이스북

# 넌센서티브 콘텐츠, 저자극 힐링 콘텐츠가 관심 속으로

자극적인 것이 더 눈길을 끌 수 있다는 콘텐츠 소비의 강박관념에서 벗어나 최근 '저자극 순수 감성'으로 휴식과 위안을 주는 미디어 콘텐츠가 사회적 공감을 얻고 있다. 요란하고 화려하기만 한 어그로성 콘텐츠는 눈길을 끌기에 쉽지만 유지하기는 쉽지 않다. 감각은 쉽게 피로해지고 인위적인 것은 금방 싫증을 유발시키기 때문이다. 그런 측면에서 기분 좋은 자극을 만들어내는 힐링 콘텐츠는 느리지만 꾸준한 성장으로 콘텐츠의 지속 가능성을 담보한다.

### ASMR 유튜버 뽀모, 일상의 소리로 멘탈을 정화시키다
최근 주목받는 유튜버 '뽀모'는 일상에서 가장 흔한 소재들이 발생시키는 차분한 소리들을 담아 들려주는 ASMR 방송을 통해 시청

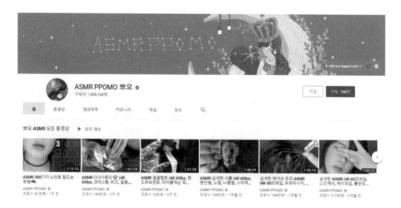

국내 ASMR 유튜버 가운데 가장 많은 구독자를 가진 유튜버 뽀모. 다양한 소재와 높은 영상 퀄리티로 해외에서도 인지도가 매우 높다.
자료: 〈ASMR PPOMO 뽀모〉 유튜브 채널

자의 감성적 힐링을 이끌어내고 있다. 뽀모의 유튜브 채널에는 기본적으로 생성된 400종의 소리 외에도 말없이 진행되는 노토킹, 역할극 등의 새로운 방식의 사운드 연출이 시도되고 있다. 이 채널에서 가장 인기 있는 영상은 소품을 이용해 감성적 안정감을 유도하는 귀 청소, 두피 마사지, 헤어 브러싱 등이다. 현재 뽀모의 유튜브 구독자 수는 190만 명 이상으로 최다 시청 동영상은 850만 뷰 이상을 기록하며 지속 성장하고 있다.

**네이버 브이라이브 눕방, 가장 꾸밈없는 편안함 속에서 음악을 듣다**

글로벌 음악 플랫폼인 '네이버 브이라이브'는 스타들이 보여주는 작은 방 안 파자마 차림의 눕방 콘셉트의 라이브를 통해 차별적 호응을 이끌어내고 있다. TV 화면을 통해 화려한 퍼포먼스만 보여주는 꾸며진 모습에서 벗어나 아늑한 공간에 편안히 누워 가식 없이 팬들과 소통한다. 조곤조곤 일상을 들려주는 스타들이 더욱더 가깝게 느껴질 수밖에 없다. 눕방은 브이라이브의 핵심 콘텐츠로 수많은 인기 스타들의 지속적으로 참여해 라이브 방송을 이어가고 있다.

눕방은 1,100개 이상의 스타 채널을 보유한 브이라이브의 핵심 콘텐츠다.
자료: 워너원 브이라이브

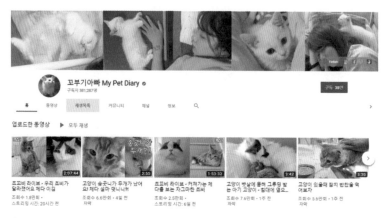

운영자 전요한 씨의 유튜브 채널은 사랑스러운 2마리 고양이 꼬부기, 쵸비의 일상을 담은 곳이다.
자료: 〈꼬부기아빠 My Pet Diary〉 유튜브 채널

### 팻힐링 채널 꼬부기아빠, 동물의 순수성에서 마음의 따뜻함을 찾다

최근 귀여움과 천진난만함으로 무장한 반려동물 영상들이 인기를 모으고 있다. 이는 인간 사회에서 발생하는 사회적 피로감에서 벗어나 동물이 지닌 극대화된 순수성 속에서 생활의 위안을 얻는 방식이다. 현재 구독자가 38만 명인 꼬부기아빠의 유튜브 채널은 먼치킨 숏레그 품종의 고양이인 꼬부기와 쵸비의 입양부터 평범한 일상의 기록을 담아 전달하고 있다. 덕분에 시청자들은 바쁜 일상의 피로에서 벗어나 잠시나마 미소를 지을 수 있다.

# 넌센서티브,
# 콘텐츠 마케팅의 시작

## 새로운 관계 맺기 방식의 4가지 변화 방향

소셜미디어상에 넘쳐나는 자극적인 메시지와 복잡해진 대인 관계에서 오는 피로감에서 벗어나려고 하는 니즈가 커짐에 따라 사람들 간의 관계 맺기 방식에도 변화가 생기고 있다. 그 변화의 방향성에 대해 살펴보자.

첫째, 확대된 인간관계의 목적성이 개인 간의 교류를 위한 친목

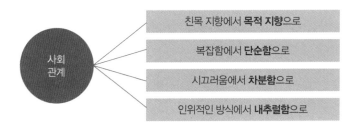

에서 개인 취향과 스스로의 만족 같은 목적 지향적 형태로 변하고 있다. 누군가와 연결되고 싶지만 친분으로 얽혀 피곤해지고 싶지 않다는 심리가 작용하는 것이다. 둘째, 복잡한 관계에서 단순한 형태로 변하고 있다. 사람들의 일상은 이미 복잡다단하다. 네트워크상에서 교류하는 사람들의 숫자를 늘리는 것이 한때는 유행이었지만, 이러한 과정 속에서 복잡한 이해 관계가 형성되어 피로도가 높아지기도 한다. 그렇기에 최근에는 소수의 사람들과 한정된 관계를 형성하려는 사람들이 늘어나고 있다. 셋째, 시끄러움에서 차분함으로의 변화다. 오랜 기간 광고 마케팅 시장의 화두는 콘텐츠 돌출도의 확보였다. 소셜미디어에서도 실시간으로 쏟아져 나오는 콘텐츠 속에서 눈길을 사로잡을 수 있는 콘텐츠만이 살아남을 수 있었다. 하지만 최근 변화가 감지되고 있다. 조용하고 차분한 콘텐츠가 오히려 진정성을 인정받고 꾸준히 인기를 확보할 수 있다는 믿음이 생긴 것이다. 넷째, 인위적인 방식에서 내추럴함이라는 자연스러운 관계의 연출 방식으로 변하고 있다. 최근 들어 화려하게 꾸며진 연출과 보여주기 위한 관계 형성보다 꾸밈없는 일상 노출과 취향 중심의 관계 형성이 선호되고 있다.

## 가식을 줄인 진실된 관계 맺기, 저자극 순수 감성 브랜딩

그동안 광고 혼잡성의 돌파를 위해 강화됐던 자극 중심의 접근을 넘어 새로운 타깃 접근법과 시도가 필요한 시점이다. 인위적 관계나 자극적 메시지를 연출하는 게 아니라 담백한 시선과 따뜻한 말 한마디가 더 매력적일 수 있다. 최근 일부 브랜드들은 이런 관점에서 제작한 브랜디드 콘텐츠Branded Contents를 통해 핵심 고객층에게 다가서고 있다.

### 과장 없이 제품의 본질을 감각적으로 구현한 이케아

2017년 이케아는 '오들리 이케아Oddly Ikea' 캠페인에서 화려한 영상미와 웅장한 사운드 대신 제품 자체에서 느껴지는 재질을 눈이 아닌 귀로 느낄 수 있게 했다. 이 신선한 전달 방식으로 고객들과 차분히 일상의 관계 맺기를 시도했다. 해당 브랜디드 콘텐츠는 어떠한 인위적 연출도 보여주지 않는다. 오직 제품을 설명하기 위한 소곤거리는 내레이션과 피부와 제품의 재질이 닿을 때 만들어진 청명한 리얼 사운드만으로도 충분히 높은 주목도를 이끌어낸다.

긁는 소리, 두드리는 소리, 문지르는 소리 등 우리가 제품을 구매하기 전 하는 행동들을 영상 하나만으로 느낄 수 있도록 한 '오들리 이케아' 캠페인.
자료: 〈이케아코리아〉 유튜브 채널

차분한 톤 앤 매너와 목소리로 세상을 위로한 광동제약 '그날엔' 캠페인.
자료: 〈경동제약 그날엔〉 유튜브 채널

### 취준생을 위해 차분한 위로의 목소리를 들려준 경동제약

ASMR을 활용한 경동제약의 진통제 '그날엔' 광고는 차분한 위로와 희망의 메시지로 주목받았다. 아이유가 불합격 통보를 받은 취업 준비생을 위로하며 속삭이는 멘트와 야근으로 피로한 직장인을 위한 걱정 어린 내레이션이 제품을 개봉하는 소리와 함께 표현되었다. 해당 광고 편은 타깃의 공감을 얻는 동시에 온라인 조회 수 430만 회를 돌파하는 등 인기를 끌었다.

### PPL이 아닌 BLMBrand in Life Moment을 시도한 파타고니아

많은 스포츠 브랜드가 빅 모델을 출현시키는 화려한 광고나 PPL을 통해 마케팅을 할 때, 파타고니아는 시한부 판정을 받은 일반 아웃도어 스포츠맨과 반려견의 마지막 일상을 담은 다큐 제작을 지원했다. 다큐멘터리 제작자인 벤 문Ben Moon의 인간과 동물의 마지막 교감을 담아낸 영상을 통해 휴머니즘이 증폭됐다. 제작 지원자로서 파타고니아의 타이틀이 올라가는 순간 아마 대중들은 알게 될 것이다. 드러내기 위한 마케팅 활동이 아니라 숨은 조력자로서의 역할이 얼마나 큰 의미를 지니는 활동이 될 수 있는가를 말이다.

시한부 판정을 받은 드날리와 반려견의 추억의 시간들, 남은 여정의 시간들을 담담히 기록하는 것을
지원한 파타고니아.
출처: 〈Ben Moon〉 유튜브 채널

지금까지의 마케팅 커뮤니케이션 활동은 혼잡한 광고 시장 환경에
기반해 광고 돌출도의 확보와 자극적 콘텐츠 생산에 몰두해왔다. 최
근 이러한 접근법에 대한 문제점들이 제기되고 있다. 재런 러니어가
지적했듯이 우리 모두의 일상이 돼버린 소셜미디어는 시스템을 악
용해 개인 이익을 취하려는 '꼴통'과 '관심종자'들로 오염돼가고 있기
때문이다. 그들은 사람들의 주의를 끌어 모으려고 부정적인 감정을
자극하는 방법을 적극 이용하고 있다.

지금 우리에게 필요한 것은 미디어 환경에 지쳐가고 있는 사람들에
대한 깊은 이해다. 사람들은 점점 덜 자극적이고, 소소하며, 일상적인
콘텐츠에 대한 니즈가 커지고 있다. 심심함이란 재미없음에 머무는
게 아니라 우리를 다시 한 번 생각하게 만들고, 그 새로운 생각이 전
혀 경험해보지 못한 크리에이티브한 경험까지 이끌어낸다. 자극적인
게 범람하는 세상에서 상대적으로 심심해 보이는 '넌센서티브'는 이
제 갓 주목을 이끌어낸 시작점에 있다. 향후 무궁무진한 성장 가능성
이 존재하기에 우리에게 더 큰 기대감을 갖게 한다.

# Part 2

# 요즘의
# 우리를
# 말하다

LIFESTYLE TREND

# Chapter 1

## 픽셀 관계:
## 관계를 pick하고
## sell하다

LIFESTYLE TREND

기술과 기기의 발달이 우리 삶의 일부를 바꿔가고 있지만 변하지 않는 몇 가지 명제가 존재한다. 그중에 하나로 인간은 사회적 존재라는 명제를 꼽을 수 있다. 인간의 사회성은 단순히 사회문화적으로 학습되어 나타나는 게 아닌 본능적으로 나타나는 기질이라고 진화과학자들은 말한다. 예를 들어 갓 태어난 아이를 부모에게서 떼어놓으면 본능적으로 울음을 통해 '분리 고통'을 표현하는데, 이는 사회성이 발달한 포유류만의 특성이라 할 수 있다.

인간의 뇌는 물리적 고통 못지않게 외로움과 같은 사회관계에 따른 고통도 느낀다는 연구 결과가 있다. 이는 시대와 환경이 변해도 인간관계에 대한 욕망은 변하지 않음을 시사한다. 다만, 기술과 기기의 발달로 인간관계를 형성하고 유지하는 방식은 이전과 달라지고 있다.

예를 들어 '나'보다 '우리'가 가진 공동체적 가치를 중시하고, '혈연, 학연, 지연'으로 대표되는 네트워킹 방식을 가진 한국 사회의 고질적인 인간관계가 젊은 세대를 중심으로 변하고 있다. 이 변화의 핵심에는 소셜미디어가 존재한다. 과거에는 물리적으로 아주 가깝고 친밀한 거리를 중심으로 깊은 관계를 형성했다면 소셜미디어는 물리적 거리의 한계를 극복할 수 있게 만들었으며 관계의 범위도 넓혀주었다. 이러한 변화는 1인 가족의 증가, 심화되는 경쟁, 취향의 다변화 등의 사회문화적 환경 변화와 맞물리면서 새로운 형태의 인간관계로 진화하고 있다.

# 픽셀 관계란

## 픽셀 관계의 의미

소셜미디어가 일상화되고 고도화되면서 가속화된 관계 변화의 양상을 크게 2가지로 특징지을 수 있다. 하나는 '관계의 파편화' 현상이다. 대면 중심의 인간관계가 아닌 온라인상의 비대면 관계가 일상화되면서 집단을 통해 맺었던 관계가 나를 중심으로 개인화된 관계로 변하는 것을 의미한다. 또 하나는 상대방과의 관계를 형성할 때 원하는 관계만 선택하거나 원하는 모습만 보여주는 '편집된 자아' 현상이다. 픽셀Pick-Sell 관계는 이런 2가지 현상을 상징적으로 표현한 단어다. 화소를 나타내는 픽셀처럼 현대 사회의 인간관계를 표현하고 있으며 '관계의 선택Pick, 선택적 자아Sell'의 방식으로 관계를 재구성해가는 사람들의 특성을 표현한다.

# 파편화Pixel된
# 인간관계

　　컴퓨터나 모바일에서 보는 디지털 이미지들을 아주 크게 확대하면 쪼개지지 않은 작은 사각형이 모여서 전체적인 그림을 완성하는데, 이때 이미지를 구성하는 작은 사각형을 '픽셀Pixel'이라고 한다. 픽셀 관계는 이같이 아주 작은 단위로 파편화된 관계를 맺어가는 현대인의 특성을 의미한다. 이는 소속감이 중요했던 한국 사회의 인간관계에서 피로함을 느끼는 사회환경적 변화와 개인화된 관계 형성을 가능케 하는 소셜미디어가 결합되면서 가시화됐다.

　　통계청의 '2015~2045년 인구 추계'에 따르면, 1인 가구는 2000년 222만 가구에서 2015년 520만 가구로 약 2.3배 증가했으며, 전체 가구 유형에서 1인 가구의 비중은 27.2%로 가장 높았다. 2045년이 되면 36.3%로 늘어날 것으로 예측되는 통계청 자료를 고려할 때, 가족이라는 집단화된 구조에서의 일상 활동이 개인 단위로 축소되는 현상은 더욱 확산될 것으로 보인다.

**가구 구성 변화**

단위: 가구, 괄호 안은 비중

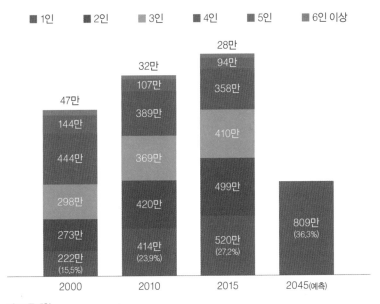

자료: 통계청

1인 가구가 일반화되면서 '나홀로' 하는 활동에 대한 시선도 긍정적으로 바뀌고 있다. 이전에는 '나홀로' 활동이 공동체 의식의 붕괴, 사회성 부족 등 부정적인 이미지가 강했다. 하지만 최근에는 스스로에게 집중하면서 만족감을 느끼는 주체적인 활동이 되고 있다. 사람들은 서로 다른 삶의 방식을 하나로 맞추는 것 그 자체가 비용이기에 서로의 개성을 존중하는 게 더 효율적인 전략이라고 생각한다.

조병희 서울대학교 교수 등이 출간한《아픈 사회를 넘어: 사회적 웰빙의 가치와 실천의 통합적 모색》(21세기북스, 2018)에서 1,000명을

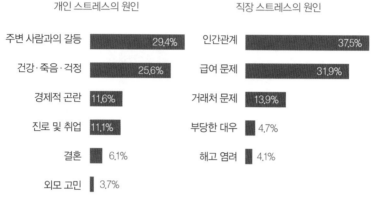

## 한국인의 스트레스 어디서 비롯될까

단위: 1,000명 대상 면접 설문

개인 스트레스의 원인

| 주변 사람과의 갈등 | 29.4% |
| 건강·죽음·걱정 | 25.6% |
| 경제적 곤란 | 11.6% |
| 진로 및 취업 | 11.1% |
| 결혼 | 6.1% |
| 외모 고민 | 3.7% |

직장 스트레스의 원인

| 인간관계 | 37.5% |
| 급여 문제 | 31.9% |
| 거래처 문제 | 13.9% |
| 부당한 대우 | 4.7% |
| 해고 염려 | 4.1% |

자료: 조병희 외, 《아픈 사회를 넘어 : 사회적 웰빙의 가치와 실천의 통합적 모색》

대상으로 한국인의 스트레스의 원인을 물어본 결과, 개인적으로는 '가족과 친구 등 주변 사람들과의 갈등'(29.4%), 직장에서는 '인간관계'(37.5%)에서 비롯된다는 것을 발견할 수 있었다. 개인적으로도 직장에서도 사람 간의 관계가 주는 스트레스가 제일 크다는 의미다.

관계 형성에 있어 소셜미디어의 영향력은 점점 높아지고 있다. 기존에 소통을 위해 준거 집단이라는 연결 포인트(노드)가 필요했다면, 소셜미디어는 사람들은 낯모르는 더 많은 사람과의 소통할 수 있는 환경 즉, 관계를 직거래할 수 있는 환경을 제공하기 때문이다.

# 편집Pick-Sell된
# 인간관계

2000년대 초 인터넷이 발달하고 온라인상에서의 새로운 사회가 형성되면서 이전에 없던 특징이 발견됐다. 사람들이 온라인과 오프라인에서 보이는 모습과 생각에 차이가 있었던 것이다. 현실 세계에서 온순한 사람이 온라인에서의 댓글 활동이나 게임에서 다른 모습을 보여주는 등 활발한 대인 관계를 형성하는 경우가 이에 해당한다. 학자들은 이를 '가상 자아Virtual Ego'라고 칭한다. 오프라인 또는 온라인상의 자아를 분리해서 생각할 필요가 있다는 의미다. 본격적인 4차 산업혁명이 시작된 현재, 조금은 다른 접근이 필요하다. 소셜 미디어가 일상화되면서 현실(오프라인)과 가상(온라인)의 세상이 뒤섞이고 있기 때문이다.

가상 자아가 현실의 자아를 선행하기도 한다. 가상 자아는 자아 형성에 영향을 끼치는 요인들에 대한 통제가 가능해 오프라인 세상에서의 내 모습보다 좀 더 이상향에 가깝게 만드는 경향이 있다. 사람들은 흔히 현실의 삶을 주변과 나누기 위해 인스타그램에 사진을 업로드한다고 생각하지만 면밀히 따져보면 오히려 그 반대일 수도 있다. 나의 소셜미디어가 계속 사람들에게 관심을 얻고 주목도를 유지할 수 있도록 나의 이상적인 일상을 기획하고 콘텐츠를 생산하기도 한다. 이렇게 해서 확보된 '좋아요' 숫자는 나의 자아에 대한 가치 판단의 기준으로 작용하거나, 상대방과 관계 형성 여부를 결정짓는 판단의 기준으로 작용한다.

가상 자아는 소셜미디어상에서 관계를 직거래함에 있어 유용한 도구로 활용할 수 있다. 제약 조건이 있는 현실 자아에 비해 비교적

현실 세계에서 온순한 사람이 온라인에서의 댓글 활동이나 게임상에서 다른 모습을 보여주는 등 활발한 대인 관계를 형성하는 경우가 있는데 학자들은 이를 '가상 자아'라고 칭한다. 소셜미디어가 일상화되면서 현실(오프라인)과 가상(온라인)의 세상이 뒤섞여 오히려 가상 자아가 현실의 자아를 선행하기도 한다.
자료: 셔터스톡

유연한 가상 환경에서 보고 싶은 것만 보거나 보여주고 싶은 모습만 보여줄 수 있기 때문이다.

이처럼 소셜미디어에서 촉발된 새로운 인간관계 형성의 메커니즘은 다원화된 대상 속에서 나의 관심과 취향에 맞는 관계를 선택 Pick하는 과정과 상대방에게 보여주고 싶은 나의 개성을 조금 더 이상적으로 보여주고자 하는 Sell 과정이 순환되며 이뤄지고 있다.

### Pick Relationship, 내가 원하는 관계만 선택한다

Pick Relationship은 주로 내가 상대방과 관계를 형성할 때 나타나는 현상이다. 티슈 인맥, 인맥 다이어트, 대안 관계, 랜선이모 등의 신조어에서 공통으로 나타난다. 이들은 전통적인 관계에서 오는 스트레스를 싫어하고 나의 필요와 관심에 맞게 효율적으로 관계를 유지하는 데 관심이 있다. 소비 트렌드 전반에서 나타나는 가성비 중시 경향이 인간관계에서도 나타나는 것이다.

### Sell Relationship, 남에게 보여주고 싶은 모습만 편집한다

Sell Relationship은 상대방이 나와의 관계를 형성할 수 있도록 하기 위한 과정이다. 이들은 자신이 가지고 있는 현실 자아에서 남에게 보여주고 싶은 모습만 선택해 극대화 과정을 거쳐서 보여주는 특성이 있다. '좋아요' 혹은 팔로워의 숫자에 근거해 자신의 사회적 위상을 판단한다.

## 우리 주변의 픽셀 관계

### Pick Relationship 사례

랜선으로 맺은 관계는 책임감을 가지지 않아도 된다. 반려동물을 기르다 보면 어려운 점이 한둘이 아니지만 랜선집사는 걱정할 필요가 없다. 적당히 친밀한 듯 독립적인 이 관계는 온라인상의 인간관계와 유사하다. 필요할 때 접할 수 있고 필요가 없어지면 잠시 꺼둘수 있다. 아이를 낳고 기르기 힘든 1인 가구나 젊은 네티즌은 시공간의 제약 탓에 만나기 힘든 '현실 조카'보다 '랜선조카'에게서 위안을얻는다. '랜선이모'는 육아의 어려움을 나눌 필요가 없다. 2~3분 되는 동영상에서 아이의 귀여움만 만끽하면 된다.

### 랜선이모

"귀여워, 귀여워. 진짜 아기가 이렇게 예쁠 수가 있나." 곤히 잠이 든 4살 아이를 깨우는 1분짜리 짧은 동영상이 페이스북에 올라왔

모든 순간이 감동인 아이들의 모습이 힐링과 행복을 선사하기에 〈슈퍼맨이 돌아왔다〉의 높은 시청률은 계속될 것으로 보인다. 자료: 〈KBS 안테나〉 유튜브 채널

다. 순식간에 9만 개의 '좋아요'가 달렸다. 개인적인 친분 관계는 없지만 소셜미디어, 블로그, 유튜브 등에 공개된 남의 집 아이를 보면서 내 조카인 듯 가상 이모 역할을 한다. 수년째 방영 중인 대표적인 육아 프로그램 〈슈퍼맨이 돌아왔다〉에 출연하는 축구 선수 박주호의 아들 건후의 영상이 100만 뷰 기록을 넘어섰다는 사실은 이런 관계들이 지속력이 있음을 보여준다.

### 랜선집사

반려동물을 키우고 싶지만 키울 수 없거나 부담을 느끼는 사람들은 고양이나 개의 '팬'이 된다. 인스타그램의 동물 전용 계정인 강아지 지프(@jiffpom)와 고양이 날라(@Nala)의 팔로워는 1,000만 명이 넘는다. 인기가 높은 반려동물은 화보 촬영이나 동영상 광고는 물론 계정을 이용한 협찬 광고도 한다. 또한 문구, 팬시 상품도 출시하는 등 사업 영역을 확장하기도 한다. 취미가 비슷한 사람들끼리 정보를 공유할 수 있다는 점도 긍정적인 측면 가운데 하나다. 랜선집사들은 반려동물을 산책시키는 팁이나 유기견 정보 등을 서로 나누면서 도움을 주고받기도 한다.

### 랜선집들이

집들이는 주변의 가까운 지인들에게 집을 소개하는 전통 오프라인 행사다. 그러나 바쁜 사회생활로 식사 대접이 부담스러워 현재는 대부분 꺼리는 행사가 됐다. 요즘 집을 나만의 행복을 찾고 개성을 표현하는 심미적 공간으로 생각하는 사람들이 부쩍 늘었다. 셀프 인테리어로 집을 꾸며 소셜미디어에 소개하는 '랜선집들이'는 오프라인 집들이가 주는 부담감을 없애면서도 더 많은 사람에게 랜선을 통해 자신만의 라이프스타일이 반영된 특별한 공간을 소개하는 효율적인 방법이다.

### 랜선술파티

랜선으로 이어진 새로운 음주 문화도 나타나고 있다. 혼술(혼자 술 마시는 일) 문화가 보편화되고 있지만 이를 심심해하는 사람들이 온라인을 통해 연결된 사람들과 화상 채팅을 하면서 각자 자기 집에서 술을 마시는 '랜선술파티'로 진화하기도 한다. 누군가 소셜미디어에 '오늘 밤 랜선 건배합시다' 또는 '랜선주점 참가자 모집' 등의 글을 올리면 원하는 사람들이 댓글과 쪽지로 참가 신청을 한다. 카카오톡 오픈 채팅방에는 '랜선술친구'를 구하는 채팅방이 200여 개나 있다. 실제로 만나지 않는 것을 조건으로 한다. 채팅은 익명으로 한다. 나이, 성별, 주량, 참여하는 각오 등 참가 신청서를 받기도 한다.

### Sell Relationship 사례

밀레니얼 세대는 자신의 트렌디함을 자랑도 하고 인정받고 싶은 욕구를 담아, 일상에서 가장 돋보이는 순간을 소셜미디어에 업로드한다. 이들은 상대방의 선택Pick으로 수치화된 자신의 사회적 평판을 더욱 강화하려고 애쓰며, 더 이상적인 자신의 모습을 보여주려고 끊임없이 노력하기도 한다. 가끔은 이런 모습이 부정적으로 나타나기도 하는데, 이를 '카페인 우울증'이라고 한다. 카페인 우울증은 커피를 마시거나 절제하는 것으로 생기는 증상이 아니다. 대표 소셜미디어인 '카카오스토리, 페이스북, 인스타그램'의 앞글자를 딴 것인데 습관처럼 타인의 소셜미디어를 보면서 상대적 박탈감을 느끼고 우울함을 겪는 것을 뜻한다. 행복하고 이상적인 모습만 보여주고 싶어 하는 Sell Relationship이 극단적으로 반영돼 나타난 현상이다.

### 인스타그래머블

인스타그래머블Instagramable = Instagram + Able은 '인스타그램에 올릴 만한'이라는 뜻을 지닌 신조어다. 인스타그래머블이 젊은층의 새로운 소비 기준이 되면서 외식, 여행, 쇼핑, 전시 등의 업계에서도 이

싱가포르의 유명한 호텔인 마리나 베이 샌즈 호텔 옥상에 위치한 '인피니티 풀'은 소셜미디어에 핫플레이스로 주목받고 있다.
자료: 셔터스톡

를 마케팅의 중요 키워드로 삼고 있다. 외식업계에서 맛도 있어야 하지만 플레이트나 매장 분위기 등이 독특하고 트렌디해야 하는 건 당연한 상식이 됐다. 호텔업계는 싱가포르의 유명한 호텔인 마리나 베이 샌즈 호텔 옥상에 위치한 '인피니티 풀'이 소셜미디어에 핫플레이스로 주목받으면서 '인생샷' 스팟을 확보하는 데 여념이 없다. 작가의 작품을 촬영하지 않는 것을 예의로 여기는 전시업계에서도 문화생활을 즐기는 자신을 표현하고 싶어 하는 픽셀러Pick-Seller들을 위한 포토존 등의 공간을 따로 마련해 이들을 공략하고 있다. 이렇게 생산된 콘텐츠는 다수 소비자의 호기심을 자극해 유행으로 급부상하기도 한다. 인스타그래머블한 경험을 제공하기 위해서는 '사진이 감각적으로 나올 수 있도록 시각적으로 선명해야 한다', '사람들의 관심을 유도하기 위해 독특해야 한다' 등의 조건을 고려해야 한다.

### 세컨드 아이디

2018년에 방영한 국내 유명 힙합 오디션 프로그램인 〈쇼미더머니 7〉에서 아주 독특한 정체불명의 캐릭터가 화제에 오른 바 있다. 분홍색의 복면을 쓴 '마미손'이라는 래퍼가 그 주인공이다. 유명한 힙합 아티스트인 '매드크라운'의 다른 아이디였다. 유명한 그가 왜 다른 캐릭터로 프로그램에 참여했을까? 매드크라운은 기존의 이미지 안에서 새로운 시도를 하기가 어려워 새 캐릭터를 창조했다고 했다. 새로운 음악적 정체성을 가지기 위해서 말이다. 이런 현상은 방송에서만 나타나는 게 아니다. 일반인 사이에서도 자주 관찰되고 있다. 기존의 이미지, 인식 등에서 벗어나고 싶어 하는 사람들을 중심으로 자신의 대표 정체성을 표현하는 '본 계정Main ID' 외 별도의 '부 계정Second ID'을 운영하는 사람들이 늘고 있다. 여러 개의 계정을 운영할 수 있는 인스타그램은 본 계정을 공개적으로 지인들과 소통하는 채널로 활용하고, 부계정은 특정한 목적과 취향을 반영해 비공개로 운영하기도 한다.

### 가상 인플루언서

어린이들의 장래희망 순위에 '아이돌'을 제치고 '유튜버'가 진입한 사례만 봐도 소셜미디어에서 인플루언서가 끼치는 사회적 영향력은 적지 않다. 최근에는 새로운 형태의 인플루언서가 포착되었는데, 실제 존재하지 않지만 컴퓨터그래픽CG을 활용해 보통의 인플루언서처럼 활동하는 '가상 인플루언서Virtual Influencer'가 그 주인공이다. 이들

본명·출신지·직업 등 입체적이고 상세한 가상 자아가 부여된 캐릭터 릴 미켈라(왼쪽), 소비자에게 영감을 주고 교감할 수 있는 새로운 자아인 KFC의 가상 인플루언서 커넬 샌더스(오른쪽).
자료: 위키피디아, KFC 인스타그램

은 때로 인간 인플루언서보다 더 큰 영향력을 발휘하기도 한다. 가상 인플루언서의 시작은 2016년 등장해 지금까지 활동하는 세계 최초의 디지털 슈퍼모델인 릴 미켈라로, 160만 명 이상의 팔로워를 보유하고 있다. 그녀는 단순히 마네킹이 아니라 디지털 세계에서는 살아 있는 패션모델로 활동한다. 일반 패션모델처럼 다양한 패션 브랜드의 옷을 입고 런웨이를 걷거나 인간 인플루언서처럼 다양한 주제로 활동을 하기도 한다. 최근에는 앨범을 발표하면서 가수로서의 활동도 시작했다.

가상 인플루언서를 마케팅적으로 활용한 사례도 있다. KFC는 창업주이자 상징적인 캐릭터 '커넬 샌더스' 할아버지를 디지털 환경에서 재해석해 가상 인플루언서로 탄생시켰다. 소비자에게 영감을 주고 교감할 수 있는 새로운 자아를 만들기 위해 만든 가상 인플루언서 커넬 샌더스는 KFC 미국 인스타그램에서 활동하고 있으며, 현재 약 140만 명의 팔로워를 가진 영향력 있는 인플루언서다. KFC뿐 아니라 타 영역의 브랜드와 콜라보레이션하며 활동의 영역을 넓히고 있다.

팔로워 수에서 볼 수 있듯이 가상 자아에 익숙한 젊은층은 가상 인플루언서의 활동을 긍정적으로 수용한다. 따라서 향후 가상 인플루언서의 영역은 더욱 성장할 것으로 전망된다. 예를 들어 팔로워의 취향을 고려해 설정을 맞춤화할 수 있기 때문에 목표 고객과의 연관성을 창출하는 데 기여할 수 있다. 패션 가상 인플루언서로 활동하는 누누리Noonoouri는 채식주의자다. 모피 의류에 반대하는 등 사회적으로 긍정적인 메시지를 전달하고 있기에 팔로워 및 럭셔리 브랜드들에게 주목받고 있다. 인간 인플루언서처럼 사회적 감수성이 부족하거나 사생활 이슈 및 돌발 행동 등으로 인해 파트너십을 맺고 있는 브랜드에게 악영향을 끼치는 리스크로부터 상대적으로 자유롭다는 장점도 있다.

개인이 인터넷에서 네트워크의 주체적 구성원으로서 콘텐츠를 생산하고 유통할 수 있게 되자 사람들이 관계를 맺는 방식에 변화가 일어나고 있다. 파편화되고 편집된 방식으로 인간관계가 형성되기 시작한 것이다. 물론 이런 인간관계로 생기는 부작용이나 진정성에 대한 의심은 여전히 존재할 것이다. 그럼에도 변화는 한동안 계속될 것이다. 마케터들은 보다 개인화되고 특정해진 영향 관계를 파악하고 이해할 필요가 있다.

# Chapter 2

## 플렉스 소비놀이: 과시가 놀이가 되다

LIFESTYLE TREND

개인의 소비관을 얘기할 때 흔히 등장하는 단어가 있다. 바로 경제관념이라는 용어다. 이러한 경제관념은 어린 시절부터 성인에 이르기까지 다양한 사회적 학습을 통해 의식 속에 자리잡으며 하나의 삶의 방식으로 드러난다. 어린 시절부터 우리는 어른들로부터 '아껴야 잘 산다'는 이야기를 많이 들으며 자랐다. 이 말은 '근검절약이 하나의 미덕이며 돈을 함부로 쓰는 게 죄악이다'라는 의미로 받아들여진다. 성인이 된 이후에도 현재의 소비를 지양해 돈을 모아야 향후에 닥칠지 모르는 경제적 위협을 대비할 수 있으며, 이를 통해 만들어진 목돈을 잘 활용하여 재투자하는 것이 곧 미래의 부자가 될 수 있다는 환상으로 현재 소비를 미래로 유보하기를 강요받는다.

하지만 이러한 강요가 우리 삶을 풍족하게 만들었는지에 대해서는 의문이 든다. 우리나라는 몇 차례 경제 위기를 겪으면서 양극화가 심해지고 있으며, 88만 원 세대, 삼포 세대, 수저론까지 부의 격차를 표현하는 신조어들이 생겨나고 있다. 이런 상황에서 일반인들은 소비하는 순간을 즐기지만, 미래에 대한 불안감을 느끼기도 한다.

그런 측면에서 젊은층을 중심으로 부상하고 있는 플렉스Flex는 언제나 내일을 위해 오늘의 희생을 강요하던 우리 사회에 새로운 의미로 수용되고 있다. 미국 힙합 문화에서 출발한 플렉스는 주로 소비를 통한 과시적 행위나 자신의 능력과 성공에 대한 자신감으로 해석된다. 플렉스는 최근 대한민국 힙합 문화로 빠르게 수용되고 있으며, 유튜브 문화와 결합되어 다 같이 즐기는 새로운 소비놀이가 되고 있다. 앞서 말했듯 우리 사회 전반에는 부와 소비에 대한 불편한 시선이 존재해왔다. 타인의 성공이나 과시적 소비에 대해 섣불리 판단하고 맹목적인 시기와 질투의 시선을 보내기도 한다. 하지만 이제 사람들의 관점의 변화가 일어나고 있다. 성공과 부에 대한 욕망을 인정하고, 누군가가 자신의 열망으로 과감히 소비하는 플렉스 활동을 펼칠 때 이를 적극적으로 지지하고 응원의 메시지를 보내는 새로운 광경이 펼쳐지고 있는 것이다.

# 플렉스 = 자신감이라는
코드

플렉스는 Z세대와 밀레니얼 세대 사이에서 유행하는 용어다. 대부분의 문화권에서 플렉스 같은 과시적 소비 행위는 쉽게 용인되지 않을 뿐 아니라 때론 많은 사람들이 이 행위를 자랑질, 허세질 같은 표현으로 경멸하기도 한다. 독특하게도 미국 힙합 문화에서는 이러한 과시 소비 행위가 사회적으로 용인되고 있다.

플렉스는 미국 사회에서 흑인의 사회적 위치와 힙합의 의미로부터 이해될 수 있다. 미국 흑인들은 아프리카에서 아메리카로 건너간 이후 줄곧 미국 사회의 밑바닥 계층으로 살아왔으며, 부단한 노력에도 불구하고 여전히 범죄와 가난이 넘쳐나는 거주지인 슬럼가를 벗어나기 어려운 상황이다. 그들에게 놓여진 탈출 방법 중 하나는 힙합과 흑인 음악가로서 대중적 성공이다. 하지만 성공을 위해서는 치열한 경쟁을 돌파해야 한다. 그렇기 때문에 성공의 상징인 돈은 단순한 교환 가치를 넘어 자신이 얼마나 힙합에 헌신했는지를 보여주는 척도이며, 이를 적극적으로 드러내는 플렉스 행위는 자신감의 표현이라는 사회적 코드로 통용되고 있다.

힙합 코드는 소셜미디어를 만나며 폭발력이 더해졌다. 매스미디어를 통해서는 제한적으로만 스스로를 드러낼 수 있었던 힙합 아티스트들이 소셜미디어를 통해 일상을 적극적으로 노출할 수 있게 됐기 때문이다. 슈퍼카, 럭셔리 하우스, 다이아몬드로 커스터마이징한 시그니처 액세서리들이 '플렉스'라는 타이틀을 달고 대중에게 다가가기 시작했다.

## 대한민국 플렉스의 시작과 의미

플렉스는 '구부리다' 혹은 '구부리기 위해 힘을 주다' 정도의 뜻으로 받아들여지지만 미국 힙합 신으로 넘어와 '부나 귀중품을 과시하다Showing Off'란 의미로 변용돼 적용되기 시작하면서 수많은 힙합 음악과 래퍼들의 공연 등에 플렉스라는 단어가 등장하고 통용되고 있다. 국내에서는 〈쇼미더머니〉 등 힙합 프로그램의 인기에 힘입어 힙합이 대중화되고, 래퍼들도 사회·경제적으로 성공을 이루게 되었다. 그들은 스스로의 성공에 대한 자신감을 플렉스라는 한 단어에 담아 힙합 팬들과의 교감 코드로 활용하기 시작했다. 최근 기리보이, 나플라 등의 유명 힙합 아티스트들이 곡명과 랩 가사에서 플렉스를 더욱 적극적으로 언급하면서 유행처럼 확산되고 있다.

"너희 옷이 그게 뭐야 얼른 갈아입어 / 구찌 루이 휠라 슈프림

섞은 바보 / 너희 아보키 같아 답이 없다고 / 나랑 같이 쇼핑 가자 용돈 갖고 와 / 여름엔 덥게 겨울엔 춥게 / 여름엔 덥게 겨울엔 춥게 / F.L.E.X 질투와 시샘 / 받으면서 우리 멋있어지자".

이 가사는 기리보이와 스윙스 등이 2019년에 발매한 〈플렉스 FLEX〉라는 곡의 일부다. 미국 힙합의 거친 욕설과 공격적인 음악 속성을 순화시키면서 대중적 부러움의 대상으로 자신을 치켜세운 한국화된 플렉스 버전이라 할 수 있다. 당시만 해도 플렉스는 대중 트렌드라기보다 음악 트렌드에 가까웠다.

이후 플렉스라는 용어가 대중으로부터 공감 받고 확산된 시점은 오랜 무명 시절을 거쳐 유튜브 스타로 떠오른 1984년생 아저씨 래퍼 '염따'가 두각을 나타내면서부터다. 염따에 대한 대중적 호응은 젊은 세대로부터 시작되었다. 오랜 기간 음악을 했지만 제대로 성공하지 못한 그의 현실, 그래도 웃으며 자신이 좋아하는 것을 통해 꼭 성공하고 싶어 하는 그 갈망이 요즘 젊은 세대와 닮아 있었기 때문이다. 염따가 외치는 플렉스는 '성공에 대한 자신감'이라기보다 '성공하고 싶다'는 열망의 외침에 더 가까웠다.

젊은 세대 역시 성공에 목말라 있다. 끊임없이 스펙을 쌓지만 늘 불공정한 경쟁 환경에 밀려나고 있으며, 떨어져도 자꾸 도전해보지만 실패 이유를 도무지 알 수 없다. 남은 미래가 길어서 지금 당장 포기할 수 없는 불편한 현실을 살아가고 있을 뿐이다. 그래서인지 사람들은 염따의 얘기를 즐기고 있다.

염따가 돈을 벌려고 만든 굿즈들을 앞다퉈 구매해준다. 음원을 구매해 차트에 진입시켰고, 그가 힘들게 번 거금을 하루 만에 탕진

해도 비난하지 않고 함께 웃어줬다. 우리에게 친근한 저 형만은 진짜 성공시켜서 같이 제대로 즐겨보고 싶다는 순수한 마음이 유튜브 세상에서 새로운 현상을 만들고 있다.

## 플렉스와 유튜브 생태계의 결합

소셜미디어는 현재 어떠한 미디어보다 강력한 영향력을 보유하고 있다. 그중에서도 유튜브는 3가지 차별점을 기반으로 기존 미디어 소비의 생태계를 흔들고 있다.

첫째, 유튜브의 콘텐츠 구독 경제 시스템이다. 유튜브는 시청자에게 직접 콘텐츠 소비 비용을 요구하지 않는다. 관심사나 취향을 중심으로 채널 구독과 '좋아요' 같은 일정한 행동 반응을 통해 콘텐츠 생산자에게 직접 콘텐츠 생산비용을 지불할 수 있게 한다.

둘째, 콘텐츠 생산자의 콘텐츠 편집 독립성 확보다. 미디어의 편집권을 유튜브 크리에이터가 가지게 됨으로써 콘텐츠는 저작권이나 극단적 표현 수위를 넘지만 않으면 된다. 기업과 미디어 간 공생 관계가 만들어냈던 영향력에서 콘텐츠 생산자가 어느 정도 자유로워질 수 있는 배경이다.

셋째, 크리에이터의 자유로운 편성권이다. 많은 유튜버가 채널의 인기 관리를 위해 꾸준히 업로드를 하긴 하지만 의무는 아니다. 콘텐츠의 길이, 퀄리티, 주제 등의 선정과 관리는 크리에이터의 자율 운영 사항이다. 이러한 자율성 덕택에 많은 유튜버들은 일상 콘텐츠까지 그 영역을 확장하고 있다.

　유튜브에는 크리에이터가 자신의 스토리를 가감 없이 드러낼 수 있는 환경(기반)이 있다. 모든 유튜브 크리에이터가 눈치 보지 않고 콘텐츠를 생산할 수 있으며, 노력을 통해 시청자와 교감할수록 성공에 가까워질 수 있다는 것은 유튜브 크리에이터에게 상당한 매력으로 작용했다. 그 결과 숨어 있던 수많은 스토리텔러가 세상에 자신을 드러내고 개인의 스토리가 담긴 일상을 공유하고 있는 것이다.

　유튜브는 현재 '유튜브를 통해 성공하고 싶은 사람, (셀러브리티 또는 부자와 같이) 성공을 보여주고 싶은 사람, 그 성공이 어떤 모습인지 혹은 어떤 과정을 통해 성공했는지 제대로 경험하고 싶은 사람' 등이 어우러져 하나의 생태계를 구성하고 있다. '구별짓기, 따라가기' 등의 작동 방식이라기보다 서로의 가치와 취향을 공유하고 공감하는 방식이다. 유튜브 성장의 방향성이 읽혀지는 대목이다. 그런 측면에서 유튜브에서 살아남으려면 진실됨과 진솔함이 있어야 한다.

# 플렉스라는
# 색다른 놀이 경험

　　우리나라의 플렉스는 개인의 욕망을 '해악'시하고 소비를 은연중에 부정한 행위로 바라보는 시선을 돌파할 수 있는 작은 시발점이라고 볼 수 있다. 누구나 한번쯤 해봤을 법한 '(돈) 걱정 없이 살고 싶다. (남) 눈치 보지 않고 쓰고 싶다'는 작은 소망을 솔직히 풀어낸 접근 중 하나이다.

　　아직은 플렉스로 정확히 지칭되지 않았지만 유튜브에서 펼쳐지고 있는 '새로운 스케일의 과감한 소비 활동'이 어떻게 거부감을 이겨내고 시청자의 지지와 참여를 이끌어내는지 그리고 놀이화된 플렉스 소비가 어떤 방식으로 개인 차원을 넘어 공동 체험으로까지 나아가는지도 다음의 사례들을 통해 살펴보자.

**4,000만 원을 4,000원처럼 쓰는 플렉스, 염따**

누구도 주목하지 않던 무명 래퍼 염따는 일순간 소셜미디어에서 팔로워 수만 62만 명 이상을 확보한 사랑받는 힙합 유튜버가 됐다. 염따는 〈쇼미더머니 8〉에서 비장의 콜라보레이션 카드로 활용될 만큼 대세로 성장했다. 그 출발점은 염따가 2019년 1월부터 유튜브 채널을 통해 '하루에 1,300만 원 플렉스하는 법', '130만 원짜리 루이비통 에어팟 FLEX 해버렸지 뭐야' 등의 어그로성 제목을 단 플렉스 영상을 올리면서부터다. 염따의 영상은 번 수익을 현금으로 인출한 다음 베고 자거나, 돈뭉치를 든 채 매장을 방문해 롤렉스를 구매하는 등의 모습이 주를 이뤘다.

투박하고 지질해 보이지만 남의 눈치를 보지 않고 속 시원히 질러대는 캐릭터 출현에 젊은 세대는 환호했다. 빠르게 염따 팬덤이 형성되고 그들만의 끈끈한 대화법과 유대 관계가 입소문을 타면서 염따 동영상은 급속도로 퍼져나갔다. 이후 두텁게 형성된 염따 팬들의 힘으로 신규 발매한 음원은 그의 생애 최초로 음원 차트에 진입했다. 국내 최대 소셜미디어 콘텐츠 그룹 가운데 하나인 딩고는 이 현상에 주목해 〈염따의 성공시대〉라는 프로그램을 염따와 공동 제작하기에 이르렀다.

유튜브를 통한 일련의 인기몰이의 과정 중에서 가장 화제를 모았던 부분은 적극적인 플렉스 참여 활동으로 볼 수 있는 염따 굿즈 판매 결과였다. 4일간 온라인을 통해 염따 캐릭터 티셔츠와 폰 케이스는 2,000건 이상 판매되고 6,000만 원 이상의 수익을 발생시켰다. 염따도 놀라서 "그만 좀 사라"고 외칠 정도였다. 이후 판매 수익은 개인 요트 여행과 캐딜락 에스컬레이드 구매 등 또 다른 플렉스 활동으로 이어졌다.

이러한 염따의 플렉스 행위에 거부감을 가지거나 비난하는 사람은 거의 없었다. 무비난을 넘어 여러 플렉스 행위를 적극 지지하고 공감했다. 하나의 놀이로 함께 즐기기 시작했다는 점은 지금까지 없었던 현상으로 주목할 필요가 있다. 내일을 위해 오늘의 자신의 존재를 지우고 살아가는 젊은 세대에게 "돈은 모으라고 있는 게 아니라 쓰라고 있는 거야!"라고 외치는 염따의 멘트는 거짓 없는 욕망의 솔직함으로 다가갔다. 염따의 일상에 투영된 플렉스 행위들이 함께 즐길 수 있는 짜릿한 감정 해소 활동으로 느껴졌던 것이다.

염따만의 플렉스는 지금도 계속되고 있다. 경미한 자동차 사고 후 진행된 두 번째 염따 굿즈 판매는 3일 만에 20억 원의 판매 기록을 세웠다. 젊은 세대는 서툴고 직설적이더라도 가식 없는 솔직함에 반응한다.

투박하고 지질해 보이지만 남의 눈치를 보지 않고 속 시원히 질러대는 염따라는 캐릭터 출현에 젊은 세대는 환호했다.
자료: 〈dingo freestyle〉 유튜브 채널

## 슈퍼카를 사랑한 피부과 의사의 플렉스, 오프라이드

진짜 부자도 삶을 공개하기란 쉽지 않다. 이유는 삶을 공개했을 때 따라올 사람들의 따가운 눈초리, 시기와 질투, 비난의 목소리 같은 부정적 반응 때문이다. 하지만 실명을 드러내고 슈퍼카 마니아로서의 일상을 보여줘 자신감을 플렉스하는 오가나는 청담동에서 개인 병원을 운영하고 있는 피부과 전문의다. 그는 페라리 5대를 포함해 총 15대의 자동차를 보유하고 있다.

유튜브 영상 속 오가나는 아무렇지 않게 람보르기니를 몰고 청담동 페라리 전시장에 방문해 한정판 페라리를 구매하는 남다른 플렉스를 보여준다. 지나친 과시로 인해 부정적인 시선과 반응이 지배적일 것 같지만, 의외로 유튜브 채널에서는 악플을 찾아보기 힘들다. 스스로의 노력으로 의사가 된 그를 '제대로 즐길 줄 아는 가진 자'에 대한 동경의 시선으로 바라본다. 친근한 진행 방식, 자만하지 않는 태도, 슈퍼카에 대한 순수한 사랑을 높이 평가하는 분위기다. 그의 차분한 매력과 고민하지 않는 플렉스 일상이 동기 부여가 된다는 댓글이 수도 없이 달린다.

유튜브를 통해 보여주는 오가나의 플렉스는 단순히 자기만족만을 위한 구매 행위에 한정돼 있지는 않다. 직원 결혼식에 300만원의 축의금을 내는가 하면 자신의 슈퍼카를 웨딩카로 변신시켜주기도 한다. 아버지에게 벤츠를 선물하고, 사회적 약자를 돕는 행사에 참여해 통 큰 기부도 한다. 오가나는 금수저로 태어난 사실을 숨기지 않는다. 좋은 환경에서 태어나 집안의 지원을 받아 의사가 되었지만 그 후의 삶에선 독립성을 유지했다고 밝혔다. 자신 있게 그 어떤 슈퍼카도 부모의 도움을 받아 구매한 경우는 없다고 말한다.

성공 방식에 대한 자신감을 넘어 오가나가 보여주는 플렉스의 신선함은 점잖음에서 온다. 하루에 많게는 100명 이상의 진료를 보는 피부과 의사의 특성 때문인지 차분한 어조로 사람들이 궁금해할 진짜 부자의 삶을 얘기한다. 슈퍼카 드라이버만이 해줄 수 있는 정보와 감성, 의사가 되기까지의 삶과 의사가 된 후의 삶, 돈 버는 철학과 제대로 돈 쓰는 법 등 그의 일상의 모습을 시청자의 눈높이에 맞게 전달하면서 절대 으스대지 않는다.

지금까지 많은 부유층의 폐쇄적 태도와 계층적 구별 짓기는 일반인에게 부정적인 선입견을 만들기에 충분했다. 그 측면에서 오가나의 플렉스는 부자와 일반인 사이의 소통의 단절로부터 발생한 오

유튜브와 블로그를 통해 끊임없이 플렉스한 자신의 삶의 방식을 소개해주는 오가나.
자료: 〈오프라이드oh-pride〉 유튜브 채널

해의 벽을 허물고 서로의 경험을 연결한 긍정적 사례로 볼 수 있다. 그는 제품의 가격 정보로 초기 영상 시청을 이끌어내지만, 이후 이어지는 알찬 정보와 색다른 경험의 공유로 정기 구독자로 전환시키고, 그들과의 위화감 없는 소통을 이어가고 있기 때문이다.

### 사투리 쓰는 옆집 부자 언니의 언박싱 플렉스, 떴다왕언니

〈떴다왕언니〉의 유튜브 채널에 방문하면 다음의 채널 설명이 가장 먼저 눈에 띈다. "어디든 떴다 하면 왕언니!!! / 쇼핑왕 / 먹기왕 / 놀기왕 / 떴다왕언니는 전문 지식 채널이 아닙니다. / 그냥 한번 보고 웃는 채널 / 왕언니 말이 정답 아닙니다. / 틀릴 가능성이 더 높습니다^^ / 유쾌 통쾌 상쾌한 구독 감사합니다~ !!!"

한마디로 "그녀는 쿨하다!" 이 점이 기존 명품 언박싱 콘텐츠나 매장 쇼핑을 통해 제품을 쓸어 담아와 일반인에게 소개해주는 하울 동영상과 차별화되는 포인트다. 몇 년 전부터 유튜브를 통해 명품을 리뷰하기 시작한 일부 하울 유튜버들은 노골적인 과시와 "이게 얼마짜린데?" 같은 가격을 중시하는 태도로 "허세질이다, 돈자랑이다" 같은 비난과 질타를 받아야 했다. 부유한 삶이 궁금하고 명품을 직접 구매하기 어려운 일반인에게 상대적 박탈감과 불쾌감을 유발시켰기 때문이다. 그러나 〈떴다왕언니〉 유튜브 채널 속 명품들은 귀한 대접을 받는 게 아니라 오히려 함부로 다뤄지는 것처럼 보인다. 명품의 가격에는 신경을 쓰지 않고 조심성 없이 만지고 포장을 거침없이 뜯는 모습에 '쾌속 언박싱 전문가'라는 별명까지 얻고 있으며 기존의 하울 유튜버와는 달리 부정적인 댓글도 거의 찾아볼 수 없다.

온갖 명품 브랜드에 초대되고 퍼스널 쇼퍼와 교류하는 부유층이지만 영상 속 그녀는 구수한 사투리로 솔직하게 시청자와 대화한다. 아이를 위해 요리하는 영락없는 주부이자 옆집 언니의 모습이다. 영상을 보고 있으면 부의 차이에서 발생하는 그녀와 시청자 사이의 거리감이나 위화감은 별로 느끼지 못한다. 오히려 부자인 그녀도 경제 형편만 조금 다를 뿐 우리와 다르지 않은 사람이라는 친근함을 느끼기도 한다.

### 초통령의 기상천외한 실험 플렉스, 허팝TV

허팝은 전혀 다른 차원에서 플렉스를 실현한다. 주로 명품과 호사스러운 경험 같은 물질적 풍요에 기반한 소비 활동에서 플렉스 감성을 느끼게 해주는 유튜버들과 달리 허팝은 기상천외한 실험에 돈을 물 쓰듯 쓰는 모습에서 자본과 경제관념에 얽매이지 않는 지름의 플렉스 감성을 경험시키고 있다.

구독자 330만 명을 보유한 유튜버이자 뽀로로가 가지고 있던 '초통령'이라는 별명을 가로챈 남자 허팝. 일반인이 보기에 '왜 저런 무모한 행위에 돈을 쓰지?'라는 생각이 들만큼 스케일이 남다른 엉뚱한 실험으로 호기심을 불러일으키면서 유튜브 생태계에서 최고의 인기남으로 자리 잡고 있다.

처음부터 허팝의 실험이 거대했던 건 아니다. 2016년 원룸에 '허팝연구소'라는 타이틀을 걸고 소박하게 시작된 그만의 플렉스 실험은 이제 안산시에 있는 1,000평 규모의 컨테이너 실험실로 확장됐다. 쿠팡맨으로 활동하던 그는 세계 여행 자금을 마련하기 위해 취미 차원에서 유튜브 실험을 시작했다. 가속도가 붙자 그만의 독특한 취향은 새로운 차원으로 진화했다. 10미터 수영장에서 수상스키 타기, 지프차 뚜껑을 직접 뜯어 오픈카 만들기, 가장 싼 호텔 방이 200만 원부터 시작한다는 세계 최고 7성급 호텔 두바이 버즈 알 아랍 호텔 체험까지 비용을 생각하면 누구나 상상 속에서 그쳤을 행동을 다른 사람에게 보여주고 싶다는 욕망만으로 즉각 실행에 옮겼다.

스케일 차이라는 차별화로 유튜브 최고의 스타 반열에 오른 허

온갖 기상천외한 플렉스 경험을 선사하는 허팝 유튜브.
자료: 〈허팝Heopop〉 유튜브 채널

팝의 수입은 2017년 기준 연간 12억 원 이상이다. 이는 실험을 즐기는 순수한 의도, 유튜브에서 발생한 수입의 많은 부분을 다시 실험에 사용하는 플렉스한 마인드, 무모한 실험에 아이디어를 제공하는 시청자들의 동참 의지까지 합쳐진 노력의 결과물이다.

허팝은 현재 '허팝연구소'라는 브랜드화된 타이틀 아래 3개의 영상 채널을 운영하고 있다. 가장 인기가 높은 과학 실험, 일상을 담아낸 브이로그인 일기 채널, 게임 채널에 일주일 최대 20개 영상을 올릴 정도로 꾸준히 활동하고 있다.

# 플렉스라는
# 새로운 현상의 접근법

영국의 경제심리학자인 에이드리언 펀햄 교수는 인간이 소비하게 되는 동기를 '불안할 때', '우울할 때', '화가 났을 때'로 정의했다. 불안할 때는 불안을 해소하기 위해, 우울할 때나 화가 났을 때는 소비를 통해 자기 존재를 인정받으려고 소비를 하게 된다는 것이다. 누구나 한번쯤 기분 전환을 위해 소비를 한 경험이 있을 것이다. 그러나 이러한 소비는 리스크를 동반한다. 자신이 처한 재정적 한계로 순간의 기쁨 이후에 찾아오는 후회의 감정을 알기 때문이다.

최근 우리 사회에는 후회 없는 합리적인 소비를 지향하는 단어들이 등장했다. 가성비, 가용비, 가심비 같은 '가○○' 시리즈다. 이러한 접근 방식은 '가격 대비'라는 의미에서 아낌의 소비 미학 관념을 넘어서지 못하는 한계가 있었다. 최근 등장한 신조어 탕진잼(탕진+재미)은 '재물 따위를 흥청망청 써서 없앤다'는 의미를 지녔지만 단지 소소한 낭비에 국한돼 통용되고 있다. 또다른 신조어인 지름신(지름

+신) 역시 긍정보다 그 행위를 막거나 피해야 할 대상으로 규정하는 부정의 뉘앙스를 더 강하게 내포하고 있다.

이러한 신조어들만 보더라도 우리가 얼마나 부와 욕망의 추구를 '해악적 시선'으로 바라보는지 알 수 있다. 이에 반해 유튜브 세상 속 4가지 사례는 자신이 원하는 것을 위해 과감하게 소비한다는 공통점이 있다. 각기 다른 영역이지만 점점 커지는 그들의 스케일을 보는 것을 즐기며 그들의 활동에 응원하는 사람들이 늘어나고 있다.

성공과 부, 소비 욕망 자체를 근본적으로 없앨 수 없는 상황에서 플렉스라는 유희적 활동은 다 함께 즐기는 놀이로써 소비 경험의 확대 기회를 제공한다. '플렉스 소비놀이'는 소비를 부정적인 시각으로 바라보고 소비의 욕망을 해악시하는 경제관념을 돌파할 수 있는 작은 시발점이 될 수 있을 것이다.

플렉스는 이미 대중에게 확산되기 시작했다. 이제 힙합의 경계를 넘어 패션 및 소비 시장으로 스며들고 있다. 다양한 형태의 플렉스 행위가 커뮤니케이션의 메시지화되기 시작한 것이다. 그러나 이러한 현상을 지나치게 노골적으로 마케팅에 활용한다거나 유튜브 크리에이터들을 섣부르게 포섭한다면 부정적 효과만 초래할 뿐이다.

요즘 소비자는 광고 영상임을 밝히지 않은 구매 자극형 유튜브 콘텐츠에 대해 부정적인 시각을 가지고 있으며, 섭외를 중심으로 이루어진 진정성 없는 PPL 영상들은 설득력을 확보하기 힘들다. 그러한 측면에서 브랜드와 소비자를 연결하는 매개자 역할을 해주는 유튜브 크리에이터들에게 비용을 지불하는 기업이 되어서는 안 된다. 오히려 그들이 진짜 열망하여 직접 구매하는 상징적 브랜드로 새롭게 포지셔닝할 필요가 있다. 그들이 강력하게 원하는 제품일수록 그 설득력은 배가될 것이다.

또한 유튜브 생산자가 만들어내는 소통의 메커니즘을 제대로 이해해야 한다. 그들은 포장이 아니라 진솔함, 소탈함으로 시청자와 교감한다. 현재의 플렉스 활동은 일방향적인 과시 행위를 넘어 다 함께 즐기는 놀이 경험으로 나아가고 있다. 특별한 경험일수록 확산 속도가 빠를 것임은 당연하다.

# Chapter 3

## 샤이관종: 관심받고 싶지만 주목받긴 싫다

LIFESTYLE TREND

관종이라는 신조어는 태생부터 다소 부정적인 의미로 사용되어왔다. 타인으로부터 관심을 받기 위해 무분별한 행동도 서슴지 않는 사람들을 일컫는 말이었다. 하지만 자기표현과 소통 욕구가 강한 Z세대가 관종의 의미를 변화시키고 있다.

자신이 생각하는 것을 적극적으로 표현하고 주체적으로 소통을 지향하는 Z세대는 본인이 관종임을 당당하게 표현하곤 한다. 요즘 TV 예능이나 토크쇼에서도 연예인들이 스스로 당당하게 관종이라고 얘기할 정도로 이 단어가 초기에 지니고 있던 부정적인 이미지는 꽤 희석됐다. 관심을 받고 싶어 하는 심리가 사회적으로 예전만큼 부끄럽게 받아들여지는 것이 아님을 반증하는 현상이다.

그럼에도 불구하고 여러 가지 이유로 과도한 노출은 부담스럽지만 관심을 받고 싶고 나와 공감해주는 사람들과 소통하기를 원하는 부류의 사람들이 있다. 디지털 네이티브라고 불리는 Z세대 사이에서 많이 나타나고 있는 이들을 샤이관종이라 부른다. 샤이관종이 왜 Z세대에서 많이 나타나게 되었을까? 새롭게 등장한 그들에 대해 알아보자.

# 샤이관종:
# 상반된 두 성향의 결합

관종은 관심을 받고 싶은 사람으로 '관심 종자'의 약어다. 반면, 샤이Shy는 부끄럽다는 의미를 지닌 영어 단어다. 직역해보면 부끄러움은 많이 타지만 관심을 받고 싶어 하는 사람들로 해석할 수 있다. 이 표현을 조금 더 자세히 들여다보면 샤이관종은 단순히 부끄러움이 많은 사람이라는 의미에서 쓰이는 것이 아니라 관심을 받기 위해 표현하는 방법이 샤이하다는 의미로 쓰이고 있음을 알 수 있다. 이는 개인의 성향이 부끄러움을 많이 타는 내성적 성향인데도 불구하고 자신을 표현하고 남들로부터 관심을 받고자 하는 욕구가 높은 사람들로 해석된다. 이런 부류의 사람들은 디지털 네이티브로 알려진 Z세대에서 특징적으로 나타난다. 왜 이런 상반된 두 성향이 Z세대에서 두드러질까? 샤이와 관종 각각의 성향이 존재하는 이유와 결합되는 과정을 살펴보자.

## 관심받고 싶지만 주목받긴 싫다

'나도 내 생각에 공감해주는 더 많은 사람들과 소통하고 싶다….' 많은 사람들이 인기가 많은 유튜버나 BJBroadcasting Jockey를 보면서 한 번쯤 이런 생각을 해봤을 것이다. 대다수의 사람이 가슴속에 소통 욕구를 품고 살아가서 그럴 것이다. 그렇지만 유튜버나 BJ가 하는 것과 같이 얼굴을 공개하고, 자극적인 콘텐츠를 기획하느라 개인 시간을 투자하고, 무거운 카메라 장비를 들고 다니며 촬영하는 모든 과정과 노력을 생각하면 부담이 밀려오는 탓에 다른 누군가가 올리는 콘텐츠를 즐기기만 하는 사람들이 거의 대부분이다.

이렇듯 다른 사람들과 소통하며 관심을 받고 싶기는 하지만 막상 튀고 싶진 않은 부류의 사람들도 다른 방식으로 자신을 표현하고 있다. Z세대는 이들을 일컬어 샤이관종이라 부른다. 샤이관종은 유명 스타가 되기 위해 이름과 얼굴, 나이 등을 알리기보다 때로는 재미있게, 때로는 힐링해주면서 자신의 생각과 취향에 공감해주는 사람들로부터 관심을 받고 함께 소통하고 싶어 한다.

이들이 얼굴과 이름 등을 구체적으로 밝히지 않는 이유는 신상

감스트(왼쪽)와 외질혜(오른쪽)가 성희롱 발언에 공식 사과하는 장면.
자료: 〈감스트GAMST〉, 〈외질혜(Oziltube)〉 유튜브 채널

노출에 대한 거부감 때문이다. 이들이 자주 사용하는 인기 어플리케이션인 스푼라디오의 관계자에 따르면, 인기 DJDisk Jockey를 위한 작은 시상식을 열었을 때 참가를 약속했던 DJ들이 반도 모습을 드러내지 않았다고 한다. 과거와 달리 본인을 노출하지 않으면서 관심을 받기 위한 노력을 하는 사람이 늘고 있음을 알 수 있는 대목이다. 왜 이들은 신상 노출에 거부감이 있을까? 왜 샤이관종은 '샤이'한 성향이 있을까?

## 디지털 네이티브 Z세대의 딜레마

샤이관종은 디지털 네이티브라고도 불리는 Z세대에서 특징적으로 나타난다. 대체 왜 이들은 본인의 얼굴이나 이름, 신상을 노출하길 꺼리는가? 소통 욕구가 있으며 자신의 개성이나 생각을 다른 사람들에게 표현하며 궁극적으로 남들로부터 관심을 받고 싶어 하는 강한 성향이 있음에도 불구하고 이러한 거부감이 있는 이유가 궁금하다. 나와 공감해주는 사람이 필요하다는 것은 나도 관심을 받고 싶다는 욕구가 있음을 반증하는 것인데, 관심을 받기 위해 자신을 드러내는 것에 부담을 느끼는 데는 Z세대만의 태생적인 이유가 있다.

Z세대는 디지털 네이티브답게 어렸을 때부터 스마트폰과 인터넷을 자유자재로 다루며 다양한 콘텐츠를 적극 검색해왔다. 이들은 이 과정에서 사회적인 물의를 일으키는 경우 어떠한 일이 벌어지는지에 대해서도 간접 경험을 할 수 있었다. 예를 들어 유명 유튜버나 BJ 같

은 인플루언서들이 특정 행위로 인해 사회적으로 논란이 되고 공식 사과문을 발표하는 등의 유명세에 따르는 양면성을 보며 자라왔다.

디지털 채널의 확장과 더불어 이를 친숙히 다루는 Z세대를 중심으로 오늘날 정보 확산의 속도는 과거와 비교할 수 없을 만큼 빨라졌다. 팬들로부터 유명세를 이끌어가던 연예인이 하룻밤 사이에 대중으로부터 비난과 질타를 한 몸에 받게 되는 경우가 상당하다. 인지도 높은 유튜버나 BJ가 사회 이슈가 될 만한 민감한 내용을 담은 말 한마디로 방송을 중단하는 경우 또한 비일비재하다. 이를 지켜보면서 자라온 Z세대의 잠재의식 속에 능동적 소통을 위한 '노출'에 대한 두려움은 존재할 수밖에 없을 것이다. 시대적 현상이라고 봐도 무리가 아니다.

샤이관종이 Z세대 속에서 특징적으로 나타나는 이유는 바로 디지털 세계에서의 부작용이라고 할 수 있는 부정적 측면의 간접 경험이라 할 수 있다. 이로 인해 '자기 자신을 드러내는 것에 대한 두려움'과 인간 본질적으로 지니고 있는 '소통 욕구'라는 상반된 성향을 보유한 탓일 것이다. 그렇다면 이들이 설 자리는 과연 없을까? 트렌드를 주도하는 핵심 계층인 Z세대가 상반된 성향을 품고 어떻게 자신을 표현하며 다른 이들과 공감대를 형성하는지 살펴보자.

# 샤이관종의 2가지 성향을
# 충족시켜주는 플랫폼이 등장하다

디지털 시대로 접어들면서 인간은 적응하는 수준이 아니라 욕구를 충족시켜줄 수 있는 다양한 장치를 만들어왔다. 이 과정에서 차별적인 경험을 위해 새 플랫폼이나 아이템을 고객에게 제공하기도 하지만 과거에 유행하던 아이템을 현재 타깃 고객의 성향에 맞춰 개편해 색다른 경험을 제공하기도 한다. 뉴트로New+Retro는 복고를 새롭게 즐기는 경향을 의미하는 신조어로, 요즘 젊은층에게 화두가 돼 인기를 끌고 있다. 레트로가 과거를 그리워하면서 유행했던 것을 다시 꺼내향수를 느끼는 것이라면, 뉴트로는 같은 과거인데 즐기는 계층에 따라 신상품처럼 새롭다는 의미를 담고 있다. 이런 뉴트로 열풍은 현재 디지털 플랫폼상에서도 적용돼 젊은이들로부터 인기몰이를 하고있다. 최근에는 샤이관종의 설 자리에 대한 고민과 이들의 이중적성향을 반영한 디지털 플랫폼이 개발돼 화제가 되고 있다. 과연 어떤 형태의 디지털 플랫폼이 이들의 놀이터로 진화하고 있을까?

## 뉴트로, 오디오 플랫폼으로 향하는 샤이관종

요즘 오디오계의 유튜브로도 불리는 '스푼라디오' 어플리케이션이 폭발적인 인기다. 스푼라디오는 얼굴을 드러내지 않고도 자신을 마음껏 표현하고 생각이나 취향이 비슷한 사람들과 공감대를 형성할 수 있다. 이 플랫폼은 샤이관종의 가려운 곳을 정확히 긁어줬다. 이 점을 바탕으로 스푼라디오 어플리케이션은 2019년 7월 누적 다운로드 수 1,000만 건을 돌파했다. 스푼라디오를 운영하는 (주)마이쿤 최혁재 대표는 2018년 11월 누적 다운로드 500만 건을 넘은 이후 8개월 만에 1,000만 건이라는 기록을 세웠다고 밝혔다. 현재 다양한 소셜미디어나 메신저 서비스가 포화 상태라는 점을 감안하면 이 기록은 대단하다.

스푼라디오에서 하루 평균 개설되는 5만 5,000개 이상의 방송을 통해 청취자들은 각자 원하는 취향과 콘셉트의 방송을 듣고 라디오 DJ와 실시간 채팅을 할 수 있다. 기존의 소셜미디어나 유튜브에서 접하는 영상 또는 이미지 기반의 콘텐츠와 달리 음성으로 소통한다는

스푼라디오는 누구나 DJ가 돼 실시간으로 청취자와 만날 수 있다. 이 점 덕분에 샤이관종의 귀와 마음을 사로잡았다.
자료: 스푼라디오 홈페이지

**스푼라디오 글로벌 어플리케이션 다운로드**

1,000만 명

500만 명

100만 명

런칭

2015. 10　2017. 12　2018. 11　2019. 07

자료: 〈매일일보〉

하루에 진행되는
라이브 방송 수
**5만 5,000개**

글로벌 유저 비중
**국내 30%, 해외 70%**

아이템 판매액
**월 40억 원**

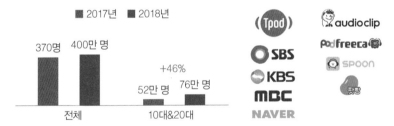

**오디오 모바일 어플리케이션 이용자**

■ 2017년　■ 2018년

370명　400만 명

+46%

52만 명　76만 명

전체　10대&20대

자료: 닐슨코리안클릭 PC / Mobile Behavioral Data

(Tpod)　audioclip
SBS　Podfreeca
KBS　spoon
mBC　팟빵
NAVER

점이 화려한 시각적 자극에 피로감을 느끼는 이용자들에게 어필했다는 분석도 있다.

　오디오 플랫폼 가운데 1위 어플리케이션인 스푼라디오 외에도 구시대적 매체로 여겨졌던 오디오 매체에 새 수요층이 등장했다. 닐슨코리안클릭의 PC / Mobile Behavioral Data 자료에 의하면 1년간 10대와 20대를 중심으로 오디오 어플리케이션을 사용하는 사용자

틱톡에서 마스크를 쓰고 댄스를 선보인 손댄스로 유명한 여성 신디(왼쪽), 복면 차림으로 자극적인 콘텐츠를 선보이는 인기 유튜버 우마(오른쪽).
자료: 〈Tik Tok TV〉, 〈U.M.A. 우마〉 유튜브 채널

가 46% 증가했다고 한다. 이에 따라 팟빵, 오디오 클립, 밀리의 서재, 윌라 등 다양한 오디오 콘텐츠 기반의 플랫폼이 인기를 끌고 있다. 네이버, 아프리카TV, 넷플릭스 같은 기존 매체도 오디오 플랫폼 서비스 제공을 준비하고 있거나 서비스를 시작했다. 과거에는 소외당하기 쉬웠던 샤이관종이 디지털상에서 새 플랫폼을 통해 스스로 문화를 만들며 트렌드를 주도해나가고 있다는 점이 매우 흥미롭다.

기존의 소셜미디어에서도 얼굴을 드러내지 않고 자기 자신을 표현하며 남들로부터 공감을 얻고자 하는 '양방향 소통 욕구'에 대한 Z세대의 수요는 존재해왔다. 유튜브, 틱톡, 인스타그램, 스타일쉐어, 페이스북 등이 대표적이다. 많은 유저 가운데 얼굴을 가리거나 모자이크 처리를 한 상태로 이미지 또는 영상을 업로드하는 경우를 자주 볼 수 있다. 심지어 자신이 방문한 여행지의 풍경 또는 레스토랑의 음식만 업로드하는 일도 잦다.

이렇듯 과거에도 자신을 드러내지 않고 자신의 삶을 다른 사람

에게 보여주며 관심받기를 원하는 샤이관종 성향을 지닌 사람들은 늘 존재해왔다. 오디오 플랫폼 서비스의 성공 요인은 이들의 성향에 맞춰 뉴트로 트렌드를 효과적으로 결합시킨 것이라 할 수 있다. 그렇다면 오디오 플랫폼 서비스에서 어떠한 콘텐츠를 즐기는지 살펴보자.

## 대화의 중심에 설 수 있는 목소리 콘텐츠

샤이관종이 오디오 플랫폼에서 즐기는 콘텐츠는 기존의 인플루언서들이 제공하는 시각 콘텐츠와는 또 다른 매력이 있다. 오디오 플랫폼에서는 그날의 기분에 따라 원하는 주제로 직접 채널을 개설해 자유로운 대화를 유도할 수 있다. 다른 누군가가 개설한 다양한 주제의 채널에 입장해 사람들과 목소리만으로 소통할 수 있다. 이런 오디오 콘텐츠에서 '목소리'가 콘텐츠의 핵심으로 자리매김했다는 점이 흥미롭다.

스푼라디오는 주로 젊은 세대들이 직접 제작한 오디오 콘텐츠를 사이트에 올린다. 전문 방송인이 아니어도 청취 타깃팅을 잘 잡고 소구력이 있는 내용이면 오디오 자키로 사랑받는다. 이곳에서는 '누가' 만드느냐가 아니라 '무엇'을 만드느냐가 본질이다.
자료: 스푼 홈페이지(왼쪽), 어플리케이션 스토어(오른쪽)

유년기부터 다양한 콘텐츠를 소비하며 자란 Z세대에게 오디오 콘텐츠는 우리가 잘 알고 있는 영상이나 이미지 기반의 콘텐츠와는 차별화된 경쟁력이 있다. 시각으로부터 오는 선입견 없이 처음 만난 사람들과 자신이 하고 싶은 얘기를 부담 없이 공유하고 목소리만으로 대화의 중심에 설 수 있다. 겉으로 보이는 모습은 소통에 직간접적으로 영향을 끼치기도 한다. 그렇기 때문에 시각적으로 자유로운 오디오 플랫폼 내에서 새로운 사람과 소통하기 위해 개인이 느끼는 부담감은 적을 수밖에 없다. 이는 지금껏 수동적으로 시청만 했던 내가 아닌, 능동적으로 대화의 중심에 선 내가 될 수 있다는 점에서 샤이관종에게 매력적으로 부각되는 것이다.

처음 만난 사람과 소통하는 것 자체를 긍정적으로 생각하는 이들이 적지 않다. 평소 알고 지내는 사람들과 대화하려면 상대방의 기분을 맞추거나 눈치를 보면서 얘기해야 하는 등 감정 소비가 상당하다. 오디오 플랫폼 내에서 처음 만난 사람과 대화할 때는 기분에 따라 말하고 싶을 때 말하고, 듣고 싶을 때 듣기만 하면 된다. 고민 상담 또는 잠들기 전 힐링하는 시간 등 원하는 주제로 소통하며 시간을 보낼 수도 있다. 이런 취향이 비슷한 유저끼리 누구나 중심에 설 수 있는 '목소리 콘텐츠'를 만들고 있다.

## 주목받기보다 소통의 중심에 서고 싶은 샤이관종

샤이관종은 관심을 필요로 하지만 자기 자신을 드러내길 원하지

먹방을 팬들에게 선보이는 인플루언서. 다양한 주제로 채널을 개설해 함께 소통하는 샤이관종.
자료: 〈밴쯔〉 유튜브 채널(왼쪽), 스푼라디오(오른쪽)

않는다. 단지 나에게 공감을 해주는 사람들과 소통하고 싶어 하는 사람들로 해석할 수 있다. 시청자들에게 지대한 영향력을 발휘하는 인플루언서처럼 '관심 받는 것'과 '소통 욕구'는 있지만 얼굴이나 신상 노출에 대한 거부감에서 비롯되는 소통 방식의 차이가 있다.

요즘 흔하게 접할 수 있는 인플루언서의 소통 방식은 특정 분야에서 사전에 준비한 콘텐츠를 시청자 혹은 팬 앞에서 선보이는 것이다. 시청자 또는 팬에게 얼굴을 과감히 노출시키며 유명세를 얻기 위해 최대한 자극적인 콘텐츠를 선보인다. 그 과정에서 욕설이나 자극적인 행위로 재미를 유도하기도 하는데, 이 과정에서 사회적으로 문제되는 발언이나 행동이 담긴 콘텐츠가 생성돼 사회 문제로 이어지기도 한다.

최근에는 어린이가 주인공인 유튜브 방송에서도 자극적인 영상이 늘고 있다. 어린아이가 자신의 몸만 한 대왕문어를 먹거나 5살 아이가 장난감 자동차를 타고 차도를 달리거나 아빠 지갑에서 돈을 훔치는 장면을 연출하는 등의 영상이 대표적이다. 이러한 영상들로 구독자 수를 늘리고 광고 수입까지 올리게 되자, 급기야 시민 단체는 아동 학대 혐의로 해당 유튜브 방송을 고발하는 사태까지 이어졌다. 이러한 사회 문제들이 발생됨에 따라, 광고 수익을 목적으로 어린이가 출연하는 자극적인 영상에 대해 규제하는 방안이 미국과 국내에서 시행될 것으로 알려졌다.

반면 샤이관종은 미리 준비한 콘텐츠를 일방적으로 누군가에게 전달하는 방식이 아니라 기분에 따라 즉흥적인 주제로 소통한다. 자신을 노출하지 않으니 시각으로부터 오는 선입견 없이 DJ와 청취자가 동등한 위치에서 소통한다는 점이 인플루언서들과 다르다. 물론 이 콘텐츠 안에서도 사회 문제로 인식될 만한 요소는 있을 수 있다. 자신을 드러내지 않는 점을 이용해 무분별한 음성 콘텐츠를 생성해낼 수 있으니 말이다.

하지만 시각적으로 가시화되지 않는 '목소리 콘텐츠'로 생성된다는 점에서 영향력은 영상이나 이미지에 비해 적다. 대부분의 사용자가 고민 상담이나 힐링을 위해 오디오 콘텐츠를 찾는 것을 볼 때 아직까지는 서로 소통하는 것에 의의를 둔다는 것을 알 수 있다. 이 관점에서 오디오 콘텐츠를 개발하고 운영하는 기업들이 어떻게 건전한 문화로 정착시킬지 지켜볼 필요가 있다.

인플루언서와 샤이관종의 또 다른 점은 인플루언서의 방송은 유명 BJ와 일반 시청자 간의 '일 대 불특정 다수' 방식의 방송이라는 것이다. 시청자들은 인플루언서로부터 관심을 받으려고 일종의 보상책을 지급하거나 실시간으로 댓글을 단다. 반면 샤이관종 DJ는 개설된 소규모 방에서 참여자들의 대화를 중재하는 역할 정도를 한다. 모두가 함께 소통하는 게 중시된다는 점에서 인플루언서와 다르다.

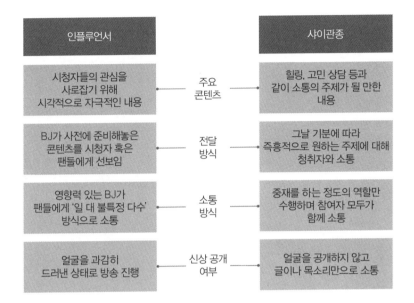

| 인플루언서 | | 샤이관종 |
|---|---|---|
| 시청자들의 관심을 사로잡기 위해 시각적으로 자극적인 내용 | 주요 콘텐츠 | 힐링, 고민 상담 등과 같이 소통의 주제가 될 만한 내용 |
| BJ가 사전에 준비해놓은 콘텐츠를 시청자 혹은 팬들에게 선보임 | 전달 방식 | 그날 기분에 따라 즉흥적으로 원하는 주제에 대해 청취자와 소통 |
| 영향력 있는 BJ가 팬들에게 '일 대 불특정 다수' 방식으로 소통 | 소통 방식 | 중재를 하는 정도의 역할만 수행하며 참여자 모두가 함께 소통 |
| 얼굴을 과감히 드러낸 상태로 방송 진행 | 신상 공개 여부 | 얼굴을 공개하지 않고 글이나 목소리만으로 소통 |

자신을 드러내진 않지만 취향이 비슷한 사람들과 자유롭게 대화를 통해 공감하면서 소통 욕구를 해소하는 샤이관종에 의해 새로운 문화가 만들어졌다. 디지털 시대가 지금까지 일궈낸 수많은 변화에는 긍정적인 면도 있고 부정적인 면도 있다. 그러한 양면적 변화 속에서 사람들에 대한 이해를 기반으로 그 삶을 더 즐겁게 하기 위한 노력은 끊임없이 계속되고 있다. 이 노력이 소비자로부터 인정받는다는 것은 다수가 좋아하는 것만을 좇아가지 않고 소수의 니즈와 관심사에도 주목하려고 하는 시대적 현상과 일맥상통한다고 볼 수 있다.

# Part 3

# 요즘의
# 사회를
# 말하다

LIFESTYLE TREND

# Chapter 1

# 베이비부머 vs Z세대:

# 차이를 이해하다

LIFESTYLE TREND

"요즘 젊은이들은 대체 이해할 수가 없어!"라며 난색을 표하는 어른들. 반면 "어른들은 다 꼰대인 걸까?"라며 한숨을 쉬는 젊은이들. 어른들도 젊은 시절이 있었을 것이고 젊은이들은 언젠가 어른이 될 터인데 요즘 우리 사회 속 세대 갈등을 살펴보면 서로 다른 세대가 좀처럼 생각의 차이를 좁히지 못하고 멀어져가는 것처럼 보인다.

하지만 각 세대를 이해하기 위한 연구는 늘 진행돼왔다. 사회학자들과 마케터들은 베이비부머(1950년대 중후반 출생), X세대(1970년대 출생), 밀레니얼 세대(1980년대 출생), Z세대(1990년대 중반 출생) 등의 세대론을 통해 빠르게 변하는 사회에서 각 세대가 공유한 특정 성향을 이해하고자 했다. 이 구분은 각기 다른 세대의 사회문화적 배경을 이해하고 마케팅에서 그들의 니즈를 파악하는 데 도움이 될 뿐 아니라 해당 세대가 공감할 만한 주제와 콘텐츠로 다가갈 수 있도록 돕는 귀중한 자료가 된다.

우리나라의 베이비부머와 Z세대를 예시로 각 세대의 조금 더 세분화된 배경을 살펴보고, 이를 통해 매 시대를 관통하는 공통된 세대 특징이 무엇인지, 이런 공통점 이외 근본적 차이점이 무엇인지 파헤쳐본다.

# 세대 바라보기

젊은이들의 사고방식을 이해하기 어려워 답답해하는 어른들의 한숨을 들으면, 마치 이 시대에만 '이상한 젊은이'들이 갑자기 쏟아져 나온 것만 같다. 하지만 신기하게도 고대 피라미드 기록과 중국의 고전《한비자》, 기원전 소크라테스의 인용구에서도 현재와 비슷한 '건방진 요즘 젊은이들'에 대한 기록을 찾아볼 수 있다. 기원전 425년 소크라테스는 "요즘 젊은이들은 럭셔리를 좋아한다. 습관이 나쁘고, 권위를 경멸한다. 어른에게 공손할 줄 모르며 공공장소에서 떠들길 좋아한다"는 등 요즘 젊은이들은 버릇이 없고, 권위를 무시하며, 행동보다는 말이 많다고 했다.

일부 어른들이 생각하기에 그들의 젊은 시절은 이렇게까지 이상하지 않았다. 이 시대의 젊은이들이 유독 특이한데 어떻게 고대 기록에서도 젊은이들에 대해 이 같은 평을 남겼을까? 혹시 시대를 초월한 특정 연령대만의 공통 특징이 있는 건 아닐까?

# 시대를 초월하는 특정 세대의 태도

개인은 시대적·사회문화적 영향으로부터 자유롭지 못하지만 인간으로서 겪게 되는 자아와 심리의 발달 과정은 공통적이라 할 수 있다. 발달심리학자 에릭 에릭슨은 인간이 건강한 발달을 위해 살아가면서 겪는 변화와 도전을 8단계로 설명했다. 이 가운데 성인기에 진입하고 인생을 마치기까지의 4가지 단계는 각 연령대의 전반적 행동 양식과 사고방식을 설명하는 데 유용하다.

에릭슨의 발달 과제 단계 가운데 5번과 6번을 거치고 있는 연령대는 10대 중후반에서 30대까지의 젊은이다. 우리나라에서 Z세대, 밀레니얼로 불리는 세대가 이에 포함된다. 그들은 자신만의 정체성을 찾아가고, 타인과 관계를 맺어가며, 더 나아가 사회의 일부로서의 자신에 대해 찾아가는 과정을 겪고 있다. 따라서 행동과 사고방식에 '나 자신'이 큰 비중을 차지하고 자기중심적 표출을 비교적 많이 한다. 젊은이들의 이런 발달 단계적 특성은 소크라테스 같은 윗세대가 보기에 미시적이거나 이기적으로 오인될 수 있다.

반면 앞의 발달 단계를 이미 거치고 현재 7번과 8번 단계를 겪고 있는 우리나라 X세대와 베이비부머, 40대 이상은 젊은이들과 사고방식이 다르다. 그들은 사회 속에서 그리고 가정 내에서 다양한 역할과 책임을 갖게 되며, 더 통합적인 관점에서 자아가 발달하게 된다. 그

**에릭슨의 성격 발달 8단계**

| 앞의 4단계 생략 | |
| --- | --- |
| 13~21세 | 정체성 vs 혼란 |
| 21~39세 | 친근감 vs 고립감 |
| 40~65세 | 생산성 vs 침체성 |
| 65세 이상 | 통합성 vs 절망감 |

들에게는 자신이 속한 사회, 가족, 커뮤니티 속에서 무엇을 이뤘는지와 전반적인 삶에서 자신이 남길 유산이 무엇인지에 대한 고민이 우선시된다. 젊은이들과는 다른 이러한 특성 때문에 젊은이들이 바라보는 윗세대는 '나 자신에 대한 이해'보다 사회적 규범을 더 중시하는 어른으로 느껴질 수 있다. 이와 같이 시대적·사회문화적 관점에서 떠나 개인의 자아 발달 측면에서 살펴볼 때 우리는 시대를 관통하는 각 세대의 공통 특성을 발견할 수 있다. 이는 각 세대가 공감할 수 있는 소재가 되기도 한다.

## 다른 듯 닮은 그 시대 '젊은 세대'

시대 흐름과 관계없이 인간의 생애 주기상 존재하는 공통 특성 가운데 '젊은이'의 특성은 자기중심적 표출이 비교적 많다는 것이다. 개인의 관점에서는 당연한 특성일 수 있지만 사회적 관점에서 이런 표출성이 각 시대의 트렌드 혹은 사회 문제로 부각되기도 하고, 마치 한 시대에 국한된 '이상한' 특성으로 오해받기도 한다. 시대마다 부각됐던 젊은이들의 대표 모습을 살펴보자.

장발 혹은 미니스커트를 통해 사회 규정에 반발하고 시대를 비판하는 노래와 함께 통기타를 쳤던 '청년 문화'의 선구자이던 베이비부머. 유학의 첫 세대이며 해외 문화를 적극 수용해 자유분방하고 도전적인 문화를 이끌던, 그래서 어른들로부터 '형용할 수 없는 세대'라는 평을 받았던 X세대. 환경 파괴나 사회적 선입견을 거부하며

베이비 부머　　　　　X 세대　　　　　　　　밀레니얼

'정치적 올바름Political Correctness' 표출을 두려워하지 않고 나만의 행복을 적극 추구하는 Z세대. 시대마다 젊은 세대는 자신을 찾아가는 과정에서 자기 표출적인 면모를 보였다. 이런 모습이 기존의 관례를 조금 벗어난 새로운 트렌드를 만들었고 그 시대의 화두가 된 점에서 시대별 젊은 세대는 서로 다른 듯 닮았다.

## 세대 간 차이를 만드는 사회문화적 특징

시대 변화에 따른 사회문화적 사건들은 각 세대의 생각과 행동 양식에 다른 영향을 끼친다. 이는 각 세대가 다른 특성을 가지게 되는 요인이 되는데 크게 3가지 구분점이 있다.

### 정보통신기술ICT 환경 차이

과거의 젊은 세대와 지금의 젊은 세대가 겪은 ICT는 큰 폭의 차이가 있다.

인터넷이 상용화된 1994년 30대였던 베이비부머는 성인이 된 후부터 빠른 속도로 발전한 ICT에 적응한 세대다. 직장을 다니며 처음 인터넷과 컴퓨터를 접했을 가능성이 크며, 40대에 들어서야 집에 PC를 설치하고(2000년 40대 가구주의 컴퓨터 보유율 86.1%) 첫 스마트폰을 구매하기 시작했다(2007년 인터넷 접속을 위해 스마트폰을 이용한 40대 비율 1.0%). 이들은 성인으로서 혹은 직장인으로서 성숙하고 프로페셔널한 자세로 ICT를 접해 스마트기기를 이해하고 잘 사용할 줄 알지만 삶의 필수 요소로 생각하는 비율은 낮다. 베이비부머에게 오프라인과 온라인의 경험은 구분이 명확하다. 이들은 어린 시절 밖에서 뛰어놀고 학령기에 아날로그식으로 대중문화를 향유하는 등 성장기에 '오프라인 문화'가 풍부했던 세대다. 그들의 시선에서는 어린 시절부터 늘 인터넷에 연결돼 있어 오프라인과 온라인을 수시로 넘나드는 Z세대의 모습이 낯설다.

자료: 〈2017 인터넷 이용 실태 조사〉, 과학기술정보통신부/한국인터넷진흥원

한편 태어나면서 인터넷 환경이 조성돼 있던 Z세대는 10세가 되기 전부터 집에 PC가 있었다. 성인이 돼서야 컴퓨터를 접했던 베이비부머와 달리 어린 시절부터 놀이 문화에 인터넷이 큰 비중을 차지했다. 그래서 인터넷 활용에 능숙하고 인터넷 환경을 직관적으로 이해하고 있다. 한편 사회에서는 인터넷 게임 중독과 폐해를 우려하기 시작한 세대다(2000년 7~9세 인터넷 주 이용 목적은 게임과 오락 53.4%). Z세대는 PC뿐 아니라 스마트폰 또한 성장기에 소유하게 된 세대다(2007년 인터넷 접속을 위해 스마트폰을 이용한 10대 비율 0.7%). 스마트폰이 발전하면서 Z세대에게 인터넷은 늘 곁에 있는 것이 되었으며, 또래와의 네트워킹, 놀이 문화, 빠른 정보 탐색과 콘텐츠 소비를 넘어 삶에서 분리할 수 없는 존재가 됐다. 이처럼 Z세대는 스마트기기의 발전과 함께 자란 세대라 PC나 스마트폰이 아닌 새 기기도 직관적으로 사용할 줄 알며, 화면에 바로 손가락을 사용하는 점에서 '터치 세대'라는 별명을 가지게 됐다.

### 교육 철학 차이

누구나 공통으로 받았던 공교육은 같은 시대를 향유하는 집단의 성향에 영향을 끼친다. 그중 초등교육에서 베이비부머와 Z세대의 가치관이 다르게 형성될 수밖에 없는 이유를 엿볼 수 있다.

베이비부머 세대는 국민학교를 다니며 자주성, 생산성, 유용성을 강조하는 2차 교육과정을 수료했다. 이들은 대한민국의 경제를 부흥시킬 주역들로 실용적이고 경험 중심적인 교육을 받았고 교육의 결과로 근면 성실한 자세가 강조됐다. 또한 전후 세대이기 때문에 민주

**국민학교 2차 교육과정**
대한민국을 이끌어갈 근면하고 도덕적이며 민주 신념이 투철한 국민

**초등학교 7차 교육과정**
21세기 세계화, 정보화 사회를 이끌어나갈 주도적이고 창의적 인간상

적 신념과 투철한 반공정신을 교육받았다. 이에 따라 북한 사람들이 도깨비로 묘사되곤 했던 반공포스터그리기나 반공웅변대회는 오늘날 추억의 소재로 회자된다. 한마디로 베이비부머는 국가 경제와 사회의 발전에 대한 책임 의식을 어려서부터 교육받은 세대라 할 수 있다.

Z세대는 초등학교를 다니며 다양성, 자율성, 창의성을 강조하는 7차 교육과정을 받았다. 한국의 글로벌 경쟁력을 강화하기 위해 이 교육과정에서는 영어를 비롯한 제2외국어가 정규과정에 채택됐다. Z세대는 학교에서 외국인 교사에게 직접 외국어를 배울 수 있게 되었고, 다문화권의 학생들과 함께 교육을 받으며 다양성에 대한 포용력과 글로벌 감각도 갖추게 됐다. ICT 정보화 교육이 본격화되면서 기

존의 정규 교과목을 PPT 등의 시청각 자료를 통해 학습했으며, 컴퓨터 수업이 정규 과목으로 채택되는 등 소프트웨어 교육을 체계적으로 받은 세대이기도 하다. 한마디로 Z세대는 고도로 연결된 세계 속 글로벌 시민이 되기 위한 교육을 받은 세대다.

### 대중문화 차이

마지막으로, 한 세대가 청년 시절 향유한 문화 콘텐츠는 세대 공감대에 영향을 끼친다. 각 시대에 영향을 끼쳤던 대중문화로서 TV와 음악의 변천사를 대표적으로 살펴보자.

### 그때 우리 집에서는 TV로 무엇을 봤을까?

대표 매체인 TV의 변천사에서 각 세대가 겪은 문화의 변화 또한 엿볼 수 있다. 1956년부터 TV 방송이 시작된 우리나라는 천편일률적인 국영방송에서 벗어나 민영화되면서 다양한 채널이 생겨났다. 특히 컬러TV가 보급된 이후 상업적이고 오락적인 방송이 제작됐다. 1980년대에 청년이던 베이비부머 시대에는 〈전원일기〉, 〈토지〉, 〈맥가이버〉 등 TV 드라마의 부흥기를 맞이했고 이후 TV 콘텐츠는 대중문화의 큰 부분을 차지하게 됐다.

한편 밀레니얼은 IPTV와 종합편성채널 등 다매체 다채널의 시대를 살면서 〈응답하라 시리즈〉, 〈미스터 션사인〉 등 색다른 형식과 내용의 콘텐츠를 즐긴다. 또한 그들은 스마트 TV와 스마트폰을 넘나들며 넷플릭스, 유튜브 등의 어플리케이션으로 원하는 콘텐츠를 원하는 시간에 시청하고 있다. 따라서 밀레니얼은 TV를 시청하면서도 동

첫 컬러TV 출시(1981)

SBS 개국(1991)

낮 방송 시작(2005)

넷플릭스 IPTV 추진(2018)

시에 스마트폰이나 태블릿으로 다른 콘텐츠를 즐기므로 가장 TV가 발전한 시대에서 오히려 TV를 가장 적게 보는 세대이기도 하다.

**그때 나는 어떤 음악을 들었을까?**

김광석이 〈서른 즈음에〉를 불렀을 때 서른 즈음이던 베이비부머. 서태지와아이들로 대표되는 록 & 힙합의 정신을 향유했던 X세대. H.O.T., 젝스키스, S.E.S., 핑클 등 아이돌 1세대에서 시작해 지금의 한류 대표주자인 케이팝 아티스트를 소셜미디어에서 팔로우하는 밀레니얼. 다양한 음악 장르 중에서도 각 세대가 겪은 대중가요는 각기 다른 특색을 보이며 그들의 문화생활에 영향을 끼쳤고 당대 트렌드로 발현됐다.

포크송　　고교 트로트　　캠퍼스 밴드　　싱어송라이터

방송 음악　　아이돌 1세대　　K-Pop

## 세대 간의 교류는 새로운 문화를 탄생시킨다

지금까지 시대를 초월하는 연령대별 공통점, 그리고 세대별 서로 다른 사고방식에 영향을 미치는 사회 문화적 차이점에 대해 살펴보았다. 이렇게 복합적으로 형성된 세대별 성향들은 서로 다른 세대에게 영향을 미치기도 하는데 이로 인해 흥미로운 소비 문화가 탄생하기도 한다.

### 베이비부머가 Z세대에게

Z세대는 부모인 베이비부머와 X세대와 달리 태어나면서부터 온라인에 연결돼 있는 삶을 살아왔다. 그래서 Z세대에게 오프라인의

경험보다 온라인 속의 삶이 더욱 큰 비중을 차지할 것만 같지만, 아이러니하게도 Z세대는 오프라인의 경험을 더 선호한다.

Z세대를 대상으로 한 설문 조사에서 Z세대는 온라인 쇼핑몰을 통해 구매하기보다 오프라인 매장에서 직접 물품을 경험한 후 구매하는 것을 더 선호한다고 응답했다(IBM Institute for Business Value, GenZinsights). 또한 Z세대는 디지털 광고보다 옥상 간판, 교통 시설 이용 광고물 등 옥외 광고가 더 효과적이라고 생각한다(OOH Advertising Study, Nielsen, 2019). 어려서부터 지나치게 디지털 시그널에 노출된 Z세대는 온라인 속 정보를 그대로 받아들이기보다 상당 부분을 잡음으로 인식하기 때문이다. 그러니 오프라인 경험에서 진실성과 흥미를 더 느낀다.

오프라인 경험이 풍부한 베이비부머의 문화는 Z세대에게 새로운 경험으로 다가온다. 베이비부머가 '그땐 그랬지'라며 노스탤지어의 감성으로 즐기는 복고풍 문화가 Z세대에게는 경험해보지 못한 호기심을 일으키는 새로운 문화이자, 디지털 시그널에 잠식되지 않은 조금 더 진실한 문화로 느껴지는 것이다. 이런 오프라인 경험과 문화에 대한 Z세대의 선호와 동경 덕분에 Z세대 내에서 때 아닌 레트로와 뉴트로가 인기다.

### Z세대가 베이비부머에게

2020년 Z세대는 전 세계에서 가장 큰 소비층으로 부상할 것이다. 뿐만 아니라 Z세대는 다른 세대, 부모인 베이비부머의 소비에도 지대한 영향을 끼친다는 점이 흥미롭다. 미국 경제 전문지 〈포브스〉

인플루언서는 '영향력을 행사하는 사람'을 뜻하며, 포털사이트에서 영향력이 큰 블로그를 운영하는 '파워블로거'나 수십만 명의 팔로워 수를 가진 소셜미디어 사용자, 혹은 1인 방송 진행자들을 통칭하는 말이다. 인플루언서 마케팅은 고액을 지불해 유명 배우를 모델로 쓰는 것보다 상대적으로 저렴한데다가 소셜미디어 사용자 급증 등으로 인해 2010년 후반부터 효율적인 마케팅 방안으로 주목받고 있다.
자료: 셔터스톡

(2018년 1월 10일)에 의하면 Z세대 자녀들이 가정 지출에 큰 영향을 끼친다고 응답한 부모가 93%에 달했다. 더 좋은 제품을 더 좋은 가격에 빠르게 찾아낼 수 있는 Z세대의 온라인 정보 탐색 능력과 그들만의 가치관이 부모 세대의 소비관에 영향을 끼치는 것이다.

특정 브랜드와 연예인 등 톱 모델에 대한 충성도가 높은 베이비부머에게, 브랜드 로열티가 비교적 낮은 Z세대가 메이저 브랜드와 인디 브랜드의 구분을 넘어 새로운 브랜드를 소개하고 대형 셀러브리티보다 친근한 인플루언서의 추천을 받아 조금 더 유연하게 새 제품을 선택할 수 있도록 영향력을 발휘하는 모습이 그런 예다. 젊은 세대가 부모 세대를 새로운 소비 세계로 안내하는 양상이다.

사회문화 환경이 빠르게 변하면서 세대 간 가치관의 차이는 더 커지고 있다. 서로를 이해하기 위한 노력만큼이나 차이로 인한 갈등도 깊어지고 있다. '젊은이들은 건방지다'던 소크라테스도 요즘 시대의 '어른'처럼 젊은이들의 자유분방한 행동을 이해하기 어려웠을 것이다. 하지만 지혜에 대한 그의 가르침은 명료하다. 바로 자신에 대해 먼저 아는 것, 자신의 무지를 인지하는 것이다. 세대론을 통한 구분법은 특정 연령대를 지나치게 일반화한다는 점에서, 그리고 정의하는 주체가 기업 혹은 기성세대인 경우가 많다는 점에서 비판에 직면하기도 한다. 이런 한계점을 고려하면 세대 특성을 주변의 개개인들을 규정하는 선입견으로 받아들이는 것은 지양해야 한다. 오히려 소크라테스의 지혜에 따라 각 시대를 살아온 배경을 이해하고 다른 세대를 대할 때 '자신의 다른 점'을 파악하는 데 초점을 맞추는 게 바람직하다. 이를 통해 우리는 '틀림'이라는 무지가 아닌 '다름'으로 존중하고, 더 나아가 새로운 문화를 탄생시킬 수 있을 것이다.

# Chapter 2

## 밀레니얼맘:
## 아줌마이길
## 거부한다

LIFESTYLE TREND

아줌마. 어느 정도 나이가 있는 여성을 부르는 호칭이다. 예전에는 20대의 젊은 여성을 제외한 대부분 연령층의 여성을 아주머니 또는 아줌마라 부르는 게 어색하지 않았다. 그들도 스스로를 '아줌마'라고 부르는 데 주저함이 없었다. 요즘은 어떤가. 친구 어머니, 아이를 돌보는 도우미 등 상대적으로 가까운 관계라면 아줌마라는 호칭 대신 이모라는 호칭이 더 흔하게 사용된다.

우리나라에서 '아줌마'는 언제인지부터 단순히 중년 여성을 부르는 호칭이 아닌, 억척스러우면서도 주위에 대한 배려 없이 민폐를 일삼는 사람들이라는 의미로 쓰이고 있다. 1990년대 이전 드라마나 영화를 보면 한 가정의 주부로 묘사되는 아줌마는 연령대에 상관없이 비슷한 헤어스타일과 패션, 가족을 위해 희생하고 헌신하는 모습으로 비춰진다.

하지만 요즘 아이들을 데리고 나들이를 다니는 젊은 엄마들의 모습을 보면, 아줌마라는 호칭으로 부르기에는 왠지 모를 인지 부조화가 생기는 듯하다. 20대 못지않은 세련된 스타일과 적극적인 커뮤니티 활동 등으로 트렌드를 리드하고 있는 30대 여성. 이들이 과거의 아줌마 세대와 다른 특성은 무엇인가. 그들은 어떻게 트렌드를 만들어가는지 살펴보자.

# 1980년대생 기혼 여성:
# 그들이 다른 이유

젊줌마, 아주미 등 익숙한 듯 생소한 이 단어들은 아이가 있는 30~40대의 젊은 엄마를 일컫는 신조어다. 이들에 대한 호칭은 특정 연령대 혹은 아이 엄마라는 라이프 스테이지 측면에서는 아줌마가 맞지만 고정관념 속 아줌마와 다른 라이프스타일과 행동 양식이 있다. 젊줌마(젊은 아줌마) 트렌드를 만들고 있는 30대, 밀레니얼 세대라 불리는 1980년대생 기혼 여성의 특징을 살펴보자.

## 사회문화적 특성

2000년대에 대학 생활을 즐겼던 1980년대생. X세대라 불리는 1970년대생이 직장 생활을 하며 IMF 외환위기를 경험한 것과 달리 이들은 학생 시절에 외환위기를 겪으며 부모 세대의 어려움을 지켜

보며 자랐다. 1990년대 말 인터넷이 확산되면서 글로벌 시장의 이슈와 라이프스타일, 문화 등에 대한 관심이 높아졌다. 대학을 진학한 후에는 IMF로 실직한 사람들과 벤처 열풍으로 갑자기 성공한 사람들을 보면서 취업을 위한 스펙 쌓기에 열중하며 커리어를 준비한 세대다. 과거 여성들이 직장 생활을 하다가 결혼 후에 전업주부가 된 것과 달리 1980년대생 여성들은 주부나 현모양처가 되는 것을 당연하게 생각하지 않는다. 그들은 명확한 자신만의 목표를 설정하고 남성 우월적인 사회에 과감하게 도전하고 있다. 또한 이전 세대에 비해 결혼 후에도 직장을 그만두지 않고 맞벌이하는 여성들도 많다.

하버드대학교 댄 킨들런 교수는 이들을 그의 저서 《알파걸: 새로운 여성의 탄생》(미래의창, 2007)에서 알파걸이라 명명했다. 알파걸이란 뛰어난 성취욕과 도전 의식, 자신감과 리더십을 갖춘 젊은 여성을 의미한다. 가족을 위해 희생하던 어머니 세대와 달리 지금 30대가 된 1980년대생 여성들은 자신만의 시간을 소중하게 여기고 자기를 위한 투자도 아끼지 않는다.

### 사회적 관념에 반기를 들다

명절엔 으레 시댁에 가서 차례 지낼 준비를 하고 시댁(처가), 처남(처제), 도련님(아가씨) 등 가부장적 호칭 제도를 숙명처럼 받아들이던 기성세대의 여성들과 달리 지금 30대의 여성들은 불편하고 불공평한 것에 당당하게 의견을 피력한다. 남성 중심의 가부장적 문화에서 자라난 그들의 부모 세대가 자녀들에게 성차별 없는 양육을 하고 딸에게도 사회 구성원으로서 역할을 하도록 키운 덕분이다.

소셜미디어가 확산되던 2010년대 들어 결혼하고 아이 엄마가 된 1980년대생 여성들은 커뮤니티나 블로그 등을 통해 가부장적 문화에 대한 문제의식을 공유하고, 변화를 만드는 데 앞장서고 있다. 최근 젊은 기혼 여성 사이에 명절에 친정과 시댁을 번갈아가거나 양가에 방문하지 않고 여행을 즐기는 경우도 늘고 있다. 가부장적 호칭 제도 또한 적극적으로 공론화시킨 결과 여성가족부가 도련님과 아가씨 대신 이름을 넣어 ○○씨로 부르는 호칭 제도를 제시하기도 했다. X세대로 불리던 1970년대생 대부분이 결혼 후 전통과 관습에 순응하는 반면 기혼 여성 대열에 들어선 1980년대생 여성들은 동등한 인격체로서 자신의 정당한 권리를 적극 주장하면서 성 평등 문화를 만드는 데 앞장서고 있다.

### 자유롭게 자신을 표현하다

1980년대생이 대학 시절이던 2000년대에는 싸이월드가 인기를 끌었다. 주위 사람들은 물론 때로는 낯선 사람들과도 온라인에서 관계를 형성하고 친분을 만들던 이들은 2010년 이후 페이스북과 인스타그램 등의 소셜미디어를 통해 일상을 공유하고 있다.

전 세계적으로 자녀들의 사진과 동영상 클립을 올리며 성장 과정을 공유하는 셰어런팅Share + Parenting의 붐은 이들에게도 예외는 아니다. 인스타그램에 #육아 또는 #육아스타그램으로 올라온 콘텐츠가 약 60만 개에 육박할 정도로 많은 부모가 아이들의 성장 과정을 다른 사람들과 공유하고 있다. 이 과정에서 노출되는 맛있는 음식이나 식당, 유아용품, 일상의 패션 등은 그 어떤 광고나 마케팅 활동보다 파급력이 크다. 예를 들어 특별한 광고 없이도 솔직한 육아 용품 후기로 엄마들 사이에 대세 아이템이 생겨나기도 한다. 직장 여성들에 비해 낮 시간이 자유로운 젊은 엄마들이 찾아낸 카페와 맛집은 어느새 힙플레이스가 되기도 한다.

과거의 엄마들은 ○○엄마로 살며 자신을 드러내지 않고 희생했지만 지금의 젊은 엄마들은 아이도 중요하지만 자신의 삶 자체도 포기하지 않는다. 소소한 일상이나 육아 노하우, 체형 관리 비법 등을 공유하며 셀러브리티 못지않게 인기를 끄는 맘플루언서(맘+인플루언서)가 증가하는 이유는 이전과 달리 가정의 틀 안에 갇혀 ○○엄마로만 살고 싶지 않고 사회적인 존재로서 자신을 알리고 싶은 심리에 기반한 것이라고 볼 수 있다.

### 사회 이슈에 적극적으로 목소리를 내다

지금 30대가 된 1980년대생은 정치 또는 사회 이슈에 적극적으로 의견을 피력하며 학생 운동을 하던 부모 세대인 386세대와 다른 학창 시절을 보냈다. 이들은 눈앞에 해결해야 할 대학 등록금, 졸업 후의 진로, 폭등하는 집값 등 생계와 생활에 직결되는 문제를 고민하며 20대를 보냈다. 2011년 〈경향신문〉 특별취재팀이 기획 시리즈 '복지 국가를 말한다'에서 처음 사용한 '연애, 결혼, 출산 등을 포기하는 3포 세대'는 이 세대가 지내온 청년기를 잘 표현한 신조어다. 이런 어려움을 이겨내고 결혼해 아이 엄마가 된 30대 여성들은 자기 목소리를 내지 않고 묵묵히 지내온 그들의 어머니 세대와 달리 사회 이슈가 있을 때 소신을 적극 표출한다. 아이들에게 더 안전하고

**국내 유아용품 시장 규모**

단위: 억 원

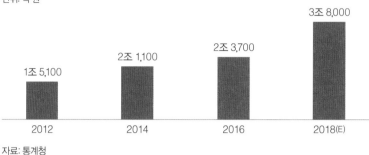

자료: 통계청

살기 좋은 환경을 제공하기 위한 마음으로 유모차를 끌고 촛불집회에 자발적으로 참여하기도 한다. 2019년 8월 아베 신조 총리의 한국 수출 규제 강화 조치 이후 전국적으로 확산되고 있는 일본 제품 불매 운동에도 맘카페 등을 통해 일본 제품 리스트를 공유하는 등 적극 동참하고 있다.

## 소비 성향

현재 대한민국의 소비문화를 주도하고 있다고 해도 과언이 아닌 1980년대생. 이들이 엄마가 된 후 바뀌고 있는 소비 지형에는 어떤 것이 있을까?

### 성장하는 유아용품 시장, '내 아이는 최고로 키우고 싶다'

통계청이 2019년 초 발표한 장래인구추계에 따르면 2019년 출생아 수는 2018년보다 줄어든 30만 9,000명, 합계출산율은 2018년 0.98명보다 더 낮아진 0.94명이 될 것이라고 한다. 이렇게 저출산 이슈는 심각한 사회 문제가 되고 있지만 아이러니하게도 유아용품 시장은 성장하고 있다. 물론 자녀수가 줄면서 부모뿐 아니라 양가 조부모, 삼촌, 이모, 고모 등 8명의 어른이 한 아이에게 투자한다는 에잇 포켓Eight Pocket 현상 때문이기도 하지만 젊은 엄마들 역시 아이에 대한 관심과 투자를 아끼지 않는 것도 원인이다.

임신, 출산, 육아, 교육 관련 브랜드를 한자리에서 볼 수 있는 유아용품 관련 박람회는 매년 관람객이 증가해 2019년 8월 열린 베이비페어에는 9만 명 이상이 다녀갔을 정도다. 〈헤럴드경제〉(2019년 9월 4일)에 따르면 롯데백화점의 아동 명품 매장 매출 신장률은 2016년 17.5%를 기록한 후 2017년 이후 꾸준하게 20%대 성장을 유지하고 있다. 명품 브랜드의 성장률 자체가 이전보다 떨어지는 데

매년 관람객 수가 증가하고 있는, 우리나라 최초·최대 규모의 유아용품 전시회 베이비페어.
자료: 베이비페어 홈페이지

도 아동 명품 브랜드의 성장이 증가하는 것은 눈여겨볼 포인트다.

1980년대생 젊은 엄마들은 아이들을 최고로 키우기 위해 각종 체험 행사와 교육 프로그램에 기꺼이 투자할 뿐 아니라 아이들을 패셔니스타로 키우려는 욕구도 강하다. 유아용품 시장을 보면 과거에는 관심을 끌지 못했던 아이 화장품이나 타투, 액세서리 등 성인용 못지않은 다양한 패션 아이템이 쏟아지고 있다.

20대 시절 소셜미디어를 통해 공유되는 해외 유명 셀러브리티의 패션과 일상에 관심이 있었던 이들은 톰 크루즈의 딸 수리 크루즈나 데이비드 베컴의 딸 하퍼 베컴 등 셀러브리티 자녀의 사진을 보며 아이들의 패션에 대한 아이디어를 얻기도 한다. 많은 형제와 어울려 크던 이전 세대와 달리 외동이거나 한두 명의 형제 속에서 경제 성장과 더불어 부족함 없이 자라왔기에 본인 또한 한두 명의 자녀를 최고로 키우기 위해 모든 열정과 노력을 쏟고 있는 것이다.

### 환경 친화적인 소비의 증가, '깐깐하고 꼼꼼하게 확인한다'

지금 30대의 아이 엄마들은 대부분 조동모임(산후조리원 동기모임), 육아 커뮤니티 등에 가입돼 있다. 이런 채널을 통해 친목을 도모할 뿐 아니라 육아는 물론 화장품이나 가전제품 등에 대한 경험과 정보를 공유한다. 과거의 엄마들이 친구나 주변의 학부형, 자신의 어머니 등 주위 사람에게 조언을 구했다면 이들은 비슷한 관심사를 가진 사람들을 통해 해답과 조언을 얻는다. 그리고 다양한 정보를 찾아보면서 자신에게 꼭 필요한 것을 깐깐하게 따져보고 구매한다. 이들이 상품을 구매할 때 가장 신경 쓰는 부분은 성분과 소재 등의

세계 최초로 카시트에 식물성 천연 섬유 모달 소재를 적용해
인기 좋은 국산 카시트 브랜드 다이치의 One-fix 360.
자료: 다이치 홈페이지

친환경성이다. 심각한 환경 오염 속에서 자라는 아이들의 건강을 염려할 뿐 아니라 아이들이 살아갈 미래 환경을 걱정해 환경 친화적 소비에 관심을 기울인다. 이들에게 친환경은 아이들의 미래를 위해 반드시 지켜야 하는 필必환경이라고 인식되고 있다.

또한 소중한 아이들에게 최고의 먹거리를 제공하기 위해 푸스펙(food+spec: 열량, 성분 등 식품 자체가 가지고 있는 조건이나 특징)을 꼼꼼하게 확인하고, 가급적 유기농 제품이나 첨가물이 없는 제품을 구매한다. 이전에는 편리성을 고려해 쓰던 일회용 기저귀 대신 아이의 건강을 위해 천기저귀를 쓰는 엄마들도 증가하고 있다. 아이들이 입는 의류, 스킨케어 제품은 물론 카시트나 장난감도 소재나 성분 등을 꼼꼼히 확인하고 천연 소재나 친환경 제품을 찾아 구매하기도 한다.

### 편의 제품과 서비스의 증가, '나를 완전하게 희생할 수는 없다'

엄마가 됐지만 이들은 1980년대생, 이전 세대에 비해 자유로운 삶을 즐기던 밀레니얼 세대다. 대학생의 해외 배낭여행이 활성화됐고, 워킹 홀리데이처럼 해외에서 일할 기회가 있었을 뿐 아니라

1990년부터 계속돼오던 유흥업소의 심야 영업 규제가 1990년대 후반에 풀리는 등 문화생활을 즐길 수 있는 기회가 많은 20대를 보냈다. 어린 시절부터 디지털기기를 자유롭게 사용해왔기에 온라인 서비스 이용에 어려움을 겪지 않는 세대이기도 하다. 이들은 엄마가 됐다고 해서 자신의 삶을 육아와 가사 노동을 위해 온전하게 희생하고 싶어 하지 않는다. 자신의 시간을 확보하려고 육아나 가사 노동을 도와줄 수 있는 편의 서비스나 제품을 적극 활용한다.

한때는 사치품처럼 생각됐던 빨래건조기나 식기세척기, 의류건조기 같은 가전제품이 신혼부부나 젊은 부부 사이에서는 필수품으로 인식되고 있는 것도 이런 맥락이라고 해석할 수 있다. 마켓컬리의 샛별배송을 시작으로 SSG의 쓱배송 등 유통업계에서 경쟁적으로 도입하는 새벽 시간 배송 서비스는 마트에 장을 보러 가지 않더라도 좋은 식재료를 아침에 받아 당일 조리해 아이들에게 먹이고픈 30대 주부의 니즈를 간파했기에 시장이 빠르게 성장하고 있다. 한 온라인 푸드마켓의 조사 자료에 따르면 2016년만 해도 40대 고객의

유통업계에서 경쟁적으로 도입하는 새벽 시간 배송 서비스는 신선한 식재료를 아침에 받아 당일 조리해 아이들에게 먹이고픈 30대 주부의 니즈를 간파했기에 시장이 빠르게 성장하고 있다.
자료: 〈SSG.com〉 유튜브 채널

온라인 쇼핑 이용 비중이 가장 높았으나 새벽 배송 서비스가 인기를 끈 2018년부터 30대가 빠르게 증가해 지금은 비중이 가장 큰 것으로 나타났다.

과거에는 스마트기기를 아이들에게 주는 것을 꺼리는 부모가 많았지만, 1980년대생 엄마들은 다르다. 본인들이 어릴 때부터 디지털기기에 익숙했기 때문에 오히려 디지털기기를 육아에 적극 활용한다. 예를 들어 AI 스피커로 동요나 동화를 들려주거나 스마트폰에 놀이교육 어플리케이션을 깔아 아이에게 주고 자신만의 시간을 즐기기도 한다. 이런 변화로 인해 아이 교육을 위한 에듀테크(교육+첨단기술) 시장은 빠르게 성장하고 있다. 이전에는 직접 교구를 만들어 놀아주고 교육하던 엄마들이 전문 콘텐츠에 의지하면서 아이들에게는 즐거움과 퀄리티 있는 교육의 기회가, 엄마들에게는 잠깐이라도 육아에서 해방된 자유 시간이 주어지게 되었다.

최근에는 필요할 때 베이비시터를 부를 수 있는 온라인 플랫폼이 등장해 엄마들에게 인기다. 이전에는 양가 부모나 가사도우미의 도움을 받아야 했지만 째깍악어, 맘시터 등의 플랫폼을 통해 필요한 시간만큼 돌봄교사 서비스를 이용할 수 있다. 이 서비스들은 자녀 양육 경험이 있는 사람, 예체능 전공자 등 다양한 유형의 돌봄교사 풀을 가지고 있다. 덕분에 사용자들은 돌봄교사의 프로필을 보고 안심하고 원하는 사람을 선택해 보다 편하게 도움받을 수 있다. 첨단기술의 발전으로 앞으로도 젊은 엄마들의 육아나 가사 노동을 줄여줄 수 있는 상품과 편의 서비스 시장은 꾸준히 증가할 것이다.

# 일반화할 수 없는
# 밀레니얼맘

1980년대 이후 태어난 밀레니얼 세대와 Z세대는 개성이 강해 하나의 유형으로 규정하기 쉽지 않다. 밀레니얼맘도 마찬가지다. 이들은 직장을 포기하고 모든 열정을 아이에게 쏟으며 아이의 미래를 설계하는 알파맘부터 합리적인 북유럽식 육아 방식으로 아이들에게 자유를 주는 스칸디맘까지 다양하다.

이전 세대의 엄마들이 열심히 아이를 공부시켜 좋은 대학에 보내는 데 집중했다면 요즘 젊은 엄마들은 꼭 그것만이 성공의 길이라고 생각하지 않는다. 아이들에게 자유로운 교육과 경험의 기회를 제공하는 엄마들이 느는 이유다. 웅진씽크빅에서 발행하는 육아 잡지 〈엄마는 생각쟁이〉에서는 엄마의 유형을 8가지로 분류했다.

**엄마의 유형**

| | | | |
|---|---|---|---|
| 헬리콥터맘 | 헬리콥터처럼 자녀 주변을 빙빙 돌며 과잉보호하는 엄마 | 인공위성맘 | 자녀에 대한 관심은 높지만 적극 개입하기보다 멀리서 지켜보는 엄마 |
| 알파맘 | 탄탄한 정보력으로 자녀를 체계적으로 가르치는 엄마 | 베타맘 | 자녀의 결정을 존중하고 자녀가 원하는 삶을 살도록 조언하는 엄마 |
| 타이거맘 | 자녀를 엄격하게 훈육하는 엄마 | 스칸디맘 | 아이와 눈높이를 맞추고 아이에게 자유를 주면서 조력자 역할을 하는 엄마 |
| 잔디깎이맘 | 끊임없는 잔소리로 자녀의 개성이 드러나지 않도록 관리하는 엄마 | 빗자루맘 | 자녀가 극복하기 어려운 장애물을 적절히 치우는 엄마 |

자료: 〈엄마는 생각쟁이〉, 2019년 7월호

# 밀레니얼맘을 위한
# 마케팅 활동

　　헬리콥터맘이나 알파맘, 타이거맘 등은 학업 성적을 중시하던 과거 세대의 엄마들에게서도 볼 수 있는 유형이지만 아이들이 주도적으로 자신의 삶을 살아갈 수 있도록 도와주는 베타맘이나 인공위성맘은 선행 교육에 대한 사회적인 분위기를 의식하지 않고 자기 주관대로 아이를 키우는 젊은 엄마들에게서 보이는 차별적인 특성이다. 이처럼 젊은 엄마들의 양육 방식이 다양해질 수 있는 이유는 아이만을 바라보며 인생을 희생하려 하지 않고 아이들에게 자유를 주는 동시에 자신의 삶도 일정 부분 즐기고자 하는 니즈가 있기 때문이다. 이런 밀레니얼맘을 공략하기 위한 기업의 마케팅 활동은 엄마가 아이들과 함께할 수 있는 마케팅 활동과 엄마로서가 아닌 사회 구성원으로서의 마케팅 활동 등 다양한 형태로 전개되고 있다.

## 여성의 사회 활동을 직접적으로 응원

아무리 젊은 엄마들이 아이를 돌보는 것만큼 자신의 커리어를 중시한다 하더라도 남성만큼 다양한 사람과 네트워킹을 하기는 쉽지 않다. 헤이조이스나 빌라선샤인 같은 일하는 여성을 위한 유료 멤버십 커뮤니티가 생겨나 주목받는 이유는 일하는 여성의 잠재적 불만과 불안 요소를 해결해줬기 때문일 것이다.

커뮤니티에 소속된 여성들은 서로에게 조언을 해주거나 함께 새로운 기회를 모색하는 등 커리어를 유지하는 데 서로 도움을 받을 수 있다. 또한 아이들을 중심으로 맺어진 조동모임이나 육아 커뮤니티와 달리 이 커뮤니티에서는 ○○엄마가 아닌 자신의 이름으로 존재감을 느낄 수 있다. 여성의 이런 니즈를 충족시킴으로써 나를 이해하는 브랜드라는 감성적 유대를 강화할 수 있으므로 최근 이러한

국내 최초의 일하는 여성들을 위한 프라이빗 멤버십 클럽 '헤이 조이스'(이나리 대표)는 일하는 여성들이 성장할 수 있는 프로그램과 네트워크, 공간을 지원하고 이들을 무대에 올려 보내는 일을 하고 있다.
자료: 헤이 조이스 커뮤니티

방향으로 타깃으로 한 차별적인 마케팅 활동을 전개하는 기업이 증가하고 있다.

### 여성 맞춤형 프로그램으로 마음을 사로잡다

여성 타깃 마케팅을 소홀히 하던 자동차 브랜드들이 앞다퉈 여성을 위한 프로그램을 개발하고 있다. 자동차는 남성의 전유물이라는 인식과 달리 독립적인 경제 주체로서 여성의 소비 능력과 사회적 영향력이 향상되고, 차량 구입 시 여성의 발언권이 강해지면서 자동차업계도 여성 고객의 마음을 잡는 게 중요하다는 인식이 형성되기 시작한 것이다.

메르세데스 벤츠는 2015년부터 '쉬즈 메르세데스She's Mercedes'라는 글로벌 캠페인을 전개하고 있다. 이 캠페인을 통해 성공에 대한 야망이 있는 여성들에게 응원과 지지를 보내고, 각 분야에서 열심히 활동하고 있는 여성들을 초청해 네트워킹의 장을 열어주기도 한다. 이 행사에 참가한 여성들은 사회적 성공을 거둔 여성들의 다양한 경험을 공유하고 소통할 뿐 아니라 AMG 서킷 드라이빙 체험 등 메르세데스 브랜드를 체험할 수 있다.

람보르기니는 2019년 30세 이하의 여성들을 타깃으로 지속 가능성, 아트, 테크 가운데 1개의 주제를 정해 혁신과 변화를 중시하는 람보르기니의 브랜드 정신을 반영한 프로젝트를 제안하는 공모전을 개최했다. 선정된 프로젝트에 대해서는 실현시킬 수 있는 기술을 교육하는 등 실질적인 투자를 하고, 최종 선발되면 람보르기니 자문위원으로 활동할 수 있는 기회도 제공한다.

**여성의 취업을 직접 도와주다**

우리 사회에는 여전히 많은 여성이 임신과 출산으로 불가피하게 경단녀가 되고 있다. 이들이 다시 직장을 잡는 일은 현실적으로 매우 힘들다. 이런 여성들에게 다시 사회 활동을 할 수 있도록 도와줌으로써 여성들과의 교감을 높이는 기업의 활동이 눈에 띈다.

LG생활건강은 2018년부터 경단녀나 취업이 어려운 여성들을 대상으로 내추럴 뷰티 크리에이터를 모집해 크리에이터로 활동할 수 있도록 교육하고 있다. 교육 후에는 다양한 콘텐츠를 제공하는 뷰티 인플루언서로 활동할 수 있게 함으로써 다시 사회에 진출하고 싶어 하는 여성들로부터 관심을 받고 있다.

롯데홈쇼핑도 2018년부터 경력 단절로 재취업에 어려움을 겪고 있는 여성들을 대상으로 여성 인재 양성 프로그램을 운영하고 있다. 이 프로그램에서 진행되는 다양한 교육과 현장 학습을 통해 이들이 재취업할 수 있도록 도움을 주고 있다.

## 엄마들을 만족시키는 키즈 마케팅

지금까지 키즈 마케팅은 유아동 카테고리 내의 브랜드들이 하는 활동으로 생각돼왔다. 하지만 아이들과 시간을 보내고 특별한 경험을 하도록 해주려는 부모가 많아지면서 아동을 타깃으로 하는 산업이 아니더라도 아이들을 위한 마케팅 활동을 벌이는 기업이 늘고 있다.

## 교육과 힐링을 동시에 즐길 수 있는 제휴 프로그램

아이들에게 특별한 경험을 시켜주고 싶으면서도 아이를 위해 온전하게 희생하고 싶지 않은 밀레니얼맘을 위해 휴가지에서만이라도 육아로부터 해방돼 부모와 아이가 함께 즐길 수 있도록 해주는 체험 프로그램이 인기다. 예를 들어 북적거리는 휴가지보다 호텔에서 휴가를 즐기는 호캉스를 선호하는 젊은 엄마들을 위해 주요 호텔은 앞다퉈 캐릭터 브랜드나 교육업체들과의 제휴 프로그램 패키지를 기획하고 있다.

롯데호텔제주가 2011년 업계 최초로 헬로키티 캐릭터룸을 오픈해 가족 단위 고객들에게 인기를 끈 것을 시작으로, 호텔 객실 내부만 캐릭터용품으로 꾸미는 게 아닌 놀이 교육이 결합된 프로그램 패키지가 개발되고 있다. 인터컨티넨탈서울코엑스는 유아들에게 인기 있는 바다탐험대 옥토넛과 제휴해 완구와 놀이 클래스 체험을 제공했다. 호텔롯데월드는 웅진씽크빅과 제휴해 놀이기구와 영상 콘텐츠가 갖춰진 L키즈존을 오픈해 아이를 둔 젊은 부부의 관심을 끌었다.


## 아이들이 동경하는 어른스러운 체험

아이들에게는 어른의 행동을 모방하고 싶어 하는 심리가 있다. 자동차 운전이나 화장이 대표적이다. 이런 아이들의 니즈를 만족시키면 부모가 해당 브랜드 이미지를 제고할 수 있는 기회로 이어질 수 있기 때문에 아이들을 위한 특별 체험 마케팅 프로그램을 만드는 브랜드들이 생겨나고 있다.

마음을 알아주는
하트 자동차

시각장애인의
눈이 돼주는 자동차

월드 투어 카

아이들에겐 어른의 행동을 모방하고 싶어 하는 심리가 있다. 이런 니즈를 만족시키면 부모가 해당 브랜드 이미지를 제고할 수 있는 기회로 이어진다.
자료: 현대자동차 브릴리언트 키즈 모터쇼 웹사이트(위), 〈Mercedes-Benz USA〉 유튜브 채널(아래)

2018년 말 메르세데스 벤츠는 미국의 한 쇼핑몰에 '릴 벤츠 딜러십Lil Benz Dealership' 팝업 스토어를 오픈했다. 쇼핑몰을 방문하는 가족 단위의 고객들에게 특별한 경험을 주기 위해 마련한 이 공간에는 헤드라이트, 버튼 스타트 등 실제 조작이 가능한 미니어처 벤츠 차량을 전시했다. 그리고 아이들이 어른처럼 차량을 직접 테스트 드라이브를 해볼 수 있도록 했다.

현대차는 2016년부터 아이들의 상상 속에 있는 자동차 그림 공모전인 '브릴리언트 키즈 모터쇼'를 개최하고 있다. 공모전에서 선발된 작품에 대해서는 현대차 연구소에서 자동차로 제작해 일정 기간 전시한다. 판매할 수 있는 자동차는 아니지만 아이들이 자동차디자이너가 된 것 같은 특별한 경험을 제공한 덕분에 국내외 광고제에서 수상하는 등 호평을 받고 있다.

밀레니얼 세대가 부모 대열에 들어서면서 사회 분위기는 보다 가족 중심적으로 바뀌고 있는 듯하다. 젊은 부모들은 자녀와 더 많은 시간을 보내려고 하며 권위를 버리고 친구 같은 관계를 형성한다. 이런 변화의 흐름은 시간이 지날수록 더욱더 강화될 것이다. 자신의 삶과 양육, 그동안 어느 한쪽은 희생될 수밖에 없다고 여겨지던 가치를 균형 속에 즐기고 있는 밀레니얼맘. 이들의 가치관과 라이프스타일에 대한 이해 없이 30대 주부를 대상으로 했던 기존의 마케팅 활동을 답습한다면 그 브랜드는 외면받을 것이다. 같은 30대라도 386세대가 살아온 30대, X세대가 살아온 30대, 밀레니얼 세대가 살고 있는 30대는 자라온 환경은 물론 시대도 다르니까 말이다.

# Chapter 3

## 그레이볼루션: 시니어, 조연에서 주연으로

LIFESTYLE TREND

2018년 우리나라가 본격적인 고령 사회에 진입하면서 시니어와 관련된 변화가 다양한 분야에서 일어나고 있다. 사회 제도와 복지 정책 등을 재검토하거나 시니어를 새로운 시장의 기회로 바라보는 등 사회 곳곳에서 '그레이볼루션Grey + Evolution'이 일어나고 있는 것이다.

이러한 변화의 중심에는 소비와 문화생활에 적극 참여하는 액티브 시니어가 있다. 오늘날 50세 이상 인구 가운데 액티브 시니어의 비중은 약 20% 미만에 그치고 있지만, 2020년부터 우리나라 경제 성장의 주역이던 베이비붐 세대의 은퇴가 시작되면 그 비율은 더욱 높아질 전망이다. 즉, 1955~1963년에 출생한, 2019년 기준 56~64세 구간의 세대인 베이비부머를 주축으로 경제와 산업의 주도권이 고령층으로 이전되는 '그레이네상스Grey + Renaissance' 현상은 계속될 것이다.

이러한 흐름 속에 시니어가 삶을 살아가는 방식과 사회가 시니어를 바라보는 관점 또한 변하고 있는데, 이는 마케팅 커뮤니케이션에서 가장 확연하게 드러난다. 예를 들어 시니어 모델을 적극 활용하는 브랜드가 많아지고 있으며 활용의 폭도 넓어지고 있다. 최근 시니어를 활용한 커뮤니케이션 사례를 통해 그들이 어떤 모습으로 비춰지고 있는지, 이런 변화가 의미하는 것은 무엇인지 살펴보자.

# 사회적 관점에서의
# 이볼루션

## 고령'화' 사회가 아닌 고령 사회로의 진입

2018년 우리나라는 65세 이상 인구가 총인구 비중의 14%를 차지하며 본격적인 고령 사회의 서막을 알렸다. 나아가 2025년에는 20%를 넘고 2030년에는 24.5%에 달해, 4명 가운데 1명은 65세 이상이 될 것으로 전망되고 있다. UN의 고령화 사회 분류 기준에 따르면, 우리나라는 2000년 65세 이상의 비율이 7.2%로 이미 고령화 사회에 진입했고, 18년 만인 2018년 14.3%로 고령 사회에 진입했으며,

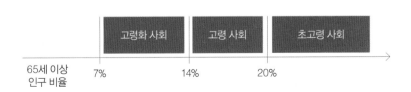

2025년 초고령 사회라는 현실에 직면하게 된다.

세계에서 고령화 속도가 가장 빠른 일본이 1970년 고령화 사회에서 초고령 사회로 진입한 2006년까지 36년이 걸린 점을 감안했을 때, 25년이라는 우리의 진행 속도는 전례 없이 빠르다.

## 노동가동연한 만 60세에서 만 65세로

2019년 2월 21일, 대법원 전원합의체에서 대법관 9명의 다수 의견으로 노동가동연한을 기존의 만 60세에서 만 65세로 높여야 한다는 취지의 판결이 나와 화제가 됐다. 노동가동연한이란 육체노동을 통해 소득을 발생시킬 수 있는 최대 나이를 의미한다. 1989년 55세에서 60세로 상향 조정한 이후 30년 만의 일이다. 30년 사이의 다양한 사회·경제적 변화가 이번 대법원 판결의 근거로 작용했다. 10년 이상 길어진 국민 평균 여명, 고령자의 경제 활동 참여 증가, 각종 사회 보장 법령의 현재 기준 등이 이에 해당한다.

사회적 변화에 대해 보수적으로 판단하는 대법원에서 60세 이상의 근로 생활 및 소득 활동을 현재 사회의 지극히 보편적인 현상으로 판단한 것이다. 정년 연장이나 각종 복지 혜택의 기준이 되는 노인 연령 기준 조정 등 다양한 측면에서 새로운 사회적 논의를 이끌어낼 가능성이 크다는 점에서 의미가 있다.

# 마케팅 커뮤니케이션 관점에서의
# 이볼루션

## 과거의 조연이 현재의 주인공으로

　오래전 시니어가 출연한 콘텐츠를 살펴보면 그들이 콘텐츠 중심
에 서 있는 사례는 드물다. 조연으로 등장하거나 주인공이라 해도
5060세대만을 타깃으로 한 콘텐츠 위주였다. 특히, 약품이나 보험
등의 건강 관련 상품 혹은 공공기관을 홍보하는 특정 분야의 커뮤

5060세대만을 타깃으로 한 약품이나 보험 등의 건강 관련 광고들.
자료: 〈광고고전〉 유튜브 채널

니케이션에 집중됐다. 처음 미디어 속 시니어의 역할이 확대된 것은 평균 나이 76세 할아버지들의 이야기를 생생하게 전달한 tvN 예능 프로그램 〈꽃보다 할배〉(2013)를 통해서다. 4명의 할아버지가 만들어낸 다양한 에피소드는 시니어도 주인공이 돼 대중으로부터 사랑을 받을 수 있다는 의미 있는 발견을 만들어냈다. 이를 기점으로 콘텐츠의 배경이나 조연으로 등장하는 것이 아닌 직접 스토리를 이끄는 주인공으로 시니어를 활용하는 콘텐츠가 증가하고 있다. 시니어의 이름을 전면에 내세워 제작한 TV 프로그램이나 직접 유튜브 크리에이터가 되는 사례가 대표 케이스다.

### 배우 이덕화의 〈덕화TV〉

채널A에서 방영한 〈나만 믿고 따라와, 도시어부〉를 통해 전환점을 맞이한 배우 이덕화는 1인 크리에이터로 활동 중이다. 2019년 1월 유튜브에 〈덕화TV〉를 개설해 혼밥, ASMR 등 젊은 세대 사이에서 유행하고 있는 문화를 직접 체험하는 모습을 보여주고 있다. 구독자 수가 5만 3,000명을 넘을 정도로 인기를 끌고 있으며, 이러한 인기에 힘입어 이덕화의 유튜버 도전기가 KBS 〈덕화TV〉(2019년 7~9월)를 통해 지상파에 방영되기도 했다.

70세를 바라보는 나이에 이덕화가 새로운 직업으로 떠오르는 유튜버로 변신했다.
자료: 〈덕화TV〉 유튜브 채널

### 배우 김수미의 〈수미네 반찬〉

tvN 예능 프로그램 〈수미네 반찬〉에서 배우 김수미는 '할머니 요리사'가 돼 3040세대 스타 셰프들과 요리하며 비법을 전수하고 있다. 그간 스타 요리사와 요리 연구가가 프로그램의 주인공이던 다른 프로그램들과 달리 〈수미네 반찬〉은 셰프들이 김수미한테 요리를 배우는 과정을 통해 주객전도에서 오는 신선함을 선사한다. 셰프들의 정량 계량법이 아닌 '는둥만둥', '요만치', '탈탈탈' 등 그녀만의 아날로그식 손맛 계량법은 김수미의 성격과 특징을 드러내며 프로그램의 또 다른 재미 요소로 자리매김했다. 김수미가 저술한 《수미네 반찬 2: 김수미표 는둥만둥 레시피북》(성안당, 2019)은 영풍문고에서 발표한 베스트셀러에 진입하며 프로그램의 인기를 또 한 번 입증했다.

〈수미네 반찬〉에서 할머니 요리사 김수미는 3040세대 스타 셰프들과 요리하며 비법을 전수하고 있다.
자료: 〈수미네 반찬〉 방송 화면

## 희생하는 삶이 아닌 나 자신을 위한 삶

영화 〈수상한 그녀〉(2014)는 개봉 당시 국내에서 관객 860만 명을 동원하고 중국, 베트남, 태국, 인도네시아 등에서 리메이크될 정도로 흥행을 거뒀다. 20살 청춘으로 돌아간 할머니가 오랜 꿈인 가수로서 성공하지만, 교통사고 후 과다출혈로 피가 부족한 손자를 위해 꿈을 이룰 수 있는 기회를 버리고 원래 자리로 돌아가는 선택을 하게 된다는 스토리다.

여기서 사회가 바라본 할머니 혹은 할아버지의 모습을 주목해야 한다. 과거 커뮤니케이션 속 시니어는 손주나 자식을 위해 희생을 감수하며 살아가는 존재였다. 영화에서처럼 판타지 요소를 통해 젊은 시절로 돌아가지 않고는 자신만의 꿈을 꾼다는 건 불가능한 얘기처럼 여겨졌다.

영화 속 아들 자랑이 유일한 낙인 욕쟁이 칠순 할매 오말순과 달리 오늘날의 시니어는 자신만을 위한 삶을 재미있게 영위하려고 한다.
자료: 다음 영화

하지만 오늘날 다양한 커뮤니케이션 속 시니어는 자신만의 취미 생활을 즐기거나 커리어를 쌓기 위해 노력하는 등 개인의 삶을 중시하는 사회의 일원으로 보여진다. 가족의 안정이 인생의 1순위가 아닌 자신만을 위한 삶을 재미있게 영위하는 모습을 통해 시니어 스스로 삶을 대하는 태도 또한 달라졌음을 알 수 있다.

강부자의 반전 취미 생활은
시니어도 젊은 세대가 좋아
하는 분야에 열광할 수 있
음을 보여줬다.
자료: 〈MBC entertainme
nt〉 유튜브 채널

### 해외 축구 마니아, 배우 강부자

MBC 예능 프로그램 〈마이 리틀 텔레비전 V2〉(2019)에 출연한
배우 강부자는 '아이 러브 사커'를 주제로 채팅방을 오픈했다. 그녀
는 K리그부터 해외 축구까지 축구와 관련된 다양한 얘기로 2030세
대 시청자들과 소통했다. 축구 선수들의 등번호, 선수들의 이적과
관련된 최신 뉴스 등 젊은 세대보다 더 박학다식한 축구 지식을 뽐
내며 '리치강', '해머니(해외 축구의 어머니)' 등의 별명을 얻게 됐다. 강
부자의 반전 취미 생활은 시니어도 젊은 세대가 좋아하는 분야에 열
광할 수 있음을 보여줬으며, 이를 계기로 강부자는 축구 해설과 시
축이라는 오랜 꿈을 이룰 수 있었다.

### 64세에 데뷔한 1955년생 모델 김칠두

순댓국집 사장에서 우리나라 최초의 시니어 모델로 데뷔한 김칠
두는 카스 광고에 출연해 화제를 모았다. 광고 속 김칠두는 자신만
의 카리스마를 보여주며 할아버지라면 집에서 손주를 돌봐야 한다

20년 넘게 식당을 운영해오다 2018년 패션모델로 발탁된 김칠두는 젊은층이 주 소비자층인 KT, 밀레, 카스 등의 모델로 활동하고 있다.
자료: 카스 공식 인스타그램

는 고정관념에 의문을 던진다. 이는 젊은층의 전유물로 여겨졌던 주류 광고에 시니어 모델이 등장한 것에서 나아가 시니어를 바라보는 사회적 관점을 전환시키는 계기를 마련했다. 김칠두는 다양한 활동을 통해 모델로서 커리어를 쌓아가고 있으며, 그의 열정과 프로다운 모습에 젊은이들이 열광하고 있다.

## '꼰대'가 아닌 힙한 할아버지와 할머니로

시니어를 대표하는 단어는 크게 2가지로 나뉘었다. 기성세대의 언어라 불리는 '나 때는 말이야'를 외치는 권위주의적인 '꼰대' 혹은 누군가에게 부양받아야 하는 사회적 약자가 그들의 전형적인 이미지였다. 하지만 오늘날 시니어가 등장하는 다양한 콘텐츠에서 연로하거나 권위주의적으로 그려지는 모습은 찾아보기 힘들다. 오히려 젊은 세대의 감성을 입은 귀여운 혹은 재미있는 할아버지, 할머니로

지상파 드라마에서 엄격하고 카리스마 있던 김용림만의 이미지를 탈피해 위트 있게 광고 메시지를 전달하고 있다.
자료: 〈기아자동차〉 유튜브 채널

묘사되곤 한다. 젊은 세대는 그들의 중후하고 근엄한 이미지가 아닌 신선한 반전에서 매력을 느낀다. 그들이 살아온 세월을 바탕으로 젊은층의 문화와 감성에 맞춰 변하는 시니어에 열광하고 있는 것이다.

### 기아자동차 셀토스 디지털 광고 시리즈, 배우 김용림

기아자동차는 2019년에 출시한 신차 셀토스의 디지털 광고 모델로 배우 김용림을 내세웠다. 총 3편의 시리즈로 이어지는 광고 영상은 팝아트가 가미된 형식으로, 뉴트로 트렌드를 반영해 셀토스의 공간성, 첨단 안전 사양, 인테리어 등의 장점을 트렌디하면서도 젊은 감성으로 전달하고 있다. 지상파 드라마에서 보여줬던 엄격하고 카리스마 있는 김용림만의 이미지를 탈피해 위트 있는 모습을 보여준 이 영상들은 조회 수 97만 회를 기록했다.

### 먹방 유튜버, 김영원 할머니

구독자 31만 명을 보유하고 있는 김영원 할머니는 먹방(먹는 방송)과 이팅Eating 사운드를 주력 콘텐츠로 하는 최고령 유튜버다. 2019년 5월 업로드된 쿄호젤리 먹방 영상은 조회 수 330만 회를 기록했는데, 그중 한 시청자의 '지구에서 가장 귀여운 할머니'라는 댓글은 무려 3,200여 개의 공감을 받았다. 많은 양의 자극적인 음식을 한꺼번에 섭취하는 기존의 먹방 형식에서 벗어나 〈영원씨01seeTV〉는 할머니 특유의 편안한 웃음과 힐링이 되는 먹방, 귀여운 의상에서 매력을 느낄 수 있다.

### 휘바 할아버지, 배우 이순재

배우 이순재는 다양한 예능과 광고를 통해 젊은 세대와 소통하고 있다. 2019년 롯데제과의 '자일리톨' 광고에서 중독성 있는 멜로

국내를 대표하는 실버 크리에이터 가운데 한 사람인 김영원 할머니.
자료: 〈영원씨01seeTV〉 유튜브 채널

롯데제과는 배우 이순재를 자일리톨 모델로 발탁해 광고를 제작하고 유튜브에 공개했다. 이순재는 '휘바 순재'라는 별명을 얻었다.
자료: 〈LotteCF〉 유튜브 채널

2019년 4월 유튜브에 〈할담비 지병수
Korean Grandpa's crazy K-pop〉
채널을 열어 각종 콘텐츠가 인기를 끌
고 있다.
자료: 〈withLOTTE〉 유튜브 채널

디에 맞춰 춤을 추는 친근한 '휘바 할아버지'로 변신해 반전 매력을
선보였다. 해당 영상은 유튜브에서 190만 회의 조회 수를 기록하며
화제가 되었다. 엄격하고 진지한 인생 선배가 아닌, 자신의 이미지를
내려놓고 친근하게 다가오는 모습에서 젊은 세대의 공감대를 불러
일으킨 것이다.

### 할담비, 지병수 할아버지

2019년 3월 24일 KBS 〈전국노래자랑〉에서 손담비의 〈미쳤어〉에
맞춰 춤을 춰 화제가 된 '할담비' 지병수 할아버지는 전 국민이 다
아는 인플루언서라고 해도 과언이 아니다. 서투른 듯 귀여운 춤사위
와 재치 넘치는 입담은 할아버지만의 새롭고 신선한 매력을 보여준다.
그는 광고계 러브콜뿐 아니라 대학 축제에도 초청될 만큼 젊은 세대
로부터 많은 인기를 누리고 있다.

# 주목받는 관점

## '나이 들어감'에 대한 인식의 변화

통계청이 발표한 장래인구추계(2017~2067)에 따르면 우리나라의 중위 연령은 2017년 42.0세에서 2050년 57.9세로 약 16세 증가할 것으로 추산됐다.

중위 연령이란 총인구를 나이순으로 줄 세웠을 때 가장 중간에 있는 사람의 나이를 뜻한다. 다시 말해 10년 뒤인 2030년에는 50대가 가장 보편적인 평균 연령대가 된다는 것을 의미하며, 그만큼 기대 수명이 길어질 것으로 전망한다. 이에 따라 삶과 죽음에 대한 태도와 인식 또한 변하고 있다. 100세 시대를 넘어 120세 시대 진입을 앞두고 어떻게 인생을 즐기며 살 것인가, 어떻게 나이 들어갈 것인가에 대한 심도 있는 고민이 필요해졌기 때문이다.

기존의 시니어 관련 서적이 건강 정보, 죽음, 노화를 중점으로 다

**우리나라 중위 연령 추계(2017~2067)**

단위: 세

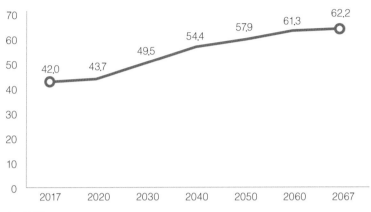

자료: 통계청

렸다면 최근에는 꿈, 라이프스타일, 운동 등 시니어의 삶 자체에 주목하는 책이 많아지고 있다. 세계 최고령 어플리케이션 개발자의 얘기를 담은 와카미야 마사코의 《나이 들수록 인생이 점점 재밌어지네요》(가나출판사, 2019)는 컴맹이던 82세의 할머니가 코딩을 공부해 노인도 즐길 수 있는 스마트폰 어플리케이션을 출시하는 얘기를 담았다. 《나는 일흔에 운동을 시작했다: 인생 후반전이 더 젊어지는 운동법》(한국경제신문, 2018)은 전 신호그룹 회장이자 77세에 운동생리학 박사가 된 이순국이 직접 체험한 운동 효과와 운동 해법을 알려주는 실용서다.

이러한 흐름은 나이 들어가는 것에 대해 부정적이었던 인식이 긍정적으로 바뀌어가고 있으며, 고령 사회로 접어든 지금 이 시대에 멋

있는 모습으로 인생을 즐기며 살아가고 싶은 시니어들의 니즈가 반영된 것이라고 할 수 있다.

## 사회적 통념에 의한 역할 규정을 거부하는 '~리스less'의 시대

최근 젠더리스Genderless, 에이지리스Ageless, 보더리스Borderless 같은 '~리스'가 주목받고 있다. 이는 사회적으로 구분돼 있던 나이, 성별, 종교, 국적 등과 같은 기준점이 무의미해지고 있음을 시사한다. 사회적 기준에 따른 분류가 아닌 개인의 특성, 취향 등의 정보가 개개인을 정의하는 데 더욱 중요한 요소가 된 것도 그 이유다. 패션, 유통, IT 등의 다양한 업계에서도 '~리스'를 반영해 신규 상품을 출시하거나 마케팅 전략과 타깃 설정을 새롭게 하는 등의 노력을 하고 있다.

2019년 초 페이스북은 탐사 보도 언론 프로퍼블리카의 고발과 여러 시민 단체에서 제기한 소송으로 인해 고용, 주택, 금융 등 특정 분야의 타깃 광고를 중단하겠다고 밝혔다. 사회적 통념 아래 남성의

프로퍼블리카는 페이스북에서 흑인, 유대인, 히스패닉, 이슬람교도 등을 배제하는 차별적 광고가 가능하다는 것을 실제 광고 집행을 통해 입증하고 보도한 바 있다.
자료: 언스플래쉬

일자리로 간주됐던 고용 광고가 '40대 이상의 이용자' 혹은 '여성'에게 노출되지 않거나 주택 광고가 장애인에게 노출되지 않는 등 선입견에 기반해 타깃을 선정했기 때문이다. 페이스북은 향후에도 사회 논란이 될 수 있는 카테고리의 타깃 광고 상품을 제거하도록 노력할 것임을 약속했다.

우리 사회는 시니어를 사회적 약자 혹은 말이 통하지 않는 옛날 사람으로 대상화시키곤 했다. 하지만 우리나라가 본격적인 고령 사회로 접어들면서 시니어를 바라보는 관점에 변화가 일고 있다. 최근 마케팅 커뮤니케이션에서 시니어는 스스로의 삶을 주체적으로 이끌어가는 주인공 또는 젊은 세대와 다르지 않은 라이프스타일을 영위하는 사회의 일원으로 묘사되고 있다. 물론 이런 커뮤니케이션이 고령 사회로 인해 발생하는 사회 이슈를 해결할 수 있는 건 아니지만 쉽게 허물어지지 않을 것 같았던 세대 간의 장벽을 낮춰주는 역할은 할 수 할 수 있을 것이라 기대해본다. 시니어를 바라보던 고정관념에서 벗어나 새로운 관점에서 그들을 바라보는 자세만이 확대돼가는 시니어 시장에 대응할 수 있는 방법일 것이다.

**Part 4**

# 요즘의
# 비즈니스를
# 말하다

LIFESTYLE TREND

# Chapter 1

## 뷰코노미 View-conomy:
## 읽지 않는다
## 관람할 뿐

LIFESTYLE TREND

스마트폰 화면을 터치한다. 주요 기사가 나타나고 눈길을 끄는 기사 제목을 눌러서 내용을 읽는다. 검지로 화면을 올린다. 올라가는 화면 위로 글자들이 출렁거린다. 오늘따라 기사는 왜 이리 길어? 올라가는 화면 위로 몇몇 단어가 눈에 들어온다. 기사 헤드라인으로 추측했던 내용을 어느 정도 확인했으니 됐다. 다음 기사로 넘어가자.

인터넷 기사를 읽을 때의 흔한 패턴이다. 많은 사람들이 긴 글을 부담스러워한다. 그래서 내용이 길 경우 부담을 느낄 수 있는 이들을 위해 글쓴이가 '스압주의', '스압 장난 아님' 등의 경고 문구를 달기도 한다. '스압'이란 '스크롤 압박'의 줄임말이다. 게시글의 분량이 길면 게시물의 스크롤바를 계속 내리면서 읽어야 하므로 압박을 느낄 수 있어 생긴 말이다. 이처럼 긴 글 자체가 현대인에게 꽤 큰 중압감을 주고 있다.

우리는 매일 풍부한 콘텐츠를 읽고 접하고 있다. 신기하게도 같은 글을 읽어도 사람마다 이해하는 내용이 다르다. 많은 기사의 댓글에는 같은 내용을 다른 내용으로 오인하는 이들이 여럿이다. 그 댓글에 '님 난독증임?'이라는 댓글이 다시 올라온다.

우리는 매일 접하는 많은 콘텐츠를 얼마나 제대로 읽고 있는가. 디지털 시대의 콘텐츠 홍수 속에서 긴 글에 대한 이해가 떨어지고 있으며, 문맹률 최저를 자랑하던 우리나라의 글 이해력은 바닥 수준이다. 풍요로운 콘텐츠를 누려야 할 시대에 우리나라는 역설적으로 난독 사회로 향하고 있다.

# 낫독벗뷰:
# 읽지 않는다, 관람할 뿐

'낫독벗뷰'(not 讀 but View)라는 말을 들어본 적이 있는가? 글자는 읽고 있지만 이해력 없이 글을 읽기에 '읽는 것'이 아닌 '관람'이라고 얘기해도 과언이 아닐 것이다. 난독 사회는 이 시대 슬픈 자화상이다. 어느 정도이길래 이러한 말이 생겨난 것인가.

## 난독 사회의 실태

우리나라가 신新문맹 시대로 돌입하고 있다. 글을 읽거나 쓸 줄 모르는 것을 문맹이라고 한다. 지금의 우리나라는 이런 문맹이 거의 없는 나라다. 그런데 신문맹 시대라니 어떻게 된 일인가.

우리나라가 문맹을 극복한 것은 그리 오래되지 않았다. 1945년 광복 당시 문맹률은 77.8%였다. 1954년부터 정부가 대대적인 문맹

# 29%

성인 10명 중 3명이 문해력이 미흡하다

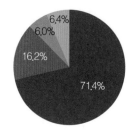

■ 복잡한 일상생활의 문제 해결에 미흡한 문해력

■ 기본적인 읽고 쓰고 셈하기가 가능하지만
　일상생활을 하기에 미흡

■ 일상생활에 필요한 기본적인 읽고 쓰고
　셈하기가 불가능한 수준

6.4%
6.0%
16.2%
71.4%

자료: 〈성인 문해 능력 조사〉, 국가평생교육진흥원, 2014년

퇴치 운동을 시작했고 초등교육이 의무화되면서 1970년에 문맹률은 7% 수준으로 떨어졌다. 그 후 문맹률이 거의 제로에 가까워지면서 문맹은 우리나라에서 중요 이슈로 제기되지 않았다.

　하지만 글을 읽을 수 있다고 해서 글을 이해하는 것은 아니다. 글을 읽고 제대로 이해했는지를 측정하는 문해율을 따져보면 뜻밖의 결과를 확인하게 된다. 2014년 국가평생교육진흥원에서 실시한 〈성인 문해 능력 조사〉를 보자.

　'복잡한 일상생활의 문제 해결에 미흡한 문해력을 가진 이'가 16.2%에 달했다. 6.0%는 '읽고 쓰고 셈하기가 가능하지만 일상생활을 하기엔 미흡한 수준'이었다. 6.4%는 '일상생활에 필요한 기본적인 읽고 쓰고 셈하기가 불가능한 수준'에 해당했다. 이 셋을 합치면 무려 28.6%에 이른다. 바꾸어 말하면 성인 10명 가운데 3명이 문해력이 미흡하다는 얘기다.

　낮은 문해율은 성인에만 해당되는 것이 아니다. 강도 높은 입시 경쟁으로 많은 시간을 공부에 할애하고 있는 학생은 어떤가. 2019년 7월 〈SBS 스페셜 난독 시대: 책 한 번 읽어볼까?〉편은 난독이 익숙해진 현시대의 모습을 잘 보여줬다.

　이 다큐에 학부모가 자녀를 대신하여 수능국어 수업을 신청하려고 대치동 한복판에서 하루가 넘도록 줄을 서 있는 모습이 나왔다. 2018년 언론에 보도된 것처럼 수능국어의 1등급 커트라인은 80점대로, 지금까지 수능 중 가장 낮은 국어 점수를 기록했다. 심도 있는 과학 분야의 주제 등 지문 자체가 어려워서 난이도가 높았다고 분석하는 이도 있지만 낮아지고 있는 학생들의 문해력에서 비롯된 일이라고 분석하는 전문가도 적지 않다. 그렇다면 학생들의 문해력이 얼마나 낮아진 것인가.

　2000년부터 3년마다 실시되는 국제 학업 성취도 평가라는 것이 있다. 영어 약자로 PISA로 부르는 이 평가는 전 세계 국가가 참여하는 국제 성취도 평가로, 만 15세의 학생을 대상으로 읽기, 수학, 과학 세 영역을 주로 평가한다.

　PISA에서는 읽기 수준을 1~6수준으로 나누는데, 숫자가 클수록 높은 수준에

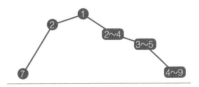

**PISA 읽기 점수 순위**

2000　2003　2006　2009　2012　2015

우리나라는 지속해서 읽기 능력의 국가 순위가 떨어지고 있다. 가장 큰 특징은 1~2수준인 하 수준의 아이들이 굉장히 늘었다는 것이다. 3명 중 1명이 교과서를 읽고 이해한다거나 교과 학습을 정상적으로 수행하는 것이 불가능한 수준이다.
자료: 〈SBS 스페셜 난독 시대〉, 2019년

도달한 것을 의미한다. 6수준을 받았다면 '익숙지 않은 화제를 다룬 텍스트에 대해 가설을 세우거나 비판적인 평가'를 할 수 있고 '명확한 분석력과 눈에 잘 띄지 않는 세부 사항에 대한 뛰어난 주의력'을 갖췄다고 평가한다. 한편 2수준에 도달하지 못한 학생은 하위권으로, 그 수준 미만의 학생은 명시적인 제시문, 주어진 상황만 판단할 수 있는 아주 기초적인 읽기 능력을 갖춘 학생으로 평가한다.

우리나라 학생들의 경우 최근 치른 몇 번의 PISA에서 읽기 점수가 하락하고 있다. 2006년만 하더라도 556점으로 1위를 했지만 2009년 539점, 2012년 536점으로 하락하더니 2015년에는 517점으로 7위 수준으로 밀려났다. 전 세계를 기준으로 보면 높은 수준이지만 점수 하락 폭이 크기에 우려의 목소리가 높아지고 있다. 여기서 우려할 일은 하위 수준에 속하는 학생의 비중이 증가하고 있다는 점이다. 2009년에는 5.8%의 학생만이 하위권으로 평가됐으나 2012년 7.7%, 2015년 13.6%로 하위권 비중이 크게 늘었다.

# 무엇이
# 난독을 유발하는가

우리나라처럼 교육열이 높은 국가가 난독 사회라 불리고 있다니 아이러니하다. 우리나라가 문해력이 낮아지게 된 원인은 무엇인가? 난독 사회의 원인은 크게 3가지로 나뉜다.

## 줄어드는 독서량, 늘어나는 영상 시청 시간

사람들이 점점 책을 읽지 않고 있다. 성인과 청소년 모두 2015년에 비해 연간 독서량이 줄었다. 20~30대 청년층 10명 가운데 1명이 1년 내내 책 한 권 읽지 않을 정도로 독서량이 감소하고 있다. 초등학교 저학년 때 평생 가장 많은 책을 읽지만, 시간이 지날수록 줄고 대학 입학과 취업 준비기 이후에 하락을 반복하다가 사회생활을 시작한 뒤로 늘지 않는다. 시험과 승진 등 목적형 독서가 중심이다 보

**줄어들고 있는 연간 독서량**

단위: 권

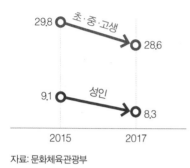

자료: 문화체육관광부

**늘어나고 있는 유튜브 사용 시간**

단위: 억 분

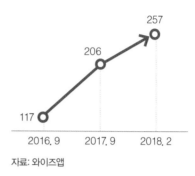

자료: 와이즈앱

니 구체적인 목적을 위한 동기가 사라지면 책을 읽지 않는 것이다.

독서를 기피하는 원인이 연령을 불문하고 영상에 익숙해지고 있기 때문이라는 분석이 지배적이다. 요즘 세대는 원하는 것을 검색할 때 네이버나 다음보다 유튜브를 먼저 찾는다. 과학 지식 혹은 역사적 사건까지 콘텐츠가 방대할 뿐 아니라 사용자 취향에 맞게 정리한 영상도 많아 책을 통해 지식을 얻을 필요가 없다고 느끼는 것이다. 이처럼 기술의 발달로 기존처럼 텍스트가 아니더라도 다양한 형태로 정보를 획득할 수 있게 되면서 나타난 현상이 바로 난독이다.

## 암기 위주 교육 방식

이해보다 암기를 우선시하는 우리나라의 오랜 교육 방식도 문제다. 학업에 대한 압박과 스트레스가 많은 우리나라에서는 최소한의

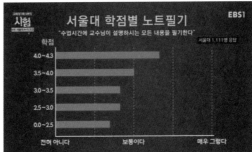

〈EBS 교육대기획 시험〉은 교육에 대한 본질적인 고민을 '시험'이라는 사회 현상의 측면에서 접근했다.
자료: 〈EBS 교육대기획 시험〉 방송 화면

시간을 투자해 가장 높은 점수를 얻는 효율적인 공부법이 선호됐다.

대학교에서조차 고학점자들의 비밀이 수업 시간에 필기한 것을 잘 암기하는 것이었다는 내용의 다큐가 이슈가 되기도 했다. 서울대생을 심층 조사해봤더니 A+를 받는 고학점자의 비결은 '가르치는 내용을 그대로 받아들여 암기하는' 것이었다. 연습장이 너덜너덜해질 정도로 베껴 적으며 암기하는 것이 전통적인 학습법으로 추천되어왔는데, 요즘도 이처럼 암기하는 공부법이 애용되고 있다.

암기 위주의 교육 방식은 단기적으로 효율적인 학습법이 될 수 있다. 그러나 이 방법은 수용적 사고 중심의 공부법으로 다양한 내용을 토대로 주도적이고 비판적인 사고를 통해 지식을 확장해가는 학습으로 연결되지는 못한다. 학교 성적을 잘 받기 위해 단순 암기 중심의 공부를 하다 보니 글을 이해하고 전체 구조나 문맥을 파악하는 훈련이 부족하게 되는 것이다.

## 만화 형식의 교육 콘텐츠

최근 어린이들에게 꾸준히 각광받는 책이 있다면《Who 시리즈》(다산어린이)나《Why 시리즈》(예림당),《마법천자문》(아울북) 같은 만화 형식의 학습서 시리즈일 것이다. 이처럼 좀 더 쉽고 재미있게 전달하고자 제작된 만화 형식의 교육 자료 및 콘텐츠도 난독 사회의 원인으로 꼽히고 있다. 만화 형식의 책은 긴 글에 익숙지 않은 아이들에게 내용을 재미있게 전달한다는 점에서는 유용하다. 하지만 만화 형식은 이미지 중심의 짧은 글로 구성된 내용이 많다 보니 어린

만화 형식은 이미지 중심의 짧은 글로 구성된 내용이 많다 보니 어린이들이 긴 글을 읽는 훈련을 하기엔 적절하지 않다.
자료: 예림당 블로그

이들이 긴 글을 읽는 훈련을 하기에는 적절하지 않다. 만화 형식의 책에만 익숙한 어린이들에게 긴 문장과 많은 분량의 글을 읽는 것은 매우 버거운 일이기 때문이다.

긴 글은 처음에는 읽기 힘들다. 하지만 읽다 보면 내용을 이해하기 위해 노력하게 되고 의미를 깊이 있게 생각하는 습관이 생긴다. 또한 기존에 알고 있던 지식과 연결시키면서 학습 수준도 높아진다. 이미지가 없더라도 글을 바탕으로 자신만의 상상력을 펼치며 몰입할 수 있어 좀 더 창의적인 사고를 할 수 있다는 장점도 있다. 이미지 중심의 글을 읽으면서 한정된 범위를 이해하는 수동적 독서와 대비된다.

쉽게 이해되고 재미있게 읽을 수 있는 만화 형식의 콘텐츠가 장기적으로는 문해력을 훈련할 수 있는 기회를 놓치게 할 가능성이 높다. 따라서 좀 더 깊이 있고 수준 있는 글 읽기를 하려면 만화 형식이 아닌 텍스트 중심의 글을 읽어야 한다.

## 난독의 악순환, 페이크를 양산하는 악순환 고리

난독에 한 번 빠지면 늪에 빠진 것처럼 빠져나오기 힘들다. 난독은 정보를 잘못 받아들여 개인의 가치관 형성을 그릇된 방향으로 이끌 수 있기 때문이다. 이런 경향은 일회성으로 그치는 게 아니라 반복 패턴을 보이게 된다는 점에서 심각한 문제를 초래할 수 있다. 난독의 악순환 과정을 살펴보자.

가장 먼저 난독은 오독(잘못 읽음)으로 연결된다. 글의 내용을 있는 그대로 받아들이는 게 아니라 텍스트를 선별적으로 받아들인다. 즉 자신이 기대하는 것과 일치하는 내용만 받아들일 가능성이 높다는 얘기다. 선택적 인지가 반복되면 확증 편향으로 이어지게 된다. 확증 편향은 가치관, 신념, 기대, 판단 등과 일치하는 정보만 받아들이고 조금이라도 다르면 배척하는 경향을 의미한다. 이처럼 선택적 인지와 확증 편향으로 인해 같은 글을 읽더라도 사람에 따라 받아들이는 정보의 내용이 극단적으로 다르게 나타날 수 있다.

난독으로 인한 악순환의 고리는 동영상 스트리밍 서비스의 맞춤 영상 추천 기능이나 포털사이트의 관심뉴스 자동 추천 기능으로 더욱더 심화되고 있다. AI의 발달로 우리는 정보를 직접 찾기보다 AI가 제공하는 맞춤 정보를 제공받는 콘텐츠 큐레이션 시대에 살고 있다. 콘텐츠 큐레이션이란 다양한 정보로 구성된 콘텐츠를 특정 주제

**난독으로 인한 가치관 형성의 악순환 고리**

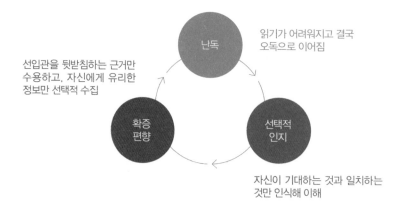

난독

읽기가 어려워지고 결국 오독으로 이어짐

선입관을 뒷받침하는 근거만 수용하고, 자신에게 유리한 정보만 선택적 수집

확증 편향

선택적 인지

자신이 기대하는 것과 일치하는 것만 인식해 이해

나 관심사에 따라 수집하고 분류하는 일련의 과정을 의미한다.

자신이 검색하는 키워드 관련 내용과 유사한 콘텐츠를 주로 제공받다 보니 더욱더 기존 가치관 안에 고립되게 돼 객관적인 정보도 배타적인 태도로 바라보게 된다. 그 결과 사람들은 자신에게 필터링된 정보 버블에 갇히는 필터 버블Filter Bubble을 겪게 된다.


## 뷰코노미, 난독을 보완하는 서비스의 탄생

채워지지 않는 필요Unmet Needs를 채우기 위해 기술과 콘텐츠는 진화하고 발전한다. 난독 시대, 긴 글을 읽는 데 어려움 있는 이들의 수요에 발 맞추어 이들의 고충을 해결하는 서비스 콘텐츠가 개발되고 있다. 좀 더 쉽게 내용을 이해하고 관람할 수 있도록 도와주는 뷰코노미View+Economy가 생성되고 있는 것이다. 독자의 이해를 돕기 위해 요약을 대신해주거나 핵심 내용만 카드 형식으로 정리해주는 서비스 콘텐츠가 그 예로, 최근 이러한 서비스 콘텐츠들이 각광을 받고 있다. 또한 긴 분량의 책 내용을 정리해 들려주는 북튜버들도 주목받기 시작했다.


### 네이버 요약봇

네이버 요약봇은 바쁜 현대인이 뉴스를 끝까지 보기 어려운 점을 고려해 네이버 측이 자동 추출 기술로 기사의 핵심을 요약해서 보여주는 서비스이다. 이용자는 PC와 모바일 네이버 뉴스 화면에서 기사 상단의 요약봇 버튼을 눌러 요약된 내용을 볼 수 있다. 이 서비스는 정치·경제·사회·IT·생활·세계·랭킹 뉴스 기사에 적용되며, 문장의 중요도를 분석한 자동 추출 기술로 최대 3문장까지 요약할 수 있다. 뉴스 기사의 첫 번째 문장인 리드문에 가중치를 둬 주로 첫 문장이 추출되고 중요도가 높은 두 문장을 판단해 3문장으로 요약한다. 뉴스 문장의 순서를 바꾸거나 단어 등을 추가(재생산)하는 요약은 아니다.

현재 요약봇은 문장의 맥락을 고려해야 하는 칼럼, 동영상, 영문지 기사 등에는 적용되지 않는다. 그러나 향후 AI의 발전 속도에 따라 더욱더 고도화된 요약봇 기능이 선보일 것이므로 그 적용 범위는 확대될 것으로 예상된다.

뉴스 기사를 3문장으로 압축하는
네이버 AI요약봇.
자료: 네이버

### 카드뉴스

긴 내용의 뉴스를 끝까지 읽는 것에 대한 부담을 덜어주기 때문일까? 핵심만 추려서 카드 형식으로 보여주는 카드뉴스는 소셜미디어에서 가장 선호되는 뉴스 콘텐츠 가운데 하나다. 배경 지식이 필요한 뉴스를 좀 더 쉽고 명확하게 전달하기 위해 카드뉴스 형식이 주로 사용된다. 카드뉴스 형식의 콘텐츠가 인기를 끌다 보니 카드뉴스 만들기와 관련된 비즈니스도 인기를 끌고 있다.

카드뉴스는 독자 입장에서 최대한 간결하게 핵심만 정리하고 비주얼 이미지를 활용해 뉴스 내용을 전한다.
자료: 〈소비자가 만드는 신문〉

**북튜버**

유튜브를 통한 1인 미디어가 각광을 받고 있는 가운데 최근 책과 관련된 콘텐츠를 만드는 유튜버도 등장했는데, 이들을 '북튜버'라고 한다. 북튜버는 '책Book'과 '유튜버Youtuber'를 합친 말로 책을 전문적으로 소개해주는 유튜버다. 북튜버는 2018년 국내에 등장했으며, 최근 몇몇 북튜버가 운영하는 페이지 구독자 수는 수만 명을 넘어섰다. 유튜버 김겨울이 운영하는 채널 〈겨울서점 Winter Bookstore〉는 대표 북튜브 채널로 구독자 수가 11만 명이 넘는다. 그녀는 《유튜브로 책 권하는 법》(유유, 2019)을 발간하기도 했다. 그녀는 자신의 채널에 대해 "책을 많이 읽은 사람이 책 얘기를 하는 곳"이라고 설명한다. 북튜버가 책 한 권의 핵심만 뽑아서 영상으로 간략하게 내용을 정리해주는 덕분에 독서하기 힘든 직장인에게 인기를 끌고 있으

'보는' 매체 유튜브에서 '읽는' 매체인 책을 얘기하다.
자료: 〈겨울서점 Winter Bookstore〉 유튜브 채널

며, 또한 긴 글에 익숙지 않은 요즘 세대에게도 쉽게 책 내용을 파악할 수 있게 해주기 때문에 사랑받고 있다.

## 뷰코노미 시대의 몰입 유도 마케팅 사례

난독 시대 소비자를 겨냥해 언론사나 기업은 다양한 접근을 시도하고 있다. 기존의 길고 복잡한 텍스트 중심의 정보 전달에서 벗어나 디지털기술을 활용해 생생하고 리얼한 경험을 제공하고 몰입을 유도하는 것이다.

### 〈뉴욕타임스〉의 'NYT VR' 프로젝트

1851년 창간된 〈뉴욕타임스〉는 2015년 정기 구독자 100만여 명

〈뉴욕타임스〉가 VR 뉴스로 처음 제작한 11분 분량의 다큐멘터리 〈난민〉은 전쟁의 폐허 속에 난민 어린이들의 사연을 생생하게 다뤄 호평을 받았다.
자료: 〈뉴욕타임스〉

에게 VR 체험기기를 배송했다. VR 체험기기로 신문 기사 속 현장을 직접 시청할 수 있는 환경을 제공하기 위해 VR 콘텐츠 플랫폼인 'NYT VR'을 개발해 배포했다. NYT VR은 가상 체험이 가능한 대표 뉴스미디어가 됐으며 현재 애플 앱스토어, 구글플레이 및 삼성 기어 VR을 통해서 VR 서비스를 이용할 수 있다.

### 이케아 디지털 카탈로그 AR

연간 카탈로그 발행 부수가 2억 권이 넘는 이케아는 새로운 어플리케이션 서비스로 디지털 카탈로그를 제공하고 있다. AR 어플리케이션 서비스인 '인터랙티브 카탈로그'는 구매자가 매장에 방문하지 않고도 제품이 집에 배치됐을 때의 모습을 상상할 수 있게 도와준다. 즉 두꺼운 카탈로그를 읽으면서 가구 크기를 줄자로 재지 않고 스마트폰, 태블릿PC 등 스마트기기 AR을 통해 소비자는 한눈에

실제 주거 공간 내 시뮬레이션을 통해 보여주는 '인터랙티브 카탈로그'.
자료: 〈이케아코리아〉 유튜브 채널

가구 제품의 크기와 기존 인테리어가 어울리는지 등을 가늠해볼 수 있다.

난독 사회의 소비자를 위한 마케팅은 앞으로 어떻게 전개될까? 우선 난독으로 인한 고충을 해결해주는 방향으로 이어질 것이다. 네이버 요약봇, 카드뉴스, 북튜버처럼 난독으로 인해 콘텐츠를 올바로 이해하지 못하는 이들을 도와주거나 NYT VR이나 이케아 인터랙티브 카탈로그처럼 IT기술을 통해 소비자가 좀 더 몰입해 콘텐츠를 받아들이게 만들 수 있다. 진화하는 AI 및 AR 등의 신기술이 난독의 어려움을 해결해주는 데 적극 활용될 것이다.

다른 하나는 난독 자체를 해결하는 방향으로 전개될 것이다. 문해율을 높이려면 글을 읽고 이해하는 훈련이 필요하므로 독서 자체를 권장하고 활성화하는 서비스가 등장할 수 있다. '밀리의 서재' 같은 월 정액 기반 책 구독 서비스는 현대인에게 독서의 필요성을 어필하기 위해 난독 이슈를 활용할 수 있다. 또한 온오프라인 독서모임의 활성화도 예상해볼 수 있다. '플라이북'처럼 책 추천부터 구매, 독서 기록 및 모임까지 모든 독서 경험을 도와주는 도서 플랫폼도 인기가 높아질 수 있다. 혹은 아무런 방해 없이 묵독파티를 진행하는 등의 오프라인 독서 이벤트도 증가할 것으로 보인다. 난독을 해결하는 궁극의 방법은 '책 읽기를 통한 문해력의 향상'에 있으니 말이다.

# Chapter 2

## 능덕슈머:
## 덕질,
## 어디까지 해봤니?

LIFESTYLE TREND

덕후는 일본의 오타쿠가 우리나라에 들어오면서 의미가 달라진 표현이다. 이전에는 다소 음침하고 마이너 문화에 국한된 의미가 강했으나, 개인의 취미 존중 문화가 확산되면서 덕후라는 단어 자체가 '취미, 관심사에 몰두하는 사람'으로 확장되고 부정적인 의미는 점차 약화되고 있다. 특히 취미, 관심사에 대한 전문 지식과 투자할 자금력을 가진 사람을 의미하는 능덕(능력 있는 덕후)은 해당 분야에서는 선망의 대상이 되는 인플루언서를 가리키는 말로 자리 잡았다. 능덕은 자신의 관심 분야에서의 강력한 구매층을 넘어 브랜드의 여러 측면에 영향력을 행사하며, 이전보다 훨씬 더 다양한 방법으로 브랜드와 소통한다. 그들은 단순히 소비자가 아닌 브랜드의 투자자, 상품 기획자, 마케터가 되고자 하며, 이제는 자신의 능력을 활용해 브랜드의 이미지 형성과 전략 결정에 영향을 미치는 수준까지 도달했다.

"이 회사는 물건은 좋은데 마케팅을 못해", "내가 보기에 이 제품은 콘셉트를 잘못 잡은 것 같아"라고 평가하는 리뷰어를 유튜브와 인스타그램에서 심심찮게 볼 수 있다. 소비자들이 내가 좋아하는 제품이 '어떤 이미지'를 보여줬으면 좋겠는지, 어떤 마케팅을 통해 어떤 소비자에게 어필했으면 좋겠는지까지 고민하는 시대가 왔다. 브랜드들은 나보다 나를 더 잘 아는 소비자를 상대로 어떻게 마케팅을 해야 할지 난감해지고 있다.

# 능덕의 능력

마케팅이라는 개념이 생겨난 이래로 소비자가 의견을 표출하지 않은 적은 없었고, 생산자가 소비자의 의견을 중요하게 생각하지 않은 적도 없었다. 그렇다면 왜 소비자가 생산자의 역할을 대신할 정도로 권한이 강력해진 것일까? 답은 단순하다. 제품 및 서비스를 개발하기 위한 지식이 회사 캐비닛 속에만 있는 것이 아니라 사회 전체의 지식으로 온라인을 통해 쉽게 공유되고 있기 때문이다. 소비자가 자신이 좋아하는 분야에 관한 정보를 적극적으로 찾고 지식을 갖춘 결과 생산자의 전문성을 압도하는 수준에 이른 것도 한몫했다. 몇몇 특출난 소비자는 생산자보다 제품을 더 상세하게 안다. 이 제품이 주목받을 수 있는 방법을 생산자보다 더 오랫동안 고민하고 심지어 생산자보다 훨씬 뛰어난 콘텐츠를 만들기도 한다.

# 상품을 가장 잘 아는 기획자

소비자가 자신만의 개인화된 제품과 서비스를 기대하고, 원하는 바를 생산자에게 잘 전달할 수 있는 플랫폼이 개발되면서, 기업 내 상품 기획이나 유통 쪽 담당자들이 해야 할 일의 일부가 소비자에게 넘어가고 있다. 소비자는 투표나 후원, 소셜미디어를 통한 의견 개진 등 상품 기획에 관한 의견을 직접 표출하고, 사전 구매 신청을 통해 생산자가 정확한 수요를 예측할 수 있도록 돕는다. 심지어 제품을 수정하고 콘셉트를 제안하며 어떤 전략을 세워 마케팅을 해야 하는지 아이디어를 제공하기도 한다.

### 게임 모더MODer의 놀이터, 스팀 창작마당
PC게임의 코드를 변경하고 그래픽을 수정해 게임의 요소를 바꾸거나 새로운 게임으로 바꾸는 행위와 그런 프로그램을 모드MOD: Modification라고 하며, 모드를 만드는 능력 있는 아마추어 프로그래머를 모더라고 부른다.

모더는 해당 게임의 마니아이면서 출시 후 하향 곡선을 그릴 수밖에 없는 게임의 흥미를 유지시키는, 콘텐츠 개발자이기도 하다. 잘 만든 모드가 이력서가 돼 게임 개발사에 취업하는 일도 빈번하다. 모더에게 친화적이고 모드 개발을 장려하는 게임인 〈마인크래프트〉나 〈엘더스크롤 5: 스카이림〉은 2011년에 출시되었지만 지금까지도 매주 쏟아져 나오는 새로운 모드 덕분에 인기를 유지하고 있다.

가입 계정 10억을 돌파한 게임 다운로드 플랫폼 사이트의 글로

게임 다운로드 플랫폼 스팀의 창작마당. 수많은 모더가 게임 내에서 쓸 수 있는 아이템, 맵, 스토리 등을 디자인해 업로드한다. 심지어 제작사가 해결해야 할 프로그램 오류를 직접 수정하기도 한다.
자료: 스팀 홈페이지

벌 대표주자 스팀Steam은 '창작마당'을 오픈하여, 모더들이 모드를 자유롭게 제작하고 유통할 수 있게 해주고 있다. 이전까지는 그저 모더 자신이 좋아서 취미로 만들던 모드를 유료로 판매할 수 있고 그 수익을 모더에게 돌려주는 구조다. 스팀은 모더를 지원함으로써, 판매하는 게임의 수명을 유지시키고 고객을 스팀 플랫폼에 록인하는 효과를 얻는다.

### 아이돌의 제작자이자 소비자가 된 아이돌 팬덤

아이돌의 이름으로 숲을 조성하거나 기부 활동을 하는 팬덤의 마케팅 지원 활동은 아이돌 분야에서 일반화된 지 오래다. 이제 아이돌의 이름으로 선행 활동을 하는 단계에 접어든 팬덤은 단순히 아이돌에 대한 애정 과시를 넘어 그 아이돌이 사회적으로 더 좋은 평가를 받는 존재가 됐으면 하는 바람이 반영된 '기획자스러운' 의

도까지도 가지고 있다. 때로는 자금 조달에 어려움을 겪는 작은 소속사의 아이돌 앨범 제작에 자금을 지원하기도 한다. 최근에는 아이돌 관련 굿즈 생산을 위한 펀딩을 지원하는 '메이크스타' 같은 아이돌 전문 펀딩 플랫폼 사이트도 생겨나고 있다. 이렇듯 팬덤은 아이돌 관련 사업 전반에 강력한 영향력을 행사하고 있다.

아이돌의 기획과 성장에 참여하는 프로세스를 적용한 프로그램이 네 번째 시즌까지 진행한 〈프로듀스101〉이다. 〈프로듀스101〉은 시청자의 투표를 통해 데뷔 멤버가 가려지므로 팬덤을 '프로듀서'라고 칭한다. 멤버 구성은 물론 앨범 활동의 콘셉트 결정 의견까지 소속사에 개진하는 '소비자이자 직원'이다. 하지만 아쉽게도, 최근 〈프로듀스101〉은 투표수 조작 의혹에 휩싸여 있다. 〈프로듀스101〉을 통해 탄생한 아이돌그룹의 팬덤은 이에 대해 분노하는 수준이 아니라 시청자의 투표가 유료라는 점에 근거해 투표수 조작 의혹을 재산권 침해로 판단하고, 변호사 섭외를 위한 펀딩을 1시간 만에 달성하는 등 조직적인 대응을 하고 있다. 권리를 찾기 위해 움직이는 이

아이돌 팬덤 시장에서 작은 소속사 아이돌의 앨범 출시 또는 포토북 등의 굿즈 개발을 돕기 위한 펀딩은 자연스러운 일이 됐다.
자료: 메이크스타 홈페이지

모습에서 해당 팬덤이 자신을 단순한 아이돌 가수의 소비자가 아닌 부당한 부분에 대해 시정을 요구할 권리를 가진 주체로 여기고 있음을 알 수 있다.

### 기획 역할을 소비자에게 넘기고 수수료를 낮춘 아이디어스

수익율이 낮아 취미나 부업 수준에 머무르던 수공예, 수제식품 등의 시장이 '아이디어스' 같은 핸드메이드 상품 전문 플랫폼의 영향으로 판매 채널을 확장하고 있다.

아이디어스는 누적 다운로드 300만을 돌파했고, 거래액 또한 480억 원을 기록했다. 아이디어스의 성공 요인은 기존의 MD가 진행하던 기획의 역할을 축소하는 대신 생산자 계정을 소셜미디어화해 소비자와 직접 만나게 한 데서 찾을 수 있다. 생산자가 직접 제품에 대한 문의에 답하고 주문을 받는 등 고객 응대 서비스에 참여함으로써 대응 속도와 전문성을 확보했다. 소비자는 생산자에게 제품에 대한 빠른 피드백을 전달할 뿐만 아니라, 때로는 신제품 아이디어도 전달한다. 대신 아이디어스는 다른 커머스 서비스 대비 수수료를 월 정액으로 낮게 책정하는 전략을 취하고 있다.

## 콘텐츠를 직접 만들고 노래하는 홍보기획자이자 모델

셀러브리티는 물론 영화나 만화 등의 콘텐츠, 브랜드 등 매스미디어에 노출되는 모든 것이 팬덤의 영향을 받는 시대가 되면서, 팬이 직접 만든 콘텐츠가 마케팅의 핵심 요소가 되고 있다. 자신이 사랑하는 브랜드의 마케팅이 마음에 들지 않으면 이를 수정하기도 하며, 직접 영상 콘텐츠를 만들어 브랜드에 제안하기도 한다. 이제는 팬이 만든 영상, 음악, 이미지가 존재하는지, 존재한다면 얼마나 인기를 얻는지가 브랜드의 쿨니스Coolness를 가늠하는 척도가 됐다.

### 팬 메이드 영상의 영향력 증가

영상 편집 및 제작 기술이 일반화되면서 본인이 좋아하는 브랜드나 콘텐츠, 셀러브리티를 위한 영상 제작이 활성화되고 있다. 브랜드를 좋아하는 소비자들은 헌정의 의미로 광고를 만들기도 한다. 한편으로는 브랜드가 팬의 기대치에 미치지 못하는 광고나 마케팅 활동을 하면 영상을 대신 제작하거나 내가 응원하는 아이돌이 '출연했으면 하는' 광고를 직접 만들어 올리기도 한다.

한 팬이 만든 세계 복싱 챔피언 플로이드 메이웨더와 UFC챔피언 코너 맥그리거의 경기를 예고하는 트레일러 영상의 조회수는 500만 뷰에 달했다. 정식 홍보 유튜브 영상 조회수 수치의 4배를 상회한 것이다. 아이돌 멤버 차은우가 음료를 마시는 연기를 편집해 만든 팬 메이드 칠성사이다 광고 영상은 #롯데칠성_보고있나 라는 해시태그와 함께 광고 영업 영상이라는 이름으로 팬 커뮤니티에서 많은 관심을 받았다.

팬메이드 영상이 항상 기대하는 영향만 주는 것은 아니다. 2020년 2월 개봉을 목표로 하는 블록버스터 영화 〈소닉 더 헤지혹〉의 트레일러가 2019년 4월에 공개됐다. 이 영화는 유명한 비디오게

〈소닉 더 헤지혹〉 트레일러 원본의 소닉(위), 애니메이터이자 유튜버 아르투르 바라노프가 디자인한 소닉(아래). 아르투르의 소닉이 올드팬이 생각하는 소닉에 가까워 파라마운트픽처스는 네티즌의 조롱을 받게 됐다. 자료: 〈Artur Baranov〉 유튜브 채널

임 캐릭터인, 빠른 속도로 달리는 파란색 고슴도치 '소닉'이 주인공이다. 이 영화는 크게 2가지 측면에서 주목을 받았다. 첫 번째는 애니메이션이 아니라 실사 영화라는 점, 두 번째는 이 캐릭터의 올드팬들이 영화의 흥행을 일으킬 수 있는 30~40대 초반이라는 점이다. 하지만 트레일러에서 공개된 소닉이 게임 속 모습과 달라서 소닉을 추억하는 팬들의 비난을 샀다. 심지어 소닉의 올드팬 가운데 3D 애니메이션 개발에 능력 있는 사람들이 트레일러 속 소닉의 모습을 수정하기 시작했다. 유튜버 아르투르 바라노프는 예전 게임에서의 소닉을 3D화해 수정을 거친 다음 영화 트레일러를 다시 만들어 올렸다. 이 팬메이드 트레일러 영상은 1,400만 이상의 조회 수와 46만이 넘는 '좋아요'를 기록했다. 엄청난 돈을 들이고도 캐릭터 디자인에 실패한 파라마운트픽처스를 조롱하는 댓글이 줄을 이었다. 파라마운트픽처스는 결국 천문학적인 비용을 투자해 소닉을 다시 디자인하기로 결정했다.

**래퍼 릴 펌이 노래 한 곡에서 42번 외치는 이름, 구찌**

2015년 알레산드로 미켈레가 수석 디자이너로 임명된 후 구찌는 기존의 클래식한 고객이 아닌 향후 10년 동안 트렌드를 만들 것으로 예상되는 타깃에 집중하기로 했다. 그 결과 구찌는 스트리트, 힙합 패션에 있어 반드시 필요한 브랜드로 탈바꿈했고, 얼마 지나지 않아 많은 래퍼가 구찌를 노래하기 시작했다.

18세의 래퍼 릴 펌의 정식 데뷔곡 〈구찌 갱〉은 빌보드 3위에 올랐고, 뮤직비디오는 조회수 9억 뷰를 넘겼다. 제목에 '구찌'가 들어간 곡은 빌보드 기준 등록된 것만 150곡이 넘는다. 국내에서도 비와이, 제시가 구찌에 관한 곡을 발매하며 올드했던 브랜드 이미지를 180도 바꾸어놓았다.

구찌 외에도 힙합 뮤지션 창모의 대표곡 〈아름다워〉에서 '우아한

릴 펌의 데뷔곡 〈구찌 갱〉 뮤직비디오의 한 장면. 릴 펌 특유의 사회 관습에 신경 쓰지 않는 악동 이미지와 맞물려서 가사에 의미 없이 '구찌'만 반복되는 중독성 있는 노래로 인기를 얻었다.
자료: 〈Lil pump〉 유튜브 채널

샤넬, 깔끔한 마르지엘라'라는 가사가 나오는 등 힙합 문화에서 패션 브랜드를 언급하는 것은 자연스러운 일이 되었다. 이전에는 브랜드 가치를 직접 언급하는 게 어색하거나 속물로 여겨졌다면 현재의 힙합 문화에서는 브랜드 평가를 직접 말하는 것이 멋으로 여겨지고 있다.

## 투자자이자 유통업자가 된 소비자

우리 제품을 선택하는가 외면하는가만으로 소비자의 반응을 판단하는 시대는 지났다. 소비자는 훨씬 다양한 방법으로 브랜드와 관계를 맺는다. 소비자는 어떤 브랜드의 비전에 공감한다는 이유만으로 그 회사의 주식을 보유하기도 하고, 자신이 옹호하는 사회적 가치를 다룬다는 이유로 영화 제작에 투자하기도 한다. 혹은 한정판 스니커를 비싸게 되팔며 그 브랜드가 세간의 관심을 받게 만들기도 한다.

### 구매를 넘어 후원하고 투자하는 크라우드펀딩 플랫폼

미국의 킥스타터, 국내의 와디즈 등 크라우드펀딩 사이트는 '백업', '리워드'라는 표현으로 실험적인 구매와 소통을 정의한다. 고객은 생산자와 활발히 소통하며, 상품 의견을 적극적으로 전달한다. 와디즈, 텀블벅 등 국내 크라우드펀딩 플랫폼은 혁신적인 제품과 서비스 외에 환경 보호, 인권, 페미니즘 등 사회적 가치와 연결된 제품과 서비스를 제시하고 있어, 유저의 가치관과 연계된 투자와 후원이 이루어지고 있다.

영국의 메이드닷컴(MADE.COM, 디자이너 가구), 한국의 하고 (HAGO, 패션) 등 특정 카테고리에 한정돼 크라우드펀딩 스타일을 적용한 쇼핑몰도 생겨나고 있다. '후원', '리워드' 등으로 정의되는 플랫폼에서의 상거래는 소비자 권리를 대부분 보호받지 못한다. 받은 제품에 생각지도 못한 결함이 있을 수 있고, 제품 수령 시기는 기존 온라인커머스에 비하면 아주 느리다. 그런데도 크라우드펀딩 플랫폼이

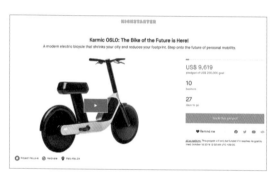

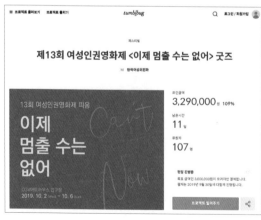

킥스타터와 텀블벅의 후원 페이지. 각각 '백 디스 프로젝트Back This Project'와 '프로젝트 밀어주기'라는 표현을 사용한다. 크라우드펀딩은 단순히 제품이나 서비스를 먼저 받아보는 것 이상의 감성적 가치를 제공한다. 자료: 킥스타터 홈페이지 (위), 텀블벅 홈페이지(아래)

각광받는 이유는, 세상에서 가장 먼저 이 제품을 만나고픈 얼리어답터의 니즈, 생산자와 활발히 소통하며 상품을 완성시켜간다는 참여감, 내가 생각하는 가치관을 세상에 구현하고자 하는 심리가 발현되기 때문일 것이다.

### 스트리트 패션업계의 넘버원 컬렉터이자 인플루언서, 리셀러

한정판 제품에 이윤을 붙여 되파는 리셀러는 스니커 시장의 '필요악'이 됐다. 이전의 리셀러는 단순히 한두 족의 신발을 되파는 용돈벌이였다면 현재의 거대 리셀러는 수백 족의 물량을 확보한 후 유명 래퍼, 운동선수에게 우선 제공해 화제성을 일으키는 셀러브리티이자 선망받는 컬렉터, 브랜드의 인플루언서가 됐다.

미국의 스니커 리셀러인 벤저민 카펠루쉬닉은 13세부터 스니커 리셀 사업을 시작했다. 미성년임에도 한정판 스니커를 구하고 유명

개인 리셀러에서 시작해 정식 스니커 커머스 사이트까지 운영하는 벤저민 카펠루쉬닉. 유명 셀러브리티에게 한정판 신발을 제공하며 유명해졌을 뿐 아니라 운전을 할 수 없는 나이임에도 스포츠카를 구매해 자랑할 만큼 화제성을 몰고 다니는 셀러브리티가 됐다.
자료: 벤저민 카펠루쉬닉 인스타그램

뮤지션과 운동선수, 배우에게 되팔면서 네트워크를 형성해 셀러브리티가 됐다. 카펠루쉬닉은 현재 '스니커돈'이라는 쇼핑몰을 운영 중이며, 한정판 스니커의 정식 유통 계약을 따내 판매하는 사업가로 성장하였다.

오늘날 스트리트 브랜드, 스니커 시장에서 리셀러가 관심 없는 제품은 시장의 주목도가 떨어지는 것으로 인식되고, 리셀 가격이 브랜드 가치를 판단하는 척도가 되고 있다. 따라서 리셀 가격을 제어할 수 있는 거대 리셀러의 활동 하나하나가 뉴스거리다.

# 능덕슈머의
# 시장 주도 경향 증대의 원인

소비자는 자신의 능력을 통해 브랜드 관련 활동에 깊게 참여함으로써 금전적 가치뿐 아니라 감성적 가치를 얻고 싶어 한다. 능덕슈머가 추구하는 감성적 가치는 크게 3가지다. 첫 번째는 적극적인 태도와 전문 지식을 발휘해 더 나은 대우를 받는다는 우월감이며, 두 번째는 내가 좋아하는 분야에서 전문성을 인정받는 느낌, 세 번째는 브랜드가 내 의견을 묻고 싶고 함께하고 싶은 대상으로 바라본다는 뿌듯함이다.

## 창작을 위한 도구와 지식의 대중화

한때는 전문가만 쓰던 프로그램이던 어도비 포토샵이 현재는 누구나 쓸 수 있는 보편 프로그램이 됐듯이, 모바일 이미지·영상 편집 프로그램, 필터, 촬영 전문 도구, 코딩 지식 등에 조금만 관심을 가지면 전문가가 아닌 일반인들도 쉽게 접근할 수 있다. 대부분의 IT 커머스 사이트에서 크리에이터용이라 불리는 전문가용 촬영·편집 도구를 판매하는 섹션이 구성되어 있고, 스포츠나 취미 영역에서도 전문가용과 입문자용 도구의 경계가 사라지고 있다. 이렇듯 전문 지식의 대중화 현상은 곳곳에서 엿볼 수 있다.

## 참여감을 느끼고 싶은 욕구의 증대

샤오미 공동 창업자이자 마케팅 담당자였던 리완창은 《참여감: 샤오미가 직접 공개하는 창의성과 혁신의 원천》(와이즈베리, 2015)에서 고객이 느끼는 '참여감'에 대해 설명한다. '참여감'은 기업과 사용자 쌍방이 이익을 얻을 수 있는 참여의 마디를 개방하고, 상호 교류의 범위를 넓혀야만 선호를 이끌어낼 수 있음을 강조한다. 즉 브랜드의 활동에 참여하고 있다는 감성적 가치가 브랜드에 관련한 다양한 경험을 하고자 하는 욕구로 성장한다고 본다. 리완창은 인터뷰에서 "참여감이 중요해진다는 것은 소비자의 수요가 제품의 물적 속성을 넘어 사회적 속성으로 발전했다는 의미이며, 그 브랜드를 통해 내가 어떤 새로운 체험을 할 수 있는가가 중요해진다는 의미"라고 설명했다. 더불어 샤오미가 상품 개발, 마케팅 전반에서 소비자가 참여할 마디를 만든 덕분에 성공할 수 있었다고 덧붙였다.

## 권한의 증대는 곧 나에 대한 특별대우

능력 있는 소비자는 본인이 브랜드에 강력하고 긍정적인 영향을 행사한다고 판단하며, 이를 다양한 형태를 통해 보상받고 싶어 한다. 신상품 우선 구매나 할인 같은 구매 혜택은 물론이고 자신만을 위한 특별한 상품 주문, 디자인을 결정할 권한 같은 상품 기획 특권 등 브랜드에게 요구할 수 있는 권한이 늘어나는 것을 그 브랜드가 자신에게 제공하는 특별대우로 인식한다.

마케터보다 박식하고 트렌드에 민감한 소비자가 마케터의 영역을 넘어 투자자, 리셀러로 시장의 주도권을 잡는 것은 브랜드 입장에서는 위협으로 느껴질 수 있다. 사회 전체가 공유하는 전문 지식의 양이 증가하고, 소비자가 자신이 사랑하는 브랜드와 분야에 대한 지식 수준이 계속 높아지는 점을 감안하면 이런 '능덕'은 앞으로도 계속 늘어날 것이며, 그들의 전문성 또한 더 높아질 것이다. 그 결과 더 적극적으로 시장과 브랜드에 자신의 힘을 행사하려 할 것이 분명하다. 그러니 브랜드가 시장을 통제하기 위해 정보를 제한하거나 소비자의 참여를 제한하는 행위는 실패할 가능성이 높다. 혹시 성공한다 하더라도 브랜드의 매력도를 깎아먹는 일이 될 것이다. 앞으로는 '능력 있는 덕후' 소비자를 비즈니스 전반에 어떤 방식으로 참여시킬지 고민해야 한다. 그들의 선택이 브랜드를 더 좋게 바꾼다는 느낌을 주고, 브랜드의 충성 고객이 될 수 있도록 디테일한 고려가 필요한 시점이다.

# Chapter 3

## 댕댕냥이 비즈니스: 반려동물, 가족이 되다

댕댕이는 '멍멍이'의 '멍멍'에 글자 모양이 비슷한 '댕댕'을 넣어 젊은 세대가 만든 강아지를 뜻하는 신조어다. 그들에게는 고양이도 '냥냥이'라는 신조어로 부르는 것이 더 익숙하다. 이 표현들로 미뤄보면 많은 사람이 반려동물에 친근감을 느끼고 있다는 것을 체감할 수 있다.

반려동물을 키우는 인구가 1,000만 명에 육박한다고 한다. 통계에 따르면, 2018년 기준으로 국내 반려동물 양육 가구 수는 약 511만 가구로 전체의 23.7%를 차지하고 있다. 4가구 가운데 1가구꼴로 반려동물을 키우고 있는 셈이다. 반려동물로 길러지는 개와 고양이의 숫자만 해도 대략 900만 마리에 달한다고 하니, 어느새 댕댕이와 냥냥이가 우리 삶 속에 깊숙이 자리 잡고 있다고 할 수 있다.

반려동물은 정서적 안정감을 확보하는 데 도움이 된다고 알려져 있다. 그래서 골드미스 또는 미스터 중심의 1인 가구와 독거노인 또는 엠티네스터(결혼이나 취직 등을 이유로 장성한 자녀가 떠난 뒤 남겨진 부모) 가구들이 반려동물을 양육하는 비중이 빠르게 증가하고 있다. 지구상 그 어느 나라보다 초고령 사회로의 진입 속도가 빠르고 1인 가구 비중도 빠르게 증가하고 있는 우리나라에서 반려동물은 사회·문화·경제적 측면에서 변화를 일으킬 수 있는 강력한 동력의 중심이 될 것이다.

# 반려동물 연관 산업의
# 빠른 성장세와 주요 원인

반려동물의 절대 숫자가 증가하는 만큼 연관 산업의 고속 성장은 쉽게 예측할 수 있다. 전문가들도 반려동물 산업 성장세는 단순히 반려동물 개체수 증가를 뛰어넘을 정도로 가파르다고 전망한다. 반려동물 산업의 고속 성장에는 양적인 요인뿐만 아니라, 질적 요인도 자리 잡고 있다.

## 반려동물 연관 산업의 고속 성장세

얼마 전 통계청은 2018년을 반려동물 시장 규모가 육아용품 시장 규모를 추월하는 원년이 될 것으로 예측했다. 한국농촌경제연구원에서는 3년 내에 반려동물 연관 산업 규모가 현재의 2배, 10년 뒤에는 3배까지 성장할 것으로 내다봤다. 이처럼 반려동물 시장의 성장 가능성을 부정적으로 생각하는 관련 산업의 전문가를 찾기는 쉽지 않다.

## 기르는 동물(애완)에서 함께 살아가는 동반자(반려)로

전문가들의 전망이 밝은 이유는 반려동물에 대해 사람들이 갖는 관점이 변하고 있기 때문이다. 얼마 전까지만 해도 강아지/고양이는 애완동물로 불려왔지만, 이제는 '반려동물'이라는 표현이 더 익숙하다. 과거에 널리 사용되었던 애완동물이라는 표현에는 '내가 주인'이라는 사람 중심적 사고가 반영돼 있지만, 반려동물에는 '사람과

G마켓은 '반려견 쇼핑 금지 캠페인'을 통해 동물권 보호에 앞장서겠다고 밝혔다.
자료: 〈Gmarket Zone〉 유튜브 채널

더불어 살아간다'는 동반자적 사고가 반영돼 있다. 이제는 반려동물을 외로움을 채워주는 귀여운 존재가 아니라 삶을 함께하는 가족 같은 존재라는 관점을 갖는 사람들이 점차 많아지고 있는 것이다.

얼마 전 G마켓에서는 '반려견 쇼핑 금지Don't Shop Dogs'라는 2분 가량의 디지털 캠페인을 런칭했다. 반려동물에 대한 사람들의 관점의 변화를 반영한 캠페인이다. 이 캠페인은 여러 이유로 쉽게 버려지는 무분별한 반려동물 유기에 대한 문제를 환기시키면서 반려동물은 쉽게 쇼핑할 수 있는 물건이 아니라는 점을 전한다. 그래서 G마켓에서 유일하게 쇼핑할 수 없는 것은 반려동물이며, 사람과 함께 살아가는 가족 같은 존재임을 강조해 공감을 얻었다. 이 영상은 2019년 8월 기준 1,000만 뷰라는 높은 조회 수를 기록하고 있다.

# 반려동물이 열어준
# 새로운 비즈니스의 기회

반려동물을 가족의 일원으로 생각하는 사람들이 많아지면서 사람에게만 적용되거나 통용됐던 사회 인프라 영역에서 반려동물과 관련한 비즈니스가 태동하고 있다.

## 반려동물 보험 프로그램

사람이 아프면 병원에서 치료를 받는 것처럼 반려동물도 아프면 동물병원에서 적절한 치료를 받는다. 막상 동물병원에서 진료를 받아보면, 반려견 보호자들은 생각보다 높은 비용에 부담을 느끼곤 한다. 이 상황을 잘 알고 있는 삼성화재를 비롯한 보험사들이 경쟁적으로 반려동물 보험 상품을 출시하고 있다. 하지만 얼마 전까지만 해도 반려동물 보험 가입자의 보험금 청구 및 정산 시스템이 제대로 구축돼 있지 않아 보험 가입자가 보험을 수령하려면 복잡한 절차와 많은 시간이 드는 등 구조적인 문제들이 있었다. 다행스럽게도 2019년 8월 보험개발원이 반려동물 진료비 청구 시스템인 POSPet Insurance Claims Online Processing System 개발을 마치고 상용화를 완료했다. 보험업계는 그동안 시스템이 구축되지 않아 움츠러들었던 반려동물 보험 시장이 앞으로 활성화될 것으로 기대하고 있다.

## 반려동물 장례 서비스

자연스러운 노화 및 질병 등의 이유로 반려동물과 이별하게 되

반려동물을 가족처럼 여기는 반려인이 많아지면서 동물보호법에 따라 장묘 시설에 맡겨 화장을 하는 이들이 늘고 있다. 단, 농림축산검역본부의 동물보호관리시스템(www.animal.go.kr)에 등록된 합법적인 장묘업체는 현재 전국 39곳에 불과하다. 포털사이트 등에서 선택한 장묘업체의 등록 여부를 확인해야 한다.
자료: 펫포레스트

는 사람들의 숫자가 증가하고 있지만, 아직 명확한 장례 문화 또는 프로세스가 정립돼 있지는 않다. 10여 년 동안 가족처럼 지내던 동물의 죽음을 직접 맞이해보면 왜 반려동물 장례 서비스 산업이 성장할 수밖에 없는지 체감하게 된다. 우리나라에서 반려동물 사체는 '폐기물'로 분류된다. 매장이나 화장을 하는 것은 원칙적으로 불법이다. 동물병원에서는 주사기 등과 함께 의료폐기물로 분류해 처리하므로 선뜻 사체를 알아서 처리해달라고 맡기기 쉽지 않다. 10여 년간 가족처럼 지내온 반려동물이 의료폐기물로 분류되어 버려질 수밖에 없다는 사실은 반려동물 보호자 입장에서 받아들이기 어려운 현실이다. 그래서 제대로 된 장례를 치를 수 있도록 돕는 전문업체가 등장하고 있다. 이 업체들은 사후 염습부터 추모식, 화장, 납골당 및 수목원 안치까지 종합적인 서비스를 제공한다.

## 반려동물 택시 서비스

지하철, 버스, 택시 등 대중교통을 이용해 반려동물과 이동하는 것은 상당한 고역이다. 반려동물을 선호하지 않는 사람들의 따가운 시선을 견뎌야 하는 면도 있다. 이들을 겨냥해 반려동물 전용 택시 비즈니스가 성행하고 있다. 펫브라더스는 무사고 경력의 반려동물 관리사 1급 자격증을 보유한 기사가 운전한다. 펫 전용 안전벨트와 카시트 등이 준비돼 있는데도 일반 택시와 요금이 동일하다. 펫타요는 '짖어도 괜찮아 더럽혀도 괜찮아 너를 위한 택시니까'라는 슬로건

펫브라더스나 펫타요 등의 펫택시는 반려동물 운송에 특화돼 있다 보니 일반 택시보다 반려동물과 동반 탑승하기에 편리하다.
자료: 펫타요(왼쪽), 펫브라더스(오른쪽)

을 내세우고 있다. 반려동물이 혹시 실수를 하더라도 방수 시트, 배변 패드 등을 갖추고 있어 청소비를 따로 청구하지 않는다.

## 반려동물 법률 서비스

반려동물의 분양권 관련 문제, 미숙한 관리로 타인에게 입힌 피해, 아파트 소음 문제 등 반려동물 관련 법적 분쟁이 증가하고 있다. 그래서 충청북도 충주시는 지방자치단체로서는 전국 최초로 반려동물 관련 분쟁 사례에 대한 무료 법률 상담 서비스를 제공하는 반려동물 무료법률상담센터를 건국대학교 글로벌캠퍼스 내에 개소했다. 무료 상담은 건국대학교 법학과 전공교수 및 업무협약을 체결한 변호사가 맡을 예정이다. 상담이 필요한 시민은 법률상담센터 홈페이지 및 전화를 통해 신청하면 된다.

# 반려동물을 위한 프리미엄 서비스가 등장하다

'개 팔자가 상팔자'라는 말이 현실이 되고 있다. 사람들조차 큰 마음먹고 이용하게 되는 프리미엄 비즈니스가 반려동물들을 대상으로 확장되고 있다.

### 반려동물을 위한 종합 건강관리 서비스

2019년 6월 반려동물을 위한 재활건강센터인 독핏웰니스센터가 서울에 문을 열었다. 사람들이 스포츠나 영양학 분야의 전문 지식을 갖춘 퍼스널 트레이너를 고용해 종합적인 건강관리 서비스를 받는 것처럼, 해당 시설에는 반려동물을 위한 전문 트레이너들이 대기하고 있다. 트레이너들은 반려견의 신체 건강과 정서적 건강에 포커스를 두고 다양한 서비스를 제공한다. 예를 들어 반려견을 위한 수중 재활부터 일대일 맞춤형 피트니스 및 스포츠 유치원까지 이용이

독핏웰니스센터에서 반려동물을 위한 수중 프로그램을 진행하는 모습.
자료: 독핏코리아 홈페이지

가능하다. 이제는 반려동물의 건강 증진이라는 목표 아래 반려동물의 개별 특성까지도 고려한 프리미엄 서비스를 제공하기 시작한 것이다.

### 실내에서도 반려동물이 운동할 수 있도록 돕다

실내에 있는 시간이 긴 반려동물에게 산책은 주인과의 정서적 유대감을 형성할 수 있는 좋은 기회가 될 뿐 아니라 과체중 방지와 건강관리를 할 수 있는 효율적인 수단이다. 그러나, 날씨나 부족한 시간 등의 이유로 반려동물과의 산책을 불가피하게 포기하는 경우가 생기곤 한다. '도기 맨 트레이드밀Doggy Man Treadmill'은 이런 고민을 해결할 수 있도록 최근 일본에서 만들어진 제품이다. 인간을 위한 헬스 자전거와 반려견 또는 반려묘를 위한 러닝머신이 합쳐진 형태다. 동물과 주인이 같은 속도로 움직일 수 있도록 설계돼 주인과 반려동물은 언제든지 함께 실내에서 운동을 즐길 수 있다.

### 전문성을 갖춘 돌봄 전문가들이 반려동물을 돌보다

2017년 합계 국내 출산율은 1.05명을 기록했다. 전 세계적으로도 유례없는 낮은 수치로, 국내 경제 성장의 동력을 약화시킨다고 언론과 전문가들이 지적하고 있다. 저출산율엔 여러 원인이 복합적으로 작용하겠지만 중요 원인 중 하나는 부모가 직장 등 생업에 종사하는 동안 아이를 맡아줄 수 있는 사람을 구하기 어렵다는 점이다. 아이를 돌봐줄 수 있는 사람을 구하더라도 많은 비용을 지출할 수밖에 없다. 반려동물도 보호자의 부재 기간 동안 맡아줄 수 있는

팻시터 집으로 부르기

도그메이트 팻시터가 집으로 찾아와
반려동물을 돌봐드려요.

#방문팻시터 #도그워커 #배변처리 #밥주기

자세히 알아보기 ≫

팻시터 집에 맡기기

팻시터의 가정집에서 편안하고 자유롭게
지낼 수 있어요.

#가정집팻시터 #1:1케어 #실시간사진공유

자세히 알아보기 ≫

대표적인 펫시터 중개
플랫폼인 도그메이트.
자료: 도그메이트 홈페
이지

사람을 찾는 게 쉽지 않다. 다행스럽게도 반려동물 관련 자격증을 갖춘 사람들이나 수의대학 학생 같은 전문성을 갖춘 이들과 반려동물 보호자를 연결해주는 O2O 서비스가 생겼다. 반려동물을 맡기고 싶어 하는 사람들이 모바일 등에 올라온 전문 펫시터 정보를 통해 전문성과 경험 여부를 확인한 뒤 부재 기간 동안 반려동물의 케어를 맡기는 시스템이다. 변경된 환경에 적응하지 못하는 반려동물을 위해 방문 서비스도 제공한다.

## 반려동물 보호자들을 적극 공략한 마케팅

마케팅에서도 반려동물을 활용해 타깃과의 공감대를 높이는 사례는 심심찮게 찾아볼 수 있다. 언제나 반려동물과 함께하고 싶어 하는 보호자들의 니즈를 충족시켜주거나, 반려동물을 위한 최적화

된 옵션을 제공한다거나, 양육에 필요한 비용을 줄이고 싶어 하는
니즈를 공략한 사례들이 대표적이다.

### 여행 갈 때도 함께

보호자들이 반려동물을 데리고 여행갈 때마다 가장 불편해하
는 사항은 여행지 숙소에서 반려동물을 받아주는 경우가 드물다
는 것이다. 보호자들의 불편함을 해소하고자 야놀자에서는 직영 호
텔 브랜드인 헤이의 춘천점과 서귀포점에 5~7개의 펫 전용 객실인
캠프바우와우룸을 운영하고 있다. 반려동물 출입이 제한돼 있었던
2018년 같은 기간 대비 해당 객실의 이용률이 3배 이상 급증했다.

### 음식을 먹는 순간도 함께

맛있는 음식을 먹는 순간 반려
동물이 애처로운 눈망울로 쳐다
볼 때 안타까움을 느끼는 건 반
려동물 주인들에게는 드물지 않
은 경험이다. 버거킹에서는 반려동
물 보호자가 반려동물과 함께 와퍼
를 마음 편히 즐길 수 있도록 불맛
이 가미된 강아지 전용 음식 독퍼
Dog+Whopper를 한정판으로 생산했
다. 미국에서만 진행되던 이벤트에
대한 반응이 국내에서도 뜨겁자 최

버거킹은 배달의민족과의 콜라보레이션
을 통해 딜리버리 주문 고객들을 대상으
로 독퍼를 선착순으로 무료로 제공하는
이벤트를 진행했다.
자료: 버거킹 홈페이지

근 국내에서도 독퍼를 출시하였다. 그 결과 독퍼 인증샷이 인스타그램에 5,000건이나 업로드됐다. 이벤트 당시 버거킹 딜리버리 주문량이 평소 대비 20% 증가했을 정도로 반응이 좋았다.

## 반려동물을 위한 최적의 자동차

반려동물을 위한 택시가 생겨나는 것처럼 반려동물을 위한 자동차도 탄생했다. 2019년 7월 현대자동차는 '혼라이프 SUV'라는 슬로건을 내세우며 소형 SUV 차종 베뉴를 출시했는데, 베뉴에는 반려동물과의 안전한 이동이 가능하도록 하는 반려동물 패키지를 적용할 수 있다. '튜익스 펫 하네스'라는 옵션을 선택하면 반려동물의 몸을 안전하게 감싸주며 급정차 시 반려동물이 시트 아래로 뛰어내리거나 앞쪽으로 쏠려 운전을 방해하는 등 예기치 못한 움직임을 막아줄 수 있다. 반려동물의 안전을 걱정하는 보호자들에게는 충분히 매력적인 옵션이다.

## 반려동물 양육에 필요한 비용을 줄여주는 금융 상품

'분유값 벌려고 열심히 일한다'는 말은 반려동물에게도 해당하는 말이다. 사료, 간식, 의료비, 각종 편의 용품 등 반려동물을 양육하다 보면 지출비용이 무시하기 힘든 수준이다. 카드사들은 반려동물 보호자를 공략하기 위해 다양한 상품과 서비스를 경쟁적으로 내놓고 있다. KB국민카드는 동물병원, 반려동물 관련 업종에 대한 할인 혜택을 제공하는 'KB 국민 펫코노미 카드', '반려애愛카드'를 판매하고 있다. 할인 혜택을 제공하는 것을 넘어 통합 플랫폼을 제공하는

베뉴는 라이프스타일의 큰 축으로 자리 잡은 반려동물을 고려한 옵션을 광고 전면에 내세웠다.
자료: 〈현대자동차(AboutHyundai)〉 유튜브 채널

것으로 서비스 범위를 확대하는 경우도 있다. 신한카드는 '펫케어 프
리미엄 서비스'를 운영하고 있는데 반려동물 질병 보험 가입과 장례
비까지 보상해주고 교육 등 각종 서비스와 용품을 할인해준다. 구독
형 서비스처럼 월 이용료를 내면 반려견 통합 서비스를 제공해주기
도 한다.

# 반려동물과 함께
# 살아가는 사회

반려동물과 함께하는 인구가 증가하고 반려동물에 대한 인식이 바뀌면서 관련 비즈니스 시장이 성행하고 있다. 또한 반려동물 보호자를 대상으로 마케팅 활동도 적극적으로 이뤄지고 있다. 반대로 반려동물 관련 사회적 갈등 또는 문제도 증가하고 있는데, 반려견이 큰 소리로 짖어서 이웃에게 피해를 주는 층견 소음 문제가 대표적이다. 반려동물 소음 관련 민원은 서울에서만 매년 1,000건을 넘는다.

또 다른 큰 문제는 무분별하게 유기하는 일이다. 매년 10만 마리가량이 버려지고 있는데 2018년 한 해에만 역대 최대인 12만 1,000마리가 버려졌다. 하루 평균 330마리의 반려동물이 버려지고 있는 꼴이니 심각한 사회 문제라 할 만하다. 반려동물 관련 사회 문제를 어떻게 해결할 수 있을지 고민이 요구되는 시점이다.

# 최첨단기술로 반려동물 관련 사회 문제 해결의 실마리를 찾다

4차 산업혁명을 이끌고 있는 최첨단기술은 반려동물 관련 사회 문제를 해결하는 데 중요한 역할을 할 것으로 기대된다.

### 층견 소음 문제와 웨어러블 기술

층견 소음은 중재가 쉽지 않다. 층견 소음 영구 방지를 위한 옵션 (입마개, 성대 제거 수술)도 있지만, 반려동물의 보호자 입장에서는 학대라고 느낄 수밖에 없기 때문이다. 언제 많이 짖으며, 구체적인 원인은 무엇인지 제대로 파악함으로서, 층견 소음을 줄이거나 예방하는 해결책도 고려해볼 수 있다. 펫플러스라는 스마트 디바이스는 반려견이 짖는 소리를 감정 인식 알고리즘을 통해 분석하고 안정/불안/분노/슬픔/행복 등 5가지 기분을 측정한 후 어플리케이션을 통해 요소별 비율을 그래프로 도출한다. 반려견 보호자라도 반려견이 어떤 상태인지 파악하는 일은 쉽지 않다. 첨단기술의 도움으로 조금이라도 더 정확한 상태를 파악한다면 적절한 대응을 통해 층견 소음을 줄일 수 있을 것으로 기대된다.

펫플러스는 빅데이터를 활용해 돌봄, 의료, 교육 등의 커뮤니티도 제공해 반려동물의 보호자로 하여금 보다 편리하게 반려견을 키울 수 있는 환경을 만들어준다.
자료: 너울정보 홈페이지

## 반려동물 유기 문제와 머신러닝 기술

2014년부터 반려견에 대한 책임감을 높이고 신속하게 보호자에게 인계할 수 있도록 반려동물 등록제를 의무화했지만 등록률은 33.5%로 높지 않다. 등록을 하려면 내장형 마이크로칩을 이용해야 하는데, 그 과정이 보호자에게 번거로울 뿐 아니라 반려동물 입장에서도 염증이 생기는 등 고통을 받을 수 있기 때문이다.

펫테크기업 핏펫Fitpet은 사람의 지문으로 신분증을 만들듯이 개나 고양이의 코 무늬인 '비문'을 사용해 간편하게 반려동물을 등록하는 '디텍트Detect' 서비스를 런칭했다. 디텍트는 반려동물 등록제를 활성화시킬 것으로 기대된다.

실제로 손해보험사들도 디텍트를 통한 반려동물 등록제 활성화에 앞장서고 있다. 대표적으로 DB손해보험은 2019년 1월 핏펫과 비문 인식 솔루션 도입을 위한 MOU를 체결하였다. 비문 인식은 반려동물의 차세대 개체 식별 기술로 주목받고 있다.

디텍트 서비스는 카메라로 반려동물의 비문을 찍어 등록만 하면 된다. 머신러닝기술을 이용한 이 서비스는 편리함이 가장 큰 장점이다.
자료: 셔터스톡

# 반려동물을 마케팅에서 활용할 때
# 필요한 관점

　　새로운 기술을 적용하는 것은 일부 문제를 해결하는 데 도움이 될 수는 있지만, 근본적으로는 반려동물 관련 사회 전반의 문화가 성숙돼야만 꼬여 있던 문제들이 하나둘 해결될 것이다. 성숙한 문화를 위해 필요한 관점은 반려동물을 마케팅에서 활용할 때의 가이드라인과 그 맥을 같이한다.

## 독립적인 생명체로 바라보기

　　'반려동물을 키우는 사람이 원하는 것'이 중심인 반려동물 서비스는 반려동물에 대한 사람들의 관점이 '동반자'로 바뀌고 있는 현시점에서 지양해야 하며, 반려동물이 진정으로 원하는 게 무엇인지부터 파악해야 한다. 앞으로는 반려동물의 평소 습관이나 성향까지

고려하는 서비스가 각광받을 것이다. 예를 들어, 수영을 통한 건강
관리가 유행한다고 또는 주인이 원한다고 물을 싫어하는 반려동물
에게 억지로 수영을 시키는 게 아니라 해당 반려동물 성향이나 습관
에 맞춘 건강관리가 필요하다는 것이다.

### 반려동물 산업이나 관련 문제에 대한 이해도 높이기

먹방 유튜버 도로시는 반려견을 공개했다가 많은 사람의 비판
에 시달렸다. 배우 윤균상, 가수 슬기(레드벨벳) 등 유명인들도 예외는
아니었다. 이들이 받았던 비판의 핵심은 공개한 반려동물이 고가의
품종견/품종묘라는 점이다. 고가의 품종견/품종묘는 대부분 동물
을 대규모로 교배(사육)하는 강아지공장에서 탄생되는데, 그 과정에
서 일어나는 동물 학대를 비롯한 열악한 환경이 사회 문제로 떠올랐
기 때문이다. 유명 인플루언서인 강형욱 동물훈련사를 비롯한 반려
동물 보호자로부터 비판을 받고 있는 사회적 문제였다. 이를 잘 몰
랐던 유튜버나 유명인들은 문제가 불거진 다음에야 싸늘한 대중의
시선 앞에 사과했지만 논란은 가라앉지 않았다. 만약 그들이 반려동
물에 대한 사회 문제에 조금이라도 관심이 있었다면 발생하지 않았
을 논란이었다.

반려동물 관련 인구가 1,000만 명이라고 한다. 엄청난 수치처럼 보이
지만 이는 달리 보면 여전히 반려동물에 큰 관심이 없는 사람이 그
만큼 더 많다는 의미다. 반려동물 관련 산업이 성장하는 가운데 고

객과의 접점을 넓혀가고 싶은 브랜드 입장에서 반려동물 마케팅은 매력적인 카드다. 하지만, 반려동물 마케팅을 계획할 때는 비반려동물인들도 이해할 수 있는 보편타당한 관점에서, 반려동물에 대한 사랑과 관심을 활용한 마케팅인지 검토해봐야 한다. 예를 들어 개 물림 사고를 막으려면 비반려동물인들이 조심해야 한다는 관점보다 반려동물을 키우는 보호자들이 반려견의 공격성이 발휘되지 않도록 조심하는 '펫 티켓'을 지키면서 비반려동물인의 협조를 요구하는 관점으로 접근해야 한다는 것이다. 특정 분야에 관심을 보이는 사람의 흥미를 끌 수 있으면서도 다른 사람들의 반감을 사지 않으려면 조심스러운 접근이 필요하다.

# Chapter 4

**Greenity** Green + City :

# 도심 속에서의
# 자연을 소비하다

LIFESTYLE TREND

영어에 식물을 잘 키우는 사람을 뜻하는 그린핑거Green Fingers 또는 그린 섬Green Thumb 같은 관용구가 있을 정도로 서양 사람들은 대부분 식물에 관심이 많다. 거리나 마트에서 꽃가게를 손쉽게 찾아볼 수 있고 특별한 일이 없더라도 화분 혹은 꽃을 구매하는 장면을 어렵지 않게 볼 수 있다. 반면 우리나라의 그린핑거는 주로 난이나 화초를 키우는 50대 이상으로 그려지곤 했다.

하지만 최근에는 1인 가구와 젊은 직장인들을 대상으로 그린핑거의 범위가 확산되고 있다. 단순히 식물 소비의 시장 규모가 커진 것에서 나아가 식물을 바라보는 인식과 식물 관련 문화가 생겨났다는 점에서 식물 소비는 하나의 트렌드로 자리매김했다고 볼 수 있다. 반려식물Pet Plant 같은 용어는 식물을 바라보던 기존의 수동적인 개념이 아닌 정서적으로 교감할 수 있는 능동적 대상이 됐음을 시사한다.

아주 오래되지 않은 과거에만 해도 깨끗한 물과 신선한 공기를 마시는 것은 늘 우리에게 대가 없이 주어지는 것들이라 여겨지곤 했다. 하지만 수돗물조차 믿고 마실 수 없고 초미세먼지가 매일같이 괴롭히고 있는 오늘날, 우리는 대가를 지불해야만 자연을 얻을 수 있는 현실 속에 살고 있다. 공기를 정화시킨다는 식물을 구매해 공간을 채우고 초록색이 가득한 플라워 카페나 온실 레스토랑 등을 찾아가 시간을 보내는 등 '자연'을 소비하는 현상이 하나의 힐링 문화로 자리 잡아가고 있다. 깨끗한 물 한 잔 혹은 마음대로 숨 쉴 수 있는 편안한 공간이 일깨워주는 자연의 소중함에 대해 다시 한 번 생각하게 만드는 대목이다. 이러한 흐름을 바탕으로 '그리니티Green+City', 즉 도심 속에서 자연이 어떻게 소비되고 있는지를 살펴보고자 한다.

# 식물이 가져온
# 도심 일상 속 변화

우리나라의 식물 소비량은 증가하고 있다. 11번가 매출 조사에 따르면, 원예(꽃, 화분, 비료, 정원 인테리어 용품 등) 판매 현황을 분석한 결과, 2017년 거래액이 2013년 대비 2.5배가량 증가한 것으로 나타났다. G마켓은 2018년 상반기 공기정화식물과 수경재배식물의 판매량이 2017년 대비 각각 69%, 43%나 증가했고, 위메프 또한 2018년 상반기 반려식물 매출이 2017년 대비 45% 증가했다고 발표했다. 원예 상품 거래액의 증가 추이를 바탕으로 화훼, 원예 시장뿐 아니라 그 외의 곳에서 일어나는 변화를 살펴보자.

**11번가 원예 상품 거래액 변화**

*2013년 거래액을 100으로 환산

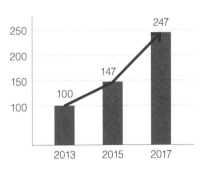

자료: 11번가

# 식물을 즐길 수 있는 공간의 변화

　자연을 느낄 수 있는 장소를 떠올리면 주로 자연 풍광이 어우러진 야외 혹은 잘 조성돼 있는 수목원이 생각나기 마련이다. 하지만 오늘날 자연을 직접 보고 느낄 수 있는 장소는 다양한 곳으로 확장되고 있다. 그 예로 식물을 메인 콘셉트로 꾸민 플라워 카페, 온실 레스토랑 등이 있다.

　신한카드에 따르면 2017년 신규로 등록된 가맹점 이름의 변화를 분석해본 결과, 플라워, 그린, 자연과 연관된 상호가 각각 82%, 46%, 37% 증가했다고 한다. 2016~2017년 일반 카페 이용 고객의 증가율은 10% 내외에서 그쳤지만 플라워 카페를 방문하는 고객은 약 56% 증가했으며, 그 공간을 이용하는 소비층 또한 트렌드를 주도하는 20~30대 젊은층으로 변하고 있다. 인스타그램에서 식물 관련 해시태그가 약 70만 건에 달하는 등 소셜미디어에서도 관심이 뜨겁다.

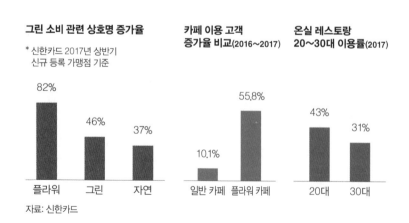

**그린 소비 관련 상호명 증가율**

\* 신한카드 2017년 상반기
　신규 등록 가맹점 기준

82%　46%　37%

플라워　그린　자연

자료: 신한카드

**카페 이용 고객
증가율 비교(2016~2017)**

55.8%

10.1%

일반 카페　플라워 카페

**온실 레스토랑
20~30대 이용률(2017)**

43%　31%

20대　30대

**카페 뮬라**

　가로수길에 있는 카페 뮬라는 스포츠웨어 브랜드 뮬라웨어에서 운영하는 플라워 카페다. 뮬라웨어는 누구에게나 편안하고 몸에 잘 맞는 옷을 만들고자 하는 브랜드 비전에 맞춰 요가복뿐 아니라 일상생활에서도 부담 없이 즐길 수 있는 애슬레저룩을 제공한다. 이 브랜드는 20~30대 젊은 여성들이 바쁜 일상에도 자연 속의 고요한 휴식을 원한다는 점을 바탕으로, 옷을 직접 입어보고 구매할 수 있는 쇼룸을 갖춘 온실 콘셉트의 플라워 카페를 오픈했다. 복잡한 도심과 대비되는 심플한 카페 구성은 '현대인에게 자연 속에서의 쉼을 경험하게 하고, 그 경험을 뮬라웨어 브랜드 콘셉트로 연결하겠다'라는 그들의 목표를 온전하게 드러낸다.

자연 속에서의 쉼을 경험하게 하고, 그 경험을 뮬라웨어 브랜드 콘셉트로 연결하겠다는 카페 뮬라.
자료: 카페 뮬라 인스타그램

## 마이알레 & 수수가든카페

경기도 과천시에 위치한 마이알레는 패션 디자이너 우영미가 운영하고 있는 '라이프스타일 농장' 콘셉트의 온실 카페 겸 레스토랑이다. 자연 친화적인 건강식 메뉴와 디자이너가 직접 고른 식기, 인테리어 소품 등을 통해 자연을 소비할 수 있는 대표 공간으로 젊은 주부 사이에서 인기를 얻고 있다. 현대백화점은 마이알레를 압구정 본점, 판교점, 무역센터점 등에 입점시키며 리빙과 식물을 결합한 라이프스타일을 제안하고 있다.

서울 시민들에게는 오래전부터 가장 접근이 쉬운 온실 카페로 알려진 마이알레, 정원디자이너들이 꽃과 식물을 예술적으로 공유하고 휴식과 치유를 동시에 할 수 있는 수수가든.
자료: 마이알레 홈페이지(위), 롯데백화점 일산점(아래)

이처럼 바쁜 일상을 그대로 담아내고 있는 도심의 백화점에 플라워 카페를 입점시키는 사례가 많아지고 있다. 롯데백화점도 수수가든카페를 다양한 점포에 입점시켰을 뿐 아니라 꽃꽂이와 가드닝 등의 취미 생활 강좌도 진행하고 있다. 백화점과 플로럴 브랜드 혹은 유명 카페와의 콜라보레이션이 증가하는 것은 '도심 속 자연'에 대한 소비자 니즈를 반영한 결과라고 할 수 있다.

## 식물을 판매하는 패러다임의 변화

글로벌 도시락 업체인 '스노우폭스'는 그들의 또 다른 비즈니스 모델로 꽃 사업을 선택했고, 스타트업 '꾸까'는 지금까지와는 다른, 정기 구독 방식으로 꽃을 판매한다. 이들의 등장은 새로운 트렌드를 형성하고 있다. 다시 말해 국내 꽃가게업계의 패러다임이 진화하고 있다고 볼 수 있다. 원예 분야에서만 꽃을 판매할 수 있는 것도, 꽃가게에서만 꽃을 소비할 수 있는 것도 아니게 된 것이다. 이는 꽃이나 화분이 생일, 기념일, 졸업식, 장례식 등 경조사용으로만 소비되는 것에서 더 나아가 일상 속에서도 언제든 구매할 수 있는 상품이 됐음을 의미하기도 한다.

### 스노우폭스 플라워

동양 음식으로 서양에 진출한 글로벌 외식 기업인 스노우폭스는 2017년 이례적인 비즈니스의 확장으로 선릉역에 꽃집을 오픈했다. 스노우폭스 플라워에서는 서점에서 책을 고르는 것처럼 고객이 판매대에 진열된 꽃을 직접 보고 고를 수 있다. 각각의 꽃과 화분에는 가격과 이름, 기를 때의 난이도 및 특징을 꼼꼼하게 표기해두어 소비자에게 고르는 재미를 제공하고 있다. 스노우폭스 플라워의 꽃이 다른 곳보다 저렴한 이유는 꽃 경매권을 직접 받아 유통 구조를 줄인 덕이다. 꽃을 다발이 아닌 한두 송이만 구매할 수 있기 때문에, 평소 꽃가게 방문이 부담스러웠던 고객도 편하게 방문할 수 있다. 젊은 유동 인구가 많은 강남역 인근에 자리 잡은 스노우폭스 2호점은 단일 점포로는 월매출 1억 원을 돌파해 업계를 놀라게 했다.

스노우폭스 대표 김승호는 한국의 꽃시장은 80%가 경조사 시장으로, 꽃집은 자신이 원하는 꽃을 사는 곳이 아닌 경조사용 꽃을 포장하기 위한 '선물 가게'였다고 말한다. '진짜 꽃을 파는 꽃가게'를 차리는 것이 스노우폭스 플라워를 계획하게 된 배경이다.
자료: 스노우폭스 홈페이지

### 꾸까

꽃을 일상에서 가볍게 즐기는 핀란드의 문화를 한국에 전파하겠다는 비전을 제시하는 꾸까는 2014년 설립돼 '꽃을 정기 구독한다'는 혁신적인 발상으로 20~30대 젊은 고객에게 주목을 받고 있다. 꾸까는 구독 주기에 따라 2주에 한 번 또는 4주에 한 번 새로운 구성의 꽃을 정기배송한다. 상품 종류는 '싱글벙글, 엄마가 좋아하는 꽃구독', '토닥토닥, 지친 나를 위한 꽃구독', '하늘하늘, 가벼운 한 송이 꽃구독' 등 타깃들의 다양한 니즈를 기반으로 나뉜다. 최근에는 꽃시장에서 고르듯 원하는 꽃을 고를 수 있는 파머스마켓, 꽃꽂이를 배울 수 있는 클래스 등으로 서비스를 확장하고 있다. 젊은 여성 고객의 사랑 속에 꾸까는 2018년 매출 50억 원이라는 쾌거를 거뒀다. 2019년 4월 롯데홈쇼핑과의 제휴를 통해 최초로 꽃 정기 구독권을 홈쇼핑에서 판매했는데, 방송 시간이 새벽이었음에도 구독권 1,100개가 팔려 브랜드의 인기를 다시 확인하는 계기가 됐다.

'꽃이 주는 행복을 누구나 누릴 수 있도록'이라는 목표가 있는 '꾸까'는 핀란드어로 꽃을 의미한다.
자료: 꾸까 홈페이지

# 새로운 서비스와 제품이
# 등장하다

## 식물이 쉴 수 있는 공간, 플랜트호텔

반려동물 시장이 확대되면서 반려견 호텔 서비스가 등장한 것처럼 반려식물을 일정 기간 동안 보관하고 관리해주는 플랜트호텔이 등장했다. 2019년 5월, 롯데백화점 미아점에 오픈한 '플랜트호텔 실라파티오'는 출장이나 여행 등 반려식물을 잠시 케어할 수 없는 그린펑거를 대상으로 식물 전문가를 배치해 체크인한 고객의 반려식물을 체크아웃 때까지 관리하는 서비스를 무료로 제공한다. 식물에 관심 있는 고객에게는 관련 정보를 제공하는 서비스도 마련해 그린펑거가 되고자 하는 사람들의 니즈도 반영했다. 백화점 1층에는 평당 매출이 높은 화장품 매장을 배치하기 마련이지만 롯데백화점은 이런 공식을 따르지 않고, 플랜트호텔을 백화점 1층 전면에 배치했다. 반려식물에 대한 대중의 니즈가 그만큼 많아졌음을 확인할 수 있다.

플랜트호텔은 고객들의 소중한
반려식물을 일정 기간 보관하
고 관리해준다.
자료: 〈매일경제〉

## 알아서 키워주는 스마트 화분

'휴대용 디지털 애완동물'이라고 불렸던 다마고치의 식물판이 출
시됐다. 스타트업 엔씽에서 제작한 플랜티는 식물에 필요한 정보를
주인의 스마트폰 어플리케이션 알림으로 보여준다. 화분에 설치한
온도·조도·습도 센서가 식물에 맞는 환경을 파악해 '춥습니다', '광
합성이 필요해요' 같은 정보를 제공한다. 엔씽의 김혜연 대표는 자동
으로 식물을 키우는 방법을 연구할 수도 있었지만 가드닝이나 화분
은 사람들이 관심을 갖고 키워보려고 집에 들여놓는 반려식물의 개
념이므로 화분이 최대한 주인을 귀찮게 하도록 만들었다고 어플리케
이션의 제작 의도를 설명했다. 우리나라에는 출시되지 않았지만 식물
의 감정을 표현할 수 있는 스마트 화분 루아도 등장했는데, 이 화분
은 룩셈부르크에 기반을 둔 뮤디자인팀이 개발했다. 반려식물의 상
태를 쉽게 확인할 수 있도록 토양의 수분, 온도, 빛 등 식물에게 필요
한 모든 요소를 측정해 LCD 화면 속 '루아'의 표정으로 보여준다.

# 왜 우리는
# 식물에 끌리는가

## 식물에 대한 인식 변화

현대 사회에서의 식물 소비를 들여다보면 식물이란 존재가 우리에게 어떤 의미인지에 대한 인식 변화를 볼 수 있다. 과거에는 베란

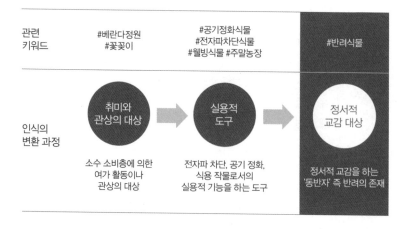

| 관련<br>키워드 | #베란다정원<br>#꽃꽂이 | #공기정화식물<br>#전자파차단식물<br>#웰빙식물 #주말농장 | #반려식물 |
|---|---|---|---|
| 인식의<br>변환 과정 | 취미와<br>관상의 대상<br><br>소수 소비층에 의한<br>여가 활동이나<br>관상의 대상 | 실용적<br>도구<br><br>전자파 차단, 공기 정화,<br>식용 작물로서의<br>실용적 기능을 하는 도구 | 정서적<br>교감 대상<br><br>정서적 교감을 하는<br>'동반자' 즉 반려의 존재 |

다나 집 안 한구석에 놓인 관상용 존재 또는 일부 취미 생활을 위한 존재로 인식했다면 공기 정화나 전자파 차단 등 식물의 실용 기능을 살린 도구적 존재로 변했다. 나아가 최근에는 반려식물이라 일컬어지며 정서적 안정과 힐링의 시간을 주는 삶의 동반자적 존재로 여겨지고 있다.

## 환경 요인

11번가 매출 조사에 따르면, 미세먼지 '나쁨' 단계였던 3일간 (2018년 3월 26~28일) 식물 및 관련 인테리어 상품 매출액이 3월 평균 대비 8배 이상 늘어난 것으로 나타났다. 오프라인의 주요 대형 마트나 기타 온라인몰에서도 식물 관련 매출이 급성장세를 보였다. 계절별 변화가 비교적 뚜렷한 우리나라 기후의 특성상 환경 요인도 계절에 따라 변한다. 봄에는 황사 또는 미세먼지 등 유해 물질 제거에 효과가 있는 식물, 그리고 건조한 겨울철에는 천연 가습에 좋은 식물의 구매로 이어지고 있다.

## 경제 요인

2019년 국민소득 3만 달러 시대에 들어선 후 국내 소비자의 라이프스타일과 인테리어 관련 관심이 증가하고 있다. 일본은 1992년

**쿠킹클래스 넘어선 집 꾸미기 강좌**

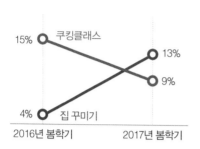

자료: 현대백화점

**라이프스타일 시장 규모**

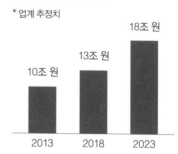

3만 달러에 진입한 후 정원 가꾸기 용품, 유럽식 인테리어 상품이 크게 유행했다. 현대백화점에 따르면, 소비 트렌드의 척도가 되는 문화센터에서 홈가드닝·인테리어 등 집 꾸미기 강좌가, 그동안 독보적 인기를 얻어왔던 요리 강좌를 제치며 급격한 성장을 보였다고 한다. 소득 증가에 따른 나만의 공간 꾸미기 욕구와 환경 요인에 따른 식물에 대한 니즈가 만나 플랜테리어라는 트렌드가 형성되고 있는 것이다.

## 심리 요인

전 국민의 평균 소득은 증가했지만 현대경제연구원 조사에 따르면 주요 선진국인 G7에 비해 우리나라의 노동 시간은 20% 더 많고, 소득은 20%가량 미치지 못하는 것으로 나타났다. 소득 2만 달러에서 3만 달러를 달성하기까지 우리는 12년이란 시간이 걸렸다. 심신의 피로가 누적될 만큼 누적된 상태다. 현재 500만 세대인 1인 가구의 수는 앞으로 더 증가할 것으로 예상되는 만큼, 혼자라는 빈자리를 채워줄 존재의 필요성에 대한 니즈는 증가할 것으로 보인다. 이처럼 누적된 심신의 피로와 인간관계 결핍으로 인한 심리적 공백이 반려식물 소비의 주요인이 된다.

식물에 대한 수요는 꾸준히 있어왔다. 하지만 식물 소비로 인한 일상속 변화나 다양한 서비스 및 제품 출시를 볼 때, 식물을 교감이 가능한 대상으로 인식한다는 점에서 과거에 우리가 '키우던' 식물과 오늘날 우리와 '함께하는' 식물에는 큰 차이가 존재한다. 그 차이는 여러원인에서 비롯된 것이지만 '쉼'에 대한 갈증이 그 중심에 있다. 바쁘고 자극적인 도심 생활로부터 잠시나마 벗어나고픈 사람들의 니즈가극대화돼 나타나는 것이다. '쉼'이 중요한 화두가 된 현재의 트렌드로 볼 때, 향후 반려식물 시장은 반려동물 시장에 견줄 수 있을 만큼 확대될 것으로 보인다. 소비자의 일상에 친근하게 다가가는 동시에 새로운 비즈니스의 기회로 성장하고 있는 반려식물 시장에 관심을 갖고 지켜봐야 할 때다.

# Part 5

# 요즘의
# 마케팅을
# 말하다

LIFESTYLE TREND

# Chapter 1

# 나노 마케팅: 초세분화된 취향을 공략하다

LIFESTYLE TREND

4차 산업혁명이 화두로 떠오른 것은 2016년 세계경제포럼WEF에서였다. 기계화가 시작된 1차 산업혁명, 본격적인 대량생산이 가능해진 2차 산업혁명, 인터넷을 필두로 한 IT기술의 발달로 정보화 및 자동화를 이루게 된 3차 산업혁명이 지금까지 우리의 삶을 크게 변화시켜왔던 것처럼 4차 산업혁명 또한 인공지능AI, 사물인터넷IoT 등의 첨단기술이 기존의 산업 및 서비스와 융합됨으로써 혁신적인 변화를 가져올 것으로 예상된다.

4차 산업혁명이 가져올 다양한 사회문화적인 변화 가운데 마케팅에서 주목해야 할 점은 2차 산업혁명 이후 계속 돼온 대량생산 시대의 종말이 올 수 있다는 것이다. 나날이 발전하고 있는 첨단기술을 이용해 수많은 고객의 정보를 수집하고, 이를 기반으로 개인화된 고객들에게 맞춤화된 접근이 가능해지는 앞으로의 시대에서는 비용 효율성을 고려해 대량으로 찍어내는 상품들로 소비자의 마음을 움직일 수 없을 것이다.

내가 검색한 상품이나 브랜드의 광고가 어느 순간부터 내가 보는 사이트를 따라다니고, 내가 있는 위치에서 쓸 수 있는 쿠폰을 받는 경험은 새삼스럽거나 신기하지 않다. 영화 속 한 장면처럼 나를 알아보고 나에게 꼭 맞는 상품과 서비스를 제안하는 시대가 오는 것이다.

# 나노 마케팅의
# 시대

　나노. 나노는 그리스어로 아주 작다는 의미로, 단위를 나타내는 1나노미터의 줄임말이다. 10억 분의 1 수준의 정밀도를 요구하는 과학기술에 주로 쓰이는 개념이기는 하지만 수많은 사람이 동일한 취향과 성향이 아닌 고유의 개성을 가진 존재라는 것을 감안하면, 개인을 어떤 특정한 집합체가 아닌 나노 같은 작은 단위로 봐도 무리가 없는 것은 아닐까 싶다.

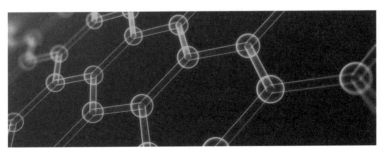

자료: 셔터스톡

## 나노 마케팅이란

나노 마케팅이란 전통적인 마케팅 방식인 '시장을 특정 기준에 기반해 유형을 분류하고Segmentation, 그중 어떤 목표 고객에 집중할 것인지 규정하고Targeting, 그들에게 어필하기 위한 차별화된 전략을 수립하는Positioning' STP 전략과 달리 고객을 특정 집단이 아닌 개인화된 하나하나의 마케팅 타깃으로 보고 그들의 니즈를 만족시킬 수 있는 상품과 서비스, 마케팅 콘텐츠를 제공하는 것이라고 정의할 수 있다.

## 나노 마케팅은 전통적인 마케팅과 어떤 점에서 다른가

대량생산 시대의 마케팅은 수많은 브랜드 속에서 자사 브랜드의 차별점을 알리고 고객에게 선택될 수 있게 만드는 것이었다. 우리 앞에 펼쳐질 미래 시대에는 소비자를 유인하고자 애쓰는 지금과는 다른 마케팅 접근법이 필요할 것이다. 전통적인 마케팅 활동과 나노 마케팅 활동 간의 주요한 차이점은 무엇인가.

나노 마케팅 시대에는 가장 잘 팔릴 것 같은 보편적인 다수의 니즈를 담은 표준화된 상품을 대량생산하는 것이 아닌 개인의 니즈에 기반한 맞춤 생산으로 소비자의 구매 심리를 자극해야 한다. 지금까지 우리는 기업이 만든 기준에 맞춰 생산된 상품 가운데 가장 마음에 드는 것을 구매하는 세상에 살아왔다. 내 취향과 니즈에 꼭 맞는

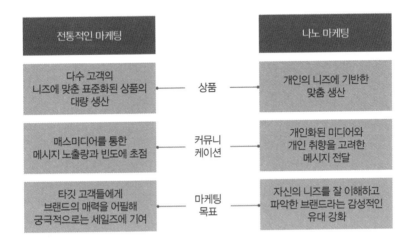

| 전통적인 마케팅 | | 나노 마케팅 |
|---|---|---|
| 다수 고객의 니즈에 맞춘 표준화된 상품의 대량 생산 | 상품 | 개인의 니즈에 기반한 맞춤 생산 |
| 매스미디어를 통한 메시지 노출량과 빈도에 초점 | 커뮤니케이션 | 개인화된 미디어와 개인 취향을 고려한 메시지 전달 |
| 타깃 고객들에게 브랜드의 매력을 어필해 궁극적으로는 세일즈에 기여 | 마케팅 목표 | 자신의 니즈를 잘 이해하고 파악한 브랜드라는 감성적인 유대 강화 |

상품을 구입하려면 주문 제작 같은 방식으로 추가 비용이나 시간을 지불해야 했다. 하지만 나노 마케팅 시대에는 개개인의 데이터에 기초해 그들의 니즈에 맞는 차별적인 상품들을 구현해낼 수 있다.

커뮤니케이션 차원에서 봐도, 전통적인 마케팅에서는 TV 같은 매스미디어를 통한 커뮤니케이션에 집중한다. 메시지의 노출량과 노출 빈도를 높이기 위해서는 엄청난 매체 비용도 감수하는 것이다. 미디어 환경이 빠르게 변하고 있지만 아직도 노출 빈도가 3회 이상은 돼야 효과가 있다는 빈도 이론이 바이블처럼 통용되기도 한다.

요즘 시대를 보면 어떤가. TV 프로그램의 시청률이 이전만 못해 TV 광고가 많은 사람에게 노출된다고 장담할 수 없다. 시청률 60%를 훌쩍 넘는 국민 드라마는 찾아보기 어렵다. 이유는 시청자가 선택할 수 있는 채널의 개수 자체가 많아졌을 뿐 아니라 IPTV 또는 넷플릭스 같은 온라인 동영상 스트리밍 서비스 등이 등장함으로써 소비할 수 있는 재미있는 콘텐츠가 증가했기 때문이다. 광고대행사 입장에서 이런 환경의 변화는 사업 방향에 대한 고민을 하게 만든다. 지금까지는 TV 광고 제작과 매체 집행이 회사 수익에 기여를 했지만, 광고 효과 측면에서 효율성이 과거 대비 떨어진다는 이유로 TV 광고 자체에 회의적인 클라이언트가 부쩍 늘었기 때문이다.

고객의 다양한 정보가 쌓인 빅데이터를 기준으로 브랜드 사이트에 접속한 고객의 취향이 어떤지, 무엇을 좋아하는지 알 수 있는 세상이 되고 있다. 따라서 다수에게 접근하는 것을 목표로 하나의 콘텐츠를 제작하기보다 다양한 소비자의 니즈를 맞출 수 있는 다양한 콘텐츠를 개발하고, 이를 적절한 시점에 소비자에게 노출할 수 있어야 한다.

시대가 변하면서 많은 마케터가 소비자에게 효율적으로 다가가는 방법을 끊임없이 연구하고 있지만, 소비자는 애드 블록AdBlock 프로그램을 통해 이전보다 쉽게 광고 메시지를 피하고 있다. 전통적인 마케팅이 자사의 브랜드로 고객의 관심을 돌리고 궁극적으로 세일즈를 유도하는 것이었다면, 나노 마케팅에서는 기존과 다른 마케팅 목표 설정이 필요하다.

이 시대의 소비자는 자기가 필요한 정보를 직접 찾아보고 확인할 수 있을 뿐 아니라 연결돼 있는 수많은 사람을 통해 자신의 원하는 것을 정확하게 찾아낼 수 있다. 따라서 나노 마케팅의 목표는 세일즈를 높이는 것보다 내가 원하는 것을 정확하게 이해하고 나와 교감할 수 있는 브랜드라는 감성적인 관계 형성에 초점을 맞추는 데 있다.

## 나노 마케팅의 사례

이미 시장에는 차별화를 위해 소비자를 대중 또는 집단으로 보는 것이 아닌 개인의 니즈에 초점을 맞춰 마케팅하는 브랜드들이 있다. 이 브랜드들이 나노 마케팅적 관점에서 사업을 기획한 것인지는 판단할 수 없지만 지금까지의 브랜드들과는 다른 시도로 소비자의 호평을 받고 있음은 분명하다.

### 소비자가 원하는 맥주를 ml 단위로 마시고 결제할 수 있는 탭 퍼블릭

생맥줏집에 가면 메뉴판에 쓰인 300ml, 500ml 또는 1,000ml나 2,000ml 단위로 주문한다. 최근에는 기업들이 특정 맥주의 전용잔을 만들어 제공하는 경우가 있어 그 잔에 맞는 양의 맥주를 주문하기도 한다. 막상 한 입 마셨는데 마음에 들지 않거나 조금만 더 마시려고 불가피하게 한 잔을 추가 주문해본 경험이 있을 것이다. 이처럼 공급자가 일방적으로 제공하는 양이 아닌 소비자가 원하는 만큼 직접 선택해 마실 수 있는 맥주가게가 생겨 입소문을 타고 있다.

원하는 만큼 마음대로 마실 수 있는 탭 퍼블릭 내부 전경과 팔찌.
자료: 탭 퍼블릭 홈페이지

2017년 오픈한 탭 퍼블릭Tap Public은 국내 최초로 태그 탭 시스템Tag & Tap System이 장착된 팔찌를 매장에 입장하는 고객들에게 배포한다. 고객들은 이 팔찌를 이용하여 60여 종의 다양한 수제 맥주를 원하는 만큼 마시고 결제할 수 있다.

### 개인화된 컬러의 파운데이션을 즉석에서 제조해 판매하는 랑콤

대부분의 여성은 화장품업체가 정한 색상 내에서 자신에게 최대한 맞는 색의 화장품을 구매한다. 하지만 랑콤은 2015년부터 '르 테인트 파티큘리에Le Teint Particulier'라는 서비스를 런칭해 개개인의 고객에게 맞춤화된 화장품을 판매하고 있다. 미국 주요 지역의 노드스트롬 백화점 내 랑콤 매장에서 구매할 수 있는 이 화장품은 개인의 피부 상태와 선호도 등을 분석한 데이터를 기초로 즉석에서 최적의 파운데이션 컬러를 제조해준다. 뿐만 아니라 용기에는 개인 정보가 인쇄된 레이블을 붙여주는 것이 특징이다. 이제는 88달러에 자신에게 꼭 맞는 나만의 파운데이션을 구매할 수 있는 세상이다.

내 피부 톤에 꼭 맞는 맞춤 파운데이션의 생산 과정.
자료: 랑콤 홈페이지

## 소비자가 원하는 만큼 구매 가능한 슈퍼마켓, 오리기날 운페어팍트

플라스틱을 줄여 환경을 보호하자는 움직임이 확산되면서 일상에서 쉽게 접할 수 있는 플라스틱 용기를 쓰지 않는 슈퍼마켓이 등장하고 있다. 독일 베를린에 위치한 오리기날 운페어팍트Original Unverpackt는 플라스틱 제품을 쓰지 않는다. 플라스틱 용기나 비닐 등의 포장이 없다 보니 제조업체에서 정한 포장 제품을 구매하는 것이 아니라 카레, 조미료, 시리얼, 곡류, 심지어 비누와 샴푸 등의 상품을 고객이 필요한 만큼만 덜어서 구매할 수 있다. 덕분에 환경 보호와 고객의 니즈라는 두 마리 토끼를 잡았다. 국내에서도 일회용품을 쓰지 않는 것으로 유명한 한 카페에서 한 달에 한 번씩 '채우장'이라는 '쓰레기 제로'의 팝업 장터를 운영하고 있다. 이 장터에서 원하는 만큼의 상품을 구입하려면 사전에 용기를 준비해가야 한다.

치약, 시리얼, 카레 등 원하는 만큼만 구입할 수 있는 오리기날 운페어팍트 슈퍼마켓 내부 전경.
자료: 오리기날 운페어팍트 홈페이지

**NFL BOTTLES**  **NBA BOTTLES**  **PATTERN BOTTLES**  **PHRASE BOTTLES**

CHOOSE  CHOOSE  CHOOSE  CHOOSE

세상에 하나밖에 없는 나를 위한 게토레이 GX보틀. 물병의 테마를 선택할 수 있는 디자인의 첫 과정.
자료: 게토레이 홈페이지

### IT기술을 접목해 개인 맞춤 음료를 제안하는 게토레이

스포츠 음료 브랜드 게토레이는 2016년 개인이 원하는 대로 디자인해서 제작할 수 있는 GX보틀을 출시했다. 이 용기는 개인 텀블러나 물병 같은 기능을 하는 게 아니라 언제든 원할 때 게토레이를 마실 수 있는 포드(게토레이 농축액)를 쓸 수 있도록 설계돼 있다. 게토레이스포츠과학연구소에서는 이 뚜껑을 마이크로칩이 장착된 스마트 캡으로 업그레이드해 음료를 마시는 속도를 통해 몸의 수분 양을 분석할 수 있게 했다. 땀 성분을 분석할 수 있는 스킨 패치와 함께 GX 어플리케이션으로 정보를 전송해 음료를 마셔야 할 시간을 알려주거나 개인 맞춤 포드를 추천하는 등 개인 데이터에 기반한 첨단 기능을 개발하고 있다.

# 나노 마케팅이
# 가능한 이유

첨단기술의 진화는 그간 보지 못했던 혁신 제품을 생산할 뿐 아니라 기존의 제품 생산 방식의 혁신을 꾀함으로써 놀라운 변화를 경험하게 한다. 산업혁명 이전에는 상품을 맞춤 제작했고, 고객 관리도 개인 대 개인으로 했기 때문에 개인화된 생산이나 마케팅은 이전에 보지 못했던 개념이 아니다. 하지만 4차 산업혁명 시대에 개인에 초점을 맞춘 나노 마케팅이 화두로 등장하게 된 이유는 무엇인가. 맞춤 생산이 가지는 '시간과 비용의 비효율성'이라는 근본 문제를 극복해낸 기계화와 자동화를 기반으로 첨단기술의 융합을 통해 개인들에게 최적화된 제품을 생산해낼 수 있기 때문이다. 소비자는 시간과 비용의 불이익 없이 자신에게 최적화된 상품과 서비스를 누릴 수 있는 세상을 살아갈 수 있게 된 것이다. 이런 변화를 가능하게 한 대표 첨단기술을 살펴보자.

## 빅데이터

4차 산업혁명의 핵심 역할을 하는 것이 빅데이터라고 해도 과언이 아니다. 이전에는 개개인에 대한 다양한 정보가 파편화돼 있었고, 수많은 데이터를 수집하거나 분석하기도 쉽지 않았다. 첨단기술이 발전하면서 온라인과 오프라인에서 보이는 고객의 행동 데이터를 기초로 니즈를 파악하고 맞춤화된 솔루션을 제공할 수 있게 됐다.

## 3D 프린팅

3D 프린팅은 2014년 3D 프린팅 기술을 구성하는 핵심 특허가 만료된 이후 대중화됐으며, 현재 다양한 데이터를 기반으로 최적의 개인화된 제품을 빠르게 생산할 수 있는 기술로 각광을 받고 있다. 공장 설비를 갖추거나 매번 변경할 필요가 없어 시간과 비용의 효율성이 높다. 나이키, 아디다스, 아식스 등은 3D 프린팅 기술을 통해 개인의 사이즈, 취향등을 고려한 맞춤 제품을 생산하고 있다.

3D 프린팅으로 제작한 나이키 플라이프린트를 신은 케냐의 육상선수 엘리우드 키프쵸게.
자료: 나이키 홈페이지

스마트 팩토리는 제품을 조립, 포장하고 기계를 점검하는 전 과정이 자동으로 이뤄지는 공장으로 ICT의 융합으로 이뤄지는 차세대 산업혁명인 4차 산업혁명의 핵심으로 꼽힌다.
자료: 네이버 TV

## 스마트 팩토리

스마트 팩토리는 설계와 제조 단계부터 유통 단계까지 ICT를 융합해 생산성과 품질을 높일 수 있다. 덕분에 제조업에서의 혁신적 변화를 불러일으킬 것으로 예측되고 있다. 스마트 팩토리는 불량 품질 개선, 무인화 등 비용 효율성 측면뿐 아니라 모듈화를 통한 효율적 맞춤 생산이 가능하다. 현재 아우디는 유연한 맞춤 생산을 위한 모듈러 어셈블리를 순차적으로 도입하고 있다.

# 2019 CES에서 살펴본
# 미래 기술

라스베이거스에서 매년 1월 개최되는 국제전자제품박람회CES가 몇 년 전부터 미래 기술을 미리 볼 수 있는 첨단기술 전시장으로 변모하고 있다. AI나 IoT 등의 첨단기술이 가전 및 자동차업계에서 화두가 되면서 CES에 모터쇼라고 해도 무방할 만큼 많은 자동차 브랜드가 참여하고 있다. 그 결과 CES에서 자율주행차나 커넥티드카의 진화를 보는 것이 낯설지 않다.

2019 CES에서는 일상용품이나 화장품, 스포츠 관련 기업의 참여가 증가한 것이 눈에 띄었다. 이 기업들은 AI, 빅데이터, 3D 프린팅 등의 첨단기술을 이용해 개개인에게 맞춤 솔루션을 직접 제공하기도 하고, 이종 산업과의 결합을 통해 차별적인 제품과 서비스를 만들어내기도 한다.

P&G는 사용자의 칫솔질을 모니터링해주는 오랄-비 지니어스 X 칫솔을 공개해 개인화된 제품의 출시를 예고했다. 삼성전자와 언더

아머는 협업을 통해 웨어러블 기계의 개발을 준비하고 있음을 보여주었고, 최근 실제 상품으로 출시되었다. 미국 NBA는 트위터와의 협업 프로젝트로 NBA 경기에 빅데이터 등을 접목함으로써 스포츠와 테크놀로지가 결합된 엔터테인먼트의 미래를 보여줄 것을 선언했다.

4차 산업혁명 시대에는 전자부품과 전혀 관련이 없는 산업 영역에서도 첨단기술과의 융합을 통해 전자기업 못지않은 혁신적인 변화가 일어나고 있다. 2019 CES를 통해 첨단기술 가운데 나노 마케팅의 가능성을 예측할 수 있는 사례들을 살펴보자.

### 뉴트로지나의 개인 맞춤형 마스크팩 마스크아이디

화장품회사 뉴트로지나가 CES에서 AI와 3D 프린팅 기술을 접목시킨 마스크아이디MaskiD를 공개했다. 스마트폰 어플리케이션을 사용해 얼굴 크기와 모양을 측정하고, 팩을 붙이게 되는 얼굴의 주요 6개 구역의 피부 타입을 입력하면 사용자에게 꼭 맞는 크기와 성

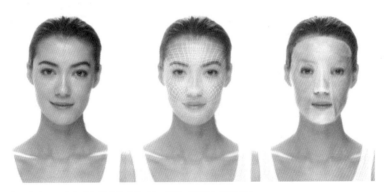

개인의 얼굴 크기와 피부 상태에 맞게 마스크팩을 제작한 뉴트로지나.
자료: 뉴트로지나 홈페이지

분으로 마스크팩을 제작할 수 있다. 기성 사이즈의 마스크팩이 아닌 내 얼굴에 꼭 맞는 팩을 쓸 수 있는 세상이 오는 것이다.

### 기아차의 감정 반응 차량 제어 시스템

기아차는 감성 주행이 중요해지는 자율주행 시대를 대비해 실시간 감정 반응 차량 제어 시스템R.E.A.D을 공개했다. 이 시스템은 대시보드에 위치한 얼굴 인식 센서, 스티어링휠에 적용된 전극형 심전도 센서 등을 통해 운전자의 생체 정보를 추출한다. 이 정보를 기초로 실시간으로 운전자의 감정과 상황에 맞는 음악과 실내 온도, 조명과 진동, 향기 등 최적화된 실내 환경을 제공할 수 있다.

R.E.A.D. 시스템은 얼굴 표정 인식을 통해 분석된 탑승자의 감정 상태에 따라 추천 주행 루트를 제공하는 것은 물론 차량 내 각종 엔터테인먼트 활동을 제안하기도 하며, V-Touch 기술을 이용해 게임, 음악 장르 선택, 실내 환경 수정, 인터넷 현지 정보 검색 등의 기능을 이용할 수 있도록 구성됐다.
자료: 〈현대자동차그룹(HYUNDAI)〉 유튜브 채널

전 세계를 하나로 연결하는 인터넷이 처음 등장했을 때는 지금처럼 무선인터넷과 스마트폰으로 언제 어디서나 연결된 세상을 살게 되리라 상상조차 할 수 없었다. 4차 산업혁명 역시 우리가 예측할 수 없는 또 다른 변화를 일으킬 것이다. 놀라운 속도로 발전하는 기술의 중심에는 사람에 대한 이해를 높이고, 삶을 더 편리하고 즐겁게 해주려는 노력이 숨어 있다. 4차 산업혁명과 함께 시작된 2020년대에는 생산자 관점에서의 비용 효율성과 소비자 개개인의 작고 사소한 니즈 간의 트레이드오프가 일어나지 않는 시대가 될 것이다. 몇 년 전부터 '나' 중심의 트렌드가 주류를 이루고 있기 때문에 다가올 미래에 더 작은 단위의 소비자에게 접근하는 일은 시대적 흐름에 부합하는 것이라 생각된다.

# Chapter 2

# Hyper Balance: 익숙하지 않은 것들을 조합하다

요즘 이동통신 광고를 보면 '초超, Hyper 시대'라는 단어가 자주 언급된다. 4G 기술의 LTE 시대까지만 하더라도 얼마나 빠르게 데이터를 전송할 수 있는가의 속도 경쟁이었지만, 5G 시대에는 속도 자체의 경쟁이 아닌 인간과 사물과의 연결성이 주요 화두로 떠오르고 있다.

초연결, 초융합… 우리가 사는 지금 이 세상은 그야말로 '초시대'다. 초시대의 핵심은 기존에 알고 있던 것, 익숙한 것을 뛰어넘는 것이다. 4차 산업혁명이라 일컬어지는 첨단기술의 놀라운 발전은 다양한 산업 간의 경계를 허물어뜨리는 연결을 보여주고 있다. 예를 들어 자동차에서 집에 있는 전자기기를 제어하거나 스마트폰으로 차량의 에어컨을 미리 켜두는 등 자동차와 전자, 통신 심지어는 아파트까지도 연결된 세상을 살고 있다.

이처럼 예상치 못한 새로운 경험이 늘면서 소비자는 기존의 익숙한 것에 식상함을 느끼고 전에 보지 못했던 낯선 경험을 선호하는 경향이 더 강화되고 있다. 그렇기에 많은 브랜드가 전혀 다른 카테고리 간의 결합을 통해 새 상품을 선보이기도 하고, 상상하지도 못할 상품을 만들어 소비자의 관심을 끌기 위해 노력하는 것이다.

# 하이퍼 밸런스:
# 상식의 균형을 깨는 낯섦

지금 우리가 사는 세상은 새롭고 신선한 것을 경험하면 소비자가 자발적으로 확산시키는 디지털 시대다. 신기술, 재미있는 콘텐츠가 넘쳐나는 세상에서 소비자는 자극적이고 기발한 것에만 눈길을 돌리므로 기업들의 고민은 나날이 깊어지고 있다.

《스틱: 1초 만에 착 달라붙는 메시지, 그 안에 숨은 6가지 법칙》(엘도라도, 2009)에 따르면 의외성Unexpectedness은 사람들의 관심을 유도하는 방법 가운데 하나다. 익숙한 것 사이에서는 전혀 새로움을 느낄 수 없으므로 패턴을 파괴하는 것 자체가 새로운 자극이 될 수 있는 것이다.

최근에는 기업의 마케팅 활동뿐 아니라 패션, 리빙 등의 라이프 스타일 속에서도 어딘가 낯선 조합이 눈에 띈다. 균형이 깨져 조화롭지 못하고 이상한 것이 아니라 균형의 차원을 넘어 묘하게 매력적이고 개성 있게 보이는 시대. 하이퍼 밸런스, 초超균형의 시대가 된 것이다. 익숙하면서도 낯선 오묘한 조합을 통해 사람들이 가지고 있는 상식의 균형을 살짝 깨뜨려줌으로써 소비자에게 재미와 즐거움을 주는 것이 초균형 시대에서 두드러지는 현상이다. 우리 주위에서 쉽게 찾아볼 수 있는 하이퍼 밸런스 현상을 살펴보자.

## 패션, 뷰티가 아닌 어글리를 입다

패션 브랜드라면 모름지기 상품을 최대한 예쁘고 매력적으로 만들어야 한다는 것 또한 하나의 편견이었을까? 요즘은 마치 예쁘다는 것에 대한 기준이 바뀌고 있는 것처럼 어글리가 패션의 화두로 떠오르고 있다.

어글리 패션의 시작은 2018년 패션업계에서 떠오른 고프코어(고프+놈코어)라는 키워드로부터 출발했다. 고프란 캠핑, 등산 등 아웃도어 활동을 할 때 에너지를 얻기 위해 먹는 간식인 그래놀라Granolas, 귀리Oats, 건포도Raisins, 땅콩Peanuts의 첫 글자를 딴 말로 아웃도어 의류를 의미한다. 놈코어(노멀+하드코어)는 평범해 보이지만 감각적인 스타일링을 의미한다. 고프코어룩이란 등산복, 오버핏 등 실용적인 아웃도어 아이템을 일상복과 접목시켜 아무렇게나 걸친 듯이 표현하는 것이다. 과거에는 이상하고 촌스럽다고 패션 테러리스트 또는 아재 패션이라는 소리를 들었을 법한 이 부조화스런 미스매치 패션이 갑자기 패셔니스타의 핫 아이템으로 부상하고 있다.

어글리 패션의 대표 아이템은 바로 어글리 슈즈다. 앞코가 뭉툭

1986년 느낌을 살린 타미 힐피거의 세컨드 브랜드 타미진과 코카콜라의 콜라보레이션. 타미 힐피거가
디자인한 최초의 코카콜라 의류 컬렉션을 재해석해 캡슐 컬렉션을 탄생시켰다.
자료: 코카콜라 홈페이지

하고 밑창이 두꺼우며 투박한 것이 특징인 어글리 슈즈는 스니커즈
시장 내 새 트렌드로 자리매김했다. 패션을 완성시키는 중요 아이템
으로서 전통적으로 인기를 끌던 깔끔하고 세련된 디자인이 아닌 남
루하고 거친 느낌의 슈즈가 사랑을 받게 된 것은 남의 눈을 의식하
지 않고 편안한 멋을 추구하면서도 자신의 개성을 적극 표현하고 싶
어 하는 젊은층의 감성 코드와 잘 맞아떨어졌기 때문이다.

최근 확산되고 있는 뉴트로 열기로 복고와 결합된 어글리 패션
의 인기는 커지고 있다. 리복, 타미 힐피거 등 글로벌 패션 브랜드들
은 1980~1990년대에 인기를 끌었던 자사 제품을 재해석한 제품을
앞다퉈 출시하고 있다. 큰 사이즈의 브랜드 로고, 오버핏, 청바지에
청재킷을 입는 청청 패션 등 구시대적인 패션 요소들은 어찌 보면
촌스럽고 어색해 보이지만, 패션에 대한 상식을 뛰어넘으며 젊은층
의 사랑을 받고 있다.

## 낯선 조합의 콘텐츠로 눈길을 끌다

요즘 소비자가 하루에 접하는 영상 콘텐츠는 수천 개에 달한다. 이처럼 넘쳐나는 광고 속에서 주목을 끌려면 지금 시대에 전혀 어울리지 않을 법한 형식으로 주목을 끌거나, 전혀 예상하지 못했던 모델을 기용하거나, 경쟁 브랜드를 활용해 웃음과 재미를 주는 등 사람들에게 익숙한 방식을 탈피하는 콘텐츠가 필요하다. 이런 콘텐츠는 신선한 자극이 돼 소비자 사이에 자발적으로 확산될 수 있는 힘을 발휘하게 된다.

옛날 광고처럼 보이지만, 기아자동차가 뉴트로 열풍에 맞춰 복고 형식으로 선보인 요즘 광고다.
자료: 기아자동차 페이스북

## 복고풍 광고로 주목을 끌다

뉴트로 열풍에 맞춰 기아자동차는 1970~1980년대의 광고물 같은 구성과 카피의 판촉 광고물을 제작했다. 과거 흔히 볼 수 있었던 인쇄 광고 형식을 차용하고 카피 워딩과 이미지 등을 일부 수정한 이 광고는 요즘 시대의 소비자에게는 익숙지 않은 비주얼로 시선을 사로잡았다. K9 같은 차명을 발음 그대로 '케이나인'으로 표기하고, 맞춤법에 맞지 않는 과거의 표현들을 위트 있는 카피와 함께 사용함으로써 기성세대에게는 과거의 추억을, 젊은 세대에게는 복고의 촌스러움이 주는 재미를 느끼게 해주고 있다.

### 1020세대가 좋아하는 화장품 브랜드에 중년 아저씨가 등장하다

2019년 봄 에뛰드하우스는 궁예로 잘 알려진 배우 김영철을 모델로 활용한 유튜브 바이럴 콘텐츠를 제작했다. 예쁜 아이돌 모델들

에뛰드하우스는 중년 배우 김영철이 등장하는 바이럴 콘텐츠를 제작해 인기를 끌었다.
자료: 〈에뛰드하우스(ETUDE HOUSE)〉 유튜브 채널

을 등장시켜 '나도 저렇게 될 수 있다'는 심리를 자극해도 어필할까 말까 한, 1020세대가 주로 쓰는 브랜드에 중년 남성 배우를 등장시킨 것만으로도 이 바이럴 콘텐츠는 사람들에게 신선한 자극을 주며 젊은층 사이에서 화제가 됐다. 사극 〈태조 왕건〉에서 궁예가 한 대사 "누가 지금 기침 소리를 내었어?"를 오마주한 김영철의 "누구인가, 누가 지금 톤궁예를 하였어?"라는 근엄한 목소리의 대사는 화장품 광고에서는 상상하지 못했던 반전을 주며 톤궁예(관심법을 쓰는 것처럼 얼굴만 보고도 피부 톤을 알아맞힌다는 의미)라는 뷰티 신조어를 탄생시키기도 했다.

### 경쟁 브랜드 매장에서 자사 상품을 주문하다

매년 6월 프랑스 칸에서 개최되는 칸 라이온스 국제광고 페스티벌(칸 페스티벌)은 전 세계 마케터들의 이목이 집중되는 축제다. 2019년 칸 페스티벌에서 가장 관심을 받은 브랜드는 그랑프리 3개를 거머쥔 버거킹이었다. 버거킹은 마케팅을 할 때마다 맥도날드를 위트 있게 공격해 화제가 되고 있는데, 최근에는 미국 내 모바일 어플리케이션 출시를 기점으로 다운로드 수를 늘리려고 맥도날드를 교묘히 이용한 '와퍼 디투어Whopper Detour'라는 캠페인을 전개해 주목을 받았다.

이 캠페인은 버거킹의 대표 메뉴인 와퍼를 단돈 1센트에 판매하는 것이 핵심이다. 소비자가 저렴한 가격에 와퍼를 구입하려면 2가지의 행동을 해야 한다. 먼저 버거킹의 어플리케이션을 설치한다. 다음은 이 어플리케이션을 맥도날드 약 180미터 근처에서 실행한다. 근처의 맥도날드를 디투어(우회)하기만 하면 1센트에 와퍼를 주문할 수 있게 한 이 캠페인을 통해 버거킹은 48시간 만에 안드로이드와 iOS 어플리케이션 다운로드 1위에 올랐으며, 9일 동안 150만 건의 다운로드를 달성했다. 또한 프로모션 기간 동안 와퍼를 할인해 판매했음에도 매출액은 3배나 증가했다. 단지 다운로드 횟수를 높이기 위한 할인 프로모션을 진행했더라면, 소비자에게 재미를 주지 못했을 것이다. 경쟁 브랜드를 활용하는 상식을 초월하는 방식을 가미한 덕분에 더 많은 사람이 참여하고 인기를 끌게 된 것이다.

버거킹은 맥도날드 근처에서 주문하면 와퍼를 1센트에 살 수 있는 프로모션을 진행해 소비자에게 재미를 줬다.
자료: 〈BURGER KING〉 유튜브 채널

# 브랜드 간의 상상을 초월하는 콜라보레이션을 만들어내다

브랜드 간의 제휴는 이전부터 많은 브랜드가 시도하던 마케팅 방식이다. 비슷한 급의 브랜드들끼리 시너지를 내거나 서로의 상품을 보완하기 위해 주로 활용돼왔다. 예를 들어 럭셔리 자동차 브랜드와 럭셔리 시계 브랜드가 제휴해 브랜드 가치를 높이는 형태다. 이처럼 과거의 콜라보레이션이 예상 가능한 브랜드들 간의 조화로운 조합이었다면 이 시대의 콜라보레이션은 상상 그 이상으로 다양해지고 있다.

### 패션 브랜드 × 소주

메로나, 콜라, 초코파이 등 몇 년 전부터 유행했던 각종 식음료 브랜드와의 콜라보레이션으로 패션업계에서의 콜라보레이션은 더는 새롭지 않을 것이라는 인식이 있었다. 하지만 까스활명수와 게스

스트리트 브랜드 오베이와 진로소주의 콜라보레이션을 통해 한정판으로 제작된 티셔츠.
자료: 하이트진로 공식 페이스북

의 콜라보레이션은 누구도 예상치 못했던 조합으로 출시 사흘 만에 일부 품절되는 등 젊은이에게 폭발적인 사랑을 받았다. 최근에는 글로벌 시장에서 젊은층에게 인기를 끌고 있는 스트리트 브랜드 오베이가 한국 시장에 진출하면서 진로소주와 콜라보레이션한 티셔츠를 선보여 화제가 됐다. 한정 제작해 판매 없이 오베이 팝업스토어와 온라인을 통해 배포한 이 티셔츠는 빠르게 재고가 소진될 정도로 인기를 끌었다. 젊은층이 열광하는 힙한 브랜드가 트렌디한 수제 맥주 브랜드와 콜라보레이션을 했다면 참신하지 않았을 것이다. 역사가 오래된 소주와 콜라보레이션을 한 덕분에 반향을 일으킨 것으로 보인다.

### 럭셔리 브랜드 × 캐릭터

2018년 루이비통과 스트리트 브랜드 수프림의 만남이 화제를 불러일으킨 후 명품 브랜드의 대중 브랜드와의 콜라보레이션이 확산되

아이들이 좋아하는 디즈니 캐릭터로 럭셔리 브랜드의 가방을 다시 생각하다.
자료: 구찌 홈페이지

고 있다. 가장 활발한 콜라보레이션 활동을 벌이는 브랜드는 구찌다. MLB의 뉴욕양키스와의 콜라보레이션에 이어 2019년에는 디즈니와의 콜라보레이션으로 인기를 끌었다. 과거 명품 브랜드들이 일반인이 쉽게 접근할 수 없는 배타적 가치를 중시했던 것과 달리 최근에는 젊은층을 공략하기 위해 소비자가 일상에서 접할 수 있는 스트리트 브랜드나 스포츠웨어, 동심을 자극하는 캐릭터까지 다양한 브랜드와의 콜라보레이션에 적극 나서고 있다. 젊고 감각적인 브랜드들과의 차원을 넘는 콜라보레이션을 통해 과거의 권위를 버리고 소비자에게 친근한 브랜드로 다가가고 있는 것이다.

# 고정관념을 깬 새로운 상품으로
# 이슈가 된 브랜드

'어떻게 이런 아이디어가 나왔을까?'라는 생각이 들 정도로 기존의 상식과 카테고리의 경계를 깨고 소비자를 놀라게 할 만한 상품들을 만들어내는 브랜드들이 증가하고 있다. 새로운 시도의 끝이 어딘지 궁금해지는 시점이다.

### 디젤, 진짜가 가짜를 판매하다

브랜드 마케터들에게 모조품은 항상 골칫거리다. 낮은 퀄리티의 상품으로 애써 쌓은 브랜드 가치를 훼손시킬 수 있기 때문이다. 이런 상식을 뒤집고 반전을 일으킨 브랜드가 있다. 'Be Stupid' 같은 도발적인 캠페인을 진행한 이탈리아의 패션 브랜드 디젤이다. 디젤은 짝퉁 제품을 많이 판매하는 뉴욕 커널 가에 'DEISEL'이라는 브

짝퉁 매장인 줄 알았는데 알고
보니 진짜!
자료: 〈Diesel〉 유튜브 채널

랜드를 판매하는 상점을 오픈했다. 주변 상점과 다르지 않은 인테리
어, 누가 봐도 모조품(짝퉁)처럼 보이는 알파벳 순서가 뒤바뀐 브랜드
명, 패션엔 관심 없어 보이는 주인이 흥정은 물론 호객 행위까지 하
는 모습에 누구나 정품이라고 생각지 못했을 것이다. 하지만 이 매장
은 진짜 디젤이 운영하는 매장이었다. 'Go with the Flaw'라는 브랜
드 캠페인의 일환으로 디젤이 직접 결함이 있는 상품을 만들어냈다.
진짜를 가짜인 척했던 재미있는 시도는 소비자에게 화제가 됐을 뿐
아니라 희귀템으로 오히려 더 사랑을 받게 됐다.


### 폭스바겐, 자동차회사가 직접 맥주를 만들다니!


음주 운전 사고를 방지하기 위한 공익 광고는 수두룩하다. 하지
만 음주 운전을 막으려고 직접 무알코올 맥주를 만든 회사는 아마
폭스바겐밖에 없을 것이다. 음주 운전 사고가 증가하고 있는 아르헨

운전자들이 부담 없이 마실
수 있는 진짜 맥주 같은 무
알코올 맥주.
자료: 〈DDB Group Argen
tina〉 유튜브 채널

티나에서 폭스바겐은 참신하면서도 기발한 아이디어로 소비자의 관심을 끌었다. 바로 단 0.1%의 알코올도 들어 있지 않은 맥주를 만들어 운전자들이 즐길 수 있도록 한 것이다. 부에노스아이레스의 유명 바에 방문한 운전자들은 알코올은 한 방울도 들어 있지 않지만 진짜 맥주처럼 훌륭한 맛과 텍스처가 있는 폭스바겐 맥주를 마음껏 즐기고 안전하게 집까지 운전해갈 수 있었다. 음주 운전의 위험성을 알리고 음주 운전을 하지 않도록 소비자를 계도하는 것이 아니라 운전자들이 맥주를 마시는 분위기와 맛을 마음껏 즐기고 자신의 차를 운전할 수도 있는 새로운 경험을 제공함으로써 자동차회사로서의 사회적 책임을 다한 것이다.

## 루이비통, 고전 게임을 만들다

루이비통은 2019년 F/W 컬렉션을 공개하면서 '엔드리스 러너

명품 브랜드가 만든 복고풍
게임.
자료: 루이비통 'ENDLESS
RUNNER' 게임 사이트

ENDLESS RUNNER'라는 게임을 출시했다. 이 게임은 요즘 흔히 볼 수 있는 화려한 그래픽 게임과 달리 1980년대 아케이드 게임을 보는 것처럼 투박하다. 온라인에서 누구나 즐길 수 있으며, 게임 방법도 단순해 키보드의 방향키와 스페이스바만 이용하면 된다. 이 게임은 뉴욕의 밤거리를 달리면서 중간에 등장하는 장애물을 피하고, 스페셜 아이템인 LV 로고를 획득해 점수를 얻는 것으로 묘하게 중독성이 있어 젊은층의 인기를 끌고 있다. 루이비통 외에 구찌도 유사한 복고풍의 게임을 출시했다. 이 브랜드들은 화려한 무대와 압도적인 스케일로 새 컬렉션을 소개함으로써 브랜드 파워를 과시하려고 하는 기존의 명품 브랜드의 마케팅 공식에서 벗어나 밀레니얼 세대의 소비자에게 보다 친근하게 다가가려고 한다. 이전의 럭셔리 마케팅 활동에서는 상상할 수 없었던 방식이다.

# 의외성이 있는 초균형 마케팅 활동의 필수 고려 요소

마케팅 활동에서 의외성은 늘 중요한 화두다. 남들이 하지 않는 것, 보지 못한 것, 새로운 것을 찾아야 하기 때문이다. 하지만 상식의 틀과 생각의 균형을 깨는 마케팅 활동이라 해서 무조건 자극적이거나 특이한 것만 생각해서는 안 된다. 의외성에 대한 소비자의 반응과 이후 형성될 브랜드에 대한 감정까지 고려해야 한다. 강한 자극을 주면서도 관심을 끌고 긍정적인 연상을 형성할 수 있는 의외성 있는 콘텐츠가 갖춰야 할 요소들은 다음과 같다.

첫째, 소비자의 추측 기제를 파괴할 수 있는가? 타사의 사례에 기초한 것이든, 소비자의 상상력에 기초한 것이든 어떤 마케팅 활동이 있을 것이라고 예상 또는 추측할 수 있다면 관심을 끌기 어렵다. 이런 경우엔 새로운 시도도 그다지 새롭지 않다.

둘째, 사람의 호기심을 자극할 수 있는가? 기업 관점에서는 획기적인 시도라고 하지만 소비자의 관점에서는 아무런 자극이 되지 못

마케팅 활동에서 의외성은 늘 중요한 화두다. 남들이 하지 않는 것, 보지 못한 것, 새로운 것을 찾아야 하기 때문이다. 마케터는 자사 제품과 서비스의 매력을 어필하는 데만 초점을 맞추면 안 된다. 브랜드 가치를 높이면서도 이목을 끌 수 있는 해결책을 궁리해야 한다.
자료: 셔터스톡

할 수도 있다. 궁극적으로 소비자에게 새 경험을 제공하는 것이 목표임을 잊지 말고 소비자가 흥미를 가질 만한 의외성을 발굴해야 한다.

셋째, 소비자에게 긍정적인 감정을 유발하는가? 의외성과 새로움에 집중하다 보면 지나치게 자극적이 되는 경우가 많다. 유머나 즐거움 등의 긍정적인 감정으로 줄 수 있는 임팩트가 적다고 생각될 경우 공포 같은 부정적인 자극에 집중하기도 한다. 하지만 사람에게는 유쾌하지 못한 기억을 무의식적으로 잊으려 하는 능동적 망각이라는 기제가 있기 때문에 가급적 불쾌한 감정을 느끼게 해서는 안 된다.

넷째, 브랜드 자산 가치 형성에 기여하는가? 생각의 균형을 깬다는 것이 새로움만을 위한 새로움이 돼서는 안 되며, 단기 성과를 내는 데만 집중해서도 안 된다. 이런 시도가 중장기적으로 브랜드 마케팅 활동에 어떤 영향을 끼칠 수 있는지 고려해야 한다. 상상을 초월하는 의외성이더라도 브랜드가 지향하는 바를 담고 있어야 한다.

나날이 신기술이 등장하고 있고 소비자는 전 세계에서 일어나는 일과 수많은 콘텐츠를 단 한 번의 클릭으로 확인할 수 있다. 노출되는 정보가 많다 보니 소비자들은 웬만한 자극으로는 눈길을 돌리지 않는다. 관심을 끌었다 하더라도 빠르게 소비하고 쉽게 기억에서 지우기도 한다. 우리가 살고 있는 환경이 과거와 달라진 만큼 마케팅 방식도 과거와 달라져야 한다. 익숙한 것에서 벗어나 생각지 못했던 상식의 균형을 깨는 시도가 전 세계 곳곳에서 일어나고 있다. 이 대열에 동참하지 못하면 소비자의 외면을 받을 수밖에 없다. 그렇다고 마케터가 자사 제품과 서비스의 매력을 어필하는 것 자체에만 초점을 맞춰서는 안 된다. 브랜드 가치를 높이면서도 이목을 끌 수 있는 의외성 있는 솔루션을 고민해야 한다.

# Chapter 3

## Space Shift:
## 공간의 역할이
## 진화되다

'조물주 위에 건물주'라고 풍자되는 세상이지만 '공간'의 효용에 대한 사회의 평가는 그리 좋지 않다. 위워크 같은 코워킹 스페이스가 자리 잡으면서 오피스 빌딩의 공실은 늘어만 간다. 물리적인 매장의 효용 가치는 계속 줄어들며 온라인 커머스에게 자리를 내주고 있다. 소비자 또한 공간에 냉담해지고 있다. 오늘날의 고객은 공간에서 단 한 푼 쓰지 않고 서성이기만 한다. 왼손으로 매장에서 물건을 만져보고 오른손으로 스마트폰을 이용해 최저가를 찾아 구매 버튼을 누르는 일이 당연시되고 있다. 이렇게 비즈니스 전반에서 공간의 가치가 줄어드는 상황에서 브랜드들은 내가 가진 공간에서 무엇을 해야 하고, 무엇을 팔아야 하며, 무엇을 말해야 할지 처음부터 다시 생각해봐야 하는 시기가 됐다.

# 공간의 몰락

## 피부로 느껴지는 공간의 몰락

공간이 가지는 비즈니스적인 가치 하락은 어제오늘 일이 아니다. 거스를 수 없는 필연적인 조류라고 봐야 한다. 백화점, 아울렛, 대형 할인점 등의 규모 있는 유통 공간은 신규 출점이 거의 끊겼다. 업계

**유통 채널별 전년 대비 매장 증감 수**
■ 백화점&아울렛  ■ 대형할인점

10
3  6  3
2015  2016  2017  0

자료: 각사 통계 취합(현대백화점, 신세계, 롯데, 홈플러스)

**주유소 전년 대비 점포 증감 수**

−294  −168  −225
2015  2016  2017

자료: 한국주유소협회

**은행 전년 대비 영업점 증감 수**

−123  −175
−321
2015  2016  2017

자료: 금융감독원

전체의 출점 수를 모두 더해도 매년 10건을 넘기기 힘들다.

주유소는 매년 100개가 넘는 점포가 폐점하고 있다. '주유소를 운영하면 알부자'라는 인식은 옛말이 돼버렸다. 주유소를 정식 폐점하려면 큰돈이 드는 우리나라의 법규를 감안하면 실질적으로 운영하지 않은 채 버려진 주유소는 훨씬 많을 것이다.

은행의 공간 축소는 더욱 본격적이다. 은행의 영업 점포 축소는 몇 년간 본격적으로 진행되었으며, 현재는 더 줄일 곳이 없는 상태에 도달한 것으로 보인다. 최근에는 ATM 기기도 줄어들고 있다. 현금과 통장 사용 비중이 줄면서 ATM 수요가 줄어들었기 때문이다. 이제는 ATM을 놓을 한 평의 땅도 의미가 없어졌다는 이야기다.

## 해외에서도 공간이 몰락하고 있다

해외도 우리나라와 비슷하다. 백화점 왕국인 일본에서도 도태되는 백화점이 늘고 있다. 일본의 백화점 수는 10년 동안 280개에서 219개로 약 28% 줄었다. 이마가타현의 오오누마백화점, 기타쿠슈시의 이즈츠야백화점 같은 지방 대형 백화점이 연달아 경영 위기에 돌입하고 파산했다. 대도시의 백화점들만 해외 여행객의 방문 덕분에 매출을 가까스로 유지하고 있는 형편이다. 미국도 사정은 비슷하다. 장난감 분야의 카테고리 킬러 토이저러스가 파산했고, 월마트와 베스트바이 같은 거대 유통 공룡은 회생의 기회를 마련하기 위해 10년간 고생하며 기업의 체질을 완전히 바꿔야만 했다.

디지털 혁신으로 시어스, 토이저러스 등 미국 전역 어디에서나 쉽게 볼 수 있던 매장들이 파산 수순을 밟고 있다.
자료: 위키백과

## 소비자의 행동 변화가 전통적 공간의 몰락을 촉진하다

공간의 가치가 낮아지는 이유로는 큰 폭으로 상승한 임대료, 온라인과 모바일 중심의 비즈니스 성장 같은 사회적·기술적 원인이 있다. 하지만 본격적으로 기업들이 위기감을 느끼게 된 이유는 이러한 원인들로 인해 소비자의 구매 행동이 바뀌기 시작했기 때문이다. 드라마틱하게 변한 소비자 행동은 3가지 키워드로 설명할 수 있다.

### 언택트Un-tact, 가능하면 점원과 대화하지 않는다

패스트푸드점의 키오스크, 이니스프리의 '혼자 볼게요' 바구니 등 점원과 의사소통하지 않는 것을 원하는 고객을 배려하는 형태의 서비스가 각광받고 있다. 직접 대화하는 것을 꺼려하는 젊은 세대에

이니스프리의 언택트 마케팅은 쇼핑 시 매장 내 직원이 설명해 주는 것조차 부담스러워하는 신세대 소비층을 겨냥한 전략이다.
자료: 〈데일리팝〉 유튜브 채널

게 매장 점원의 의사 소통 시도는 피곤한 일이다. 이는 고객이 모바일이나 온라인 등 비대면 수단을 선택하고 공간을 멀리하는 원인이 된다.

### 크로스오버, 구경과 구매는 다른 이야기다

온라인을 통해 쉽게 제품 정보를 습득할 수 있게 되면서 매장에서 정보를 습득하고 모바일에서 사거나(쇼루밍), 모바일에서 정보를 확인하고 매장에서 구매만 진행하거나(역쇼루밍), 이 둘을 결합한 형태(옴니쇼퍼)의 구매 습관을 보이는 고객이 전체 고객의 반 이상을 차지하는 것으로 조사됐다. 이들은 일반 매장 내 디스플레이와 세일즈 토크에 반응하지 않고 주도적으로 구매를 결정한다. 그래서 전통적인 공간의 기능으로는 더 이상 그들을 만족시키기 어렵다.

**마이크로 테이스트, 내가 원하는 제품은 인터넷에만 있다**

    나의 사회적 가치관이나 특별한 취향에 맞는 제품을 추천하는 마이크로 인플루언서의 영향이 커지고 있다. 그 덕분에 지금의 고객은 이전보다 다양하고 세분화된 취향의 스펙트럼을 가지고 있다. 이런 세분화된 취향을 한정된 공간에서 채우기에는 한계가 있어 현재

핸드메이드 상품 전문 플랫폼인 아이디어스의 성공 원인은 기존의 MD가 진행하던 기획의 역할을 축소하고, 대신 생산자의 계정을 소셜미디어화해 소비자와 직접 만나게 하는 것이다.
자료: 아이디어스 홈페이지

제주도의 유기동물 후원 단체인 제제프렌즈의 굿즈. 현재의 소비자는 제주도에 살지 않아도 온라인으로 굿즈를 구매하며 사회적 가치를 후원한다.
자료: 제제프렌즈 홈페이지

고객의 '취향을 저격'하는 마이크로 브랜드들은 최소한의 오프라인 접점만 가지고 온라인 중심으로 확장하는 전략을 취하고 있다. 개인이 수공예로 만든 물건이나 사회적 가치를 후원하기 위한 단체가 만든 아이템이나 굿즈는 대중적인 수요가 있지는 않기 때문에 오프라인 매장에서 판매하기 어렵다. 이러한 상품들이 온라인 매장 중심으로 판매되기 때문에 마이너한 취향을 가진 소비자들은 계속해서 오프라인 매장을 외면하게 되는 것이다.

# 새로운 해석을 통해
# 가치 있는 공간으로 재탄생하다

## 이곳에 와야 할 이유는 '구매'가 아니다

임대료는 나날이 오르는데 고객의 관심도는 계속 떨어지는 지금, 커머스 관점에서의 물리적 공간은 새롭게 해석돼야 한다. 공간이 고객에게 줄 수 있는 혜택을 재정의하고 온라인에 비해 경쟁력이 떨어진 '판매' 행위의 가치를 높이는 방안을 고민해야 한다. 공간에 새로운 가치를 부여하기 위해 공간 자체에 의미를 부여하고, 이를 경험할 수 있도록 해야 하는 것이다. 모바일로 모든 것을 해결할 수 있는 시대에 매장에 방문하게 하려면 쇼핑보다 더 큰 이유가 필요하다.

### 아이덴티티를 명확히 보여주기 위해 제품도 배제하는 젠틀몬스터

젠틀몬스터는 제품과 브랜드의 콘셉트가 조화를 이루는 오프라인 매장과, 제품은 없고 오직 브랜딩을 위한 공간 디자인만 존재하는 콘셉트 스토어 BAT를 동시에 운영한다. BAT는 신사동 가로수 길에 위치하고 있는데, 이 공간에 젠틀몬스터의 그 어떤 제품도 디스플레이 되어 있지 않다. 매장 내에 옥수수밭을 만들고 카페를 열거나 수많은 만화책을 빨간색으로 칠한 전시를 하는 등 젠틀몬스터 특유의 아이덴티티와 감성을 고객에게 전달하고 있다.

이런 아이디어는 크리에이티브할 뿐 아니라 전략적이기도 하다. 선글라스는 단독 매장보다 면세점, 백화점, 안경점 등 다른 브랜드와 동시에 구경할 수 있는 곳에서 구매하는 경우가 잦다. 오프라인 단독 매장이 가지는 판매처로서의 가치는 다른 의류, 잡화에 비해 낮다는 이야기다. 따라서 젠틀몬스터는 플래그십 스토어 내 매대 설치에 의미를 두지 않았다.

젠틀몬스터는 콘셉트 스토어를 통해 고객에게 브랜드의 아이덴티티를 각인시키는 데 집중하는 방식의 전략을 유지하고 있다.
자료: 젠틀몬스터 홈페이지

## 쇼핑 플레이스가 아닌 엔터테인먼트 플레이스가 된 제너럴팬츠와 빔즈

오스트레일리아의 캐주얼 의류 판매 매장 제너럴팬츠는 다운타운의 대형 매장을 중심으로 운영한다. 제너럴팬츠는 고객의 방문 빈도를 높이기 위해 쇼핑의 즐거움을 극대화하는 방식으로 매장을 재구성했다. 매장 내 키오스크를 통해 고객이 직접 매장 내 음악을 선곡할 수 있으며, 입어본 옷을 다른 고객에게 피드백을 받을 수 있고, 자신의 소셜미디어에 빠르게 공유할 수도 있다. 그 외에 아케이드 게임기나 농구 코트를 매장 내에 설치해 특별한 구매 목적 없이도 다운타운에 오게 되면 습관적으로 들리는 곳으로 만들었다. 매장을 구매 의사와 상관없이 놀러오는 공간으로 만드는 전략은 영 타깃 대

제너럴팬츠는 키오스크를 통해 고객 간 비대면 소통의 장을 만들 뿐 아니라 매장 내 농구 코트를 설치했다.
자료: 〈retailbiz〉

빔즈와 벳푸 온천의 콜라보레이션으로 매장에 설치한 족욕 공간은 누구든 무료로 사용할 수 있다. 빔즈의 라이프스타일 매거진도 비치해놓았다.
자료: 빔즈

상의 캐주얼 패션 브랜드나 편집숍에서 주로 시도한다.

일본의 편집숍 브랜드 빔즈BEAMS는 매장 안에 스타벅스 매장을 만들고 콜라보레이션 굿즈를 판매하거나, 1층에 히노끼 족욕 공간을 만들어 지나가는 사람을 매장에 들어오게 만들었다.


## 다른 서비스와 결합해 새로운 공간이 된다

공간에 새로운 가치를 부여하기 위한 또 다른 방식은 다른 서비스를 흡수하거나 연계하는 것이다. 다른 서비스를 흡수해 고객의 시간을 줄여주거나 기존 서비스와 다른 서비스를 융합해 완전히 새로운 공간으로 자신을 정의한다.

식품점이 메인이고 주유소를 겸하는 와와, 편의점이면서 세탁·프린트·우편물 발송과 심지어 은행 업무까지 제공하는 로손 등은 미래 소매 유통 플랫폼으로 진화하고 있다.
자료: 위키피디아(왼쪽), 〈마이니치신문〉(오른쪽)

### 다른 서비스를 흡수해 고객의 시간과 수고를 줄여주는 로손과 와와

전통적인 공간 역할의 한계를 절감한 브랜드들은 다른 점포의 서비스를 이식해 모든 서비스를 빠르고 쉽게 이용할 수 있는 허브의 역할을 제공하려 노력하고 있다.

주유소에 편의점이 붙어 있는 점포는 국내외에서 쉽게 볼 수 있다. 대부분의 주유소 내 편의점은 주유하러 온 사람이 음료와 간식거리를 사는 곳 이상의 역할을 하기 어려웠다. 특이하게도 '와와'는 식품점이 메인이고 주유소를 겸하는 개념의 매장이다. 스스로를 '테이크아웃 레스토랑'으로 정의하고 신선한 식사와 다양한 커피를 제공한다. 와와는 '12달러 가치의 호기 샌드위치를 6달러에 사고 기름도 넣어 가는 곳'으로 인식되면서 주유소 옆 편의점과는 전혀 다른 매장이 됐다. 와와는 현재 미국 내 커피 판매량 8위를 차지하고 있고, 미국 동부 사람들이 우리 동네에 생기길 기대하는 브랜드가 됐다.

일본 3위의 편의점 브랜드 로손은 2018년 10월부터 은행 업무

도이치방크 Q110 내부. 월드컵을
맞아 관련 상품을 판매하고 내부에
서 카페를 운영한다.
자료: Creative City Berlin 페이스북

KEB하나은행 컬처뱅크 전경. 컬처
뱅크는 지점마다 다른 브랜드와 제
휴해 각 지점의 개성을 살린다.
자료: The Financial Brand 페이
스북

를 개시했다. 공과금, 신문 구독료 등을 직접 납부하는 비율이 높은 일본에서 안정적인 수요를 기대할 수 있기 때문이다. 은행 점포의 3배에 달하는 높은 접근성을 기반으로 로손뱅크는 기존 은행을 위협하고 있다. 일본은 인터넷뱅킹과 모바일뱅킹 인프라가 부족하고, 편의점이 물건 구매 외에 다양한 서비스를 해결하는 공간이라는 인식이 한국보다 더 일반적이기에 효과적인 시도라고 할 수 있다.

### 라이프스타일숍＋은행, 도이치방크 Q110과 KEB하나은행 컬처뱅크

매장에 방문할 이유를 더하기 위해 일부 매장은 단순한 콜라보레이션이 아닌 근본적인 서비스의 융합을 만들고 있다. 도이치방크는 베를린에서 Q110Quartier110이라는 브랜치를 운영한다. 매장에 포르쉐 자동차를 전시하거나 고객이 마음껏 서비스를 경험할 수 있도록 아이를 돌봐주는 공간을 마련해놓았다. 은행 창구보다 먼저 만날 수 있도록 입구에 배치된 Q110의 라이프스타일숍은 주목할 만한 신기술이나 신제품의 전시장 역할도 한다. 삼성전자도 여기에서 모바일 영화 상영제를 개최한 바 있다. Q110은 현재 리테일업계에서 팝업 스토어가 하는 역할을 매장 내에서 구현하고 있는 것이다.

도이치방크가 선도하는 은행 공간의 변화 트렌드를 받아 KEB하나은행에서는 29CM(라이프스타일 커머스), 베리띵즈(자연 콘셉트의 문화 프로젝트 그룹), 엔트러사이트(카페), 북바이북(독서 중심의 복합 문화 플랫폼) 등 라이프스타일을 제시하는 다양한 브랜드와 콜라보레이션을 통해 '컬처뱅크'를 런칭했다. 매장마다 힐링, 컬처, 자연 등 확연한 콘셉트가 있다. 예를 들어 기존 은행에서 볼 수 없는 도심 속 정원,

공방, 서점과 같은 공간을 만들어낸 것이다. KEB하나은행은 존재 가치가 약해지는 은행의 브랜치들을 지역의 문화 공간으로 변화시킨다는 비전을 가지고 있다.

## 온라인을 이길 수 없다면 끌어안는다

온라인 커머스의 약진을 무시할 수 없기에, 어떤 브랜드는 매장의 일부 역할을 온라인으로 넘기거나, 온라인에서 필요로 하는 거점의 기능을 수행하는 방식으로 공간의 역할을 재정의한다. 즉 공간의 이점을 살리면서 온라인 대비 불리한 요소는 과감히 버려 경쟁력을 유지하는 것이다. 이런 접근은 온라인 기반 리테일회사와 오프라인 기반 리테일회사 모두에서 볼 수 있다.

온라인 리테일회사는 구매부터 배송까지의 단계 가운데 고객과 직접 접촉하는 마지막 조각을 완성하기 위해서, 오프라인 리테일회사는 산재해 있는 오프라인 공간의 효율을 극대화하기 위해서다. 두 형태의 회사 모두 온라인과 오프라인이 조화를 이루는 가장 효과적인 형태를 도출하기 위해 수많은 대안을 내놓고 있다.

### 온라인 쇼핑의 단점을 메워주다, 롯데와 아마존

온오프라인 거점을 모두 보유한 브랜드들은 옴니쇼핑 개념을 도입하고 있다. 온라인 제품 수령의 거점화 등을 통해 오프라인 공간의 가치를 유지할 수 있기 때문이다. 편의점부터 백화점까지 대한민

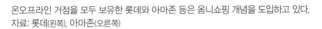
온오프라인 거점을 모두 보유한 롯데와 아마존 등은 옴니쇼핑 개념을 도입하고 있다.
자료: 롯데(왼쪽), 아마존(오른쪽)

국에서 가장 많은 오프라인 공간을 보유한 롯데는 공간을 최대한 활용할 수 있는 대안을 내놓고 있다. 롯데스마트픽은 롯데닷컴에서 구매한 물건을 롯데마트나 세븐일레븐에서 수령 및 반품할 수 있는 서비스다. 영업시간 내 백화점 방문이나 택배 수령이 어려운 고객이 타깃이다.

아마존은 식료품 판매 시장에서 오프라인 매장 대비 떨어지는 신선도 이슈를 해결하기 위해 오프라인 거점에서 트렁크에 직접 식품을 실어주는 프레시 픽업 서비스를 운영한다. 이를 통해 기존 아마존 프라임 회원이 식료품까지 아마존에서 구매하도록 유도하는 동시에 휴일의 반나절을 할애해야 하는 오프라인 매장에서의 구매 시간을 아끼는 생활습관을 만들어주려고 노력한다. 이런 서비스들은 기존 고객의 이탈을 방지하는 데 목적이 있다. 이 서비스를 경험한 고객이 계속 자사 브랜드를 이용하도록 록인하게 만드는 것이다.

### 배송은 온라인에 넘기고 완벽한 쇼룸이 되다, 허마센셩

어느새 쇼루밍 형태의 쇼핑 습관을 가진 고객이 주류가 되고 있다. 오프라인 공간은 제품 전시장이자 주문 접수의 역할만 하고, 제품은 집에서 수령하는 형태로 바뀌고 있는 것이다. 알리바바가 런칭한 프리미엄 슈퍼마켓 허마셴성은 전국 20개 도시에 110개가 넘는 매장을 보유한 신선식품 매장이다. 영토가 넓고 전국 인프라가 균등하지 못한 중국에서 신선식품을 냉장 상태로 안전하게 유통하는 전국 단위의 '콜드체인' 분야는 미개척 분야에 가깝다. 이런 점을 감안하면 허마셴성의 서비스는 중국 내에서는 혁신적이다.

허마셴성은 상품이 있는 모든 매대에 QR코드가 설치돼 있다. QR코드를 촬영하면 직원이 마트 천장에 돌아가는 컨베이어벨트에 물건을 담아 배송할 수 있도록 한다. 고객은 제품을 실을 카트나 운

허마셴성 매장 천장의 컨테이너 벨트를 통해 고객이 선택한 상품을 배송 준비 공간으로 옮긴다.
자료: 〈플래텀〉(위), 〈비즈조선〉(아래)

송 수단 없이 쇼핑을 마칠 수 있다. 어플리케이션을 통해 조리법을 선택하면 조리된 상태로도 배달된다. 고객은 장바구니 없이 핸드폰만 들고 쇼핑이 가능해지는 것이다.

허마셴성은 '매장 반경 3km 내 30분 내 배달'이라는 기준을 세우고 있다. 허마셴성 반경 3km 내에 있는 곳은 '허세권'으로 불린다. 허마셴성 덕분에 집값이 상승한다는 말이 있을 정도다. 허마셴성은 일반 마트에 비해 가격대가 2배 정도 높게 책정돼 있다. 하지만 경쟁 마트 대비 신선도에서 월등하다는 점, '한 번 차려서 먹고 치우는' 소포장 중심 판매를 주력으로 삼는다는 점을 통해 경쟁력을 유지하고 있다. 장용 허마셴성 CEO는 "쇼핑 습관이 변하면서 고객의 방문 및 구매가 빈번해질 것으로 기대한다. 구매한 음식의 3분의 1을 버리는 기존 식자재 쇼핑 방식이 변할 것으로 예상하며, 3년 내 고객의 집에서 냉장고를 없애게 될 것"이라고 언급했다.

허마셴성이 시대의 트렌드와 O2O 기술 발전의 토대 위에서 나타난 새로운 콘셉트의 유통 공간이라면, 이마트는 할인마트 전성시대의 최전선에 있는 전통의 유통 강자다. 이런 이마트도 고객의 니즈에 맞춰 유통 및 배송 구조를 빠르게 재편하고 있다. 트렌디한 상품 큐레이팅 능력과 샛별배송을 통해 젊은 주부를 대상으로 급성장한 마켓컬리와의 경쟁을 피할 수 없기 때문이다. 그 일환으로 이제 이마트도 새벽 배송 시장에 진출했다. 마트가 곧 배송 거점이 되는 방식으로 오프라인 중심 유통 기업만의 강점을 이용한 유통 구조를 확립하고 있다.

이에 맞춰 '쓱세권'이라는 표현을 쓰면서 새벽 배송 범위를 정의

이마트의 알비백은 온라인 구매상에서 고객과의 유일한 접점인 제품 수령의 순간에 제품을 반영구적으로 사용 가능한 보냉백에 담아 제공한다.
자료: 이마트

하고 '알비백'을 필두로 공격적인 캠페인을 하고 있다. 알비백은 다시 돌아온다는 의미로, 재활용 가능한 보냉백을 만들어 일회용 보냉 종이박스를 쓰는 마켓컬리와 차별화했다. 이 보냉백은 제품의 신선함을 담보하고, 고객과 마트가 오래 지속되는 관계를 형성하도록 돕는다. 환경 이슈, 과대 포장 이슈에 대한 훌륭한 대응이기도 하다. 앞으로 오프라인 매장이 여가 시간을 보내기 위한 장소이자 쇼룸 역할을 하게 될 것으로 예상하는 이마트는 마트에서 봤던 물건을 새벽에 받아보는 쇼핑 경험을 구축해 오프라인에서의 우위와 신뢰를 온라인에서도 유지하기 위한 전략을 실행하고 있다.

공간의 효율을 생각하지 않고 비즈니스를 하는 기업은 아마 없을 것이다. 살인적인 임대료를 감당해야 하는 서울의 직장가에서 저녁 장사만 하는 호프집이 낮에는 직장인을 상대로 점심 식사 장사를 하는 것도 같은 이유에서이다. 이렇듯 공간을 최대한 이용하고 공간에 들이는 비용을 최소화하기 위한 노력은 이전부터 계속되어왔다. 공간에 들이는 비용을 줄이고 효율을 최대화하려는 노력은 비즈니스의 '생존'을 위해 필수적인 요소이다. 이런 노력이 새벽 배송이나 위워크같이 효율적이고 신뢰할 수 있는 솔루션을 만나면서 전통적 공간의 몰락이 일어나고 있다. 따라서 고객이 접근하기 애매한 리테일 공간이나 오피스 공간에 임대 팻말이 나붙는 모습은 앞으로도 지속될 가능성이 높다.

시대가 바뀌어도 변하지 않는 것이 있다. 하루는 24시간이다. 그리고 퇴근 후와 주말에 방문해야 할 장소는 여전히 필요하다. 아직 기술이 충분히 발전하지 못해 당분간은 오프라인 커머스가 온라인 커머스보다 더 현실감 있고 즉각적인 경험을 제공할 것이다. 아마존 같은 온라인 커머스가 오프라인 고객 접점을 만들어가는 것이 그 증거다. 따라서 향후 오프라인 공간들은 매장 내에서의 고객 경험을 더 즐겁고 충실하게 만들어주기 위한 방향으로 발전해야 한다. 예를 들면 놀이 공간이 되거나 예술적이고 고차원적인 경험을 더하거나 또는 기존의 공간에서 기대하지 못했던 새로운 가치를 심어주는 등의 방식이다. 공간이 고객에게 어떤 경험을 제공할 것인지, 비즈니스 차원에서 이 공간이 우리 브랜드에 어떤 이익을 기대할 수 있는지 깊게 고민해야 하는 시점이다. 그래야 전통적 공간의 몰락에 휩쓸리지 않고 비즈니스의 가치를 유지할 수 있을 것이기 때문이다.

# Chapter 4

# 감수성의 시대: 사회적 편견에 질문을 던지다

젠더 감수성, 인권 감수성 등 요즘 우리나라에서는 감수성이란 키워드가 새롭게 주목받고 있다. 감수성이란 일상에서 마주하는 여러 요소를 면밀하게 살피고, 느끼고, 이해하며, 타인의 입장을 공감하고 행동하는 것을 의미한다.

성별, 인종, 장애 등 본인의 의지와 상관없이 생기는 다름으로 인해 받는 부당한 대접이나 차별에 대한 대중의 인식이 바뀌고 있다. 2017년 미국에서 할리우드의 유명 영화 제작자의 성추문을 폭로하고 비난하는 것으로 시작돼 전 세계적으로 확산된 미투 운동이나 오랜 기간 화두였던 인종차별 반대 운동 등 단지 힘을 가진 계층과 다르다는 이유로 불이익을 받거나 피해를 보는 것에 대해 모른 척하지 않는 사회적 분위기가 형성되고 있는 것이다.

브랜드 차원에서도 사회의 변화 흐름을 파악하지 못해 부정적 여론에 휩싸이거나 반대로 세심한 감수성으로 소비자의 관심과 사랑을 받는 브랜드들이 등장하고 있다. 소셜미디어의 성장으로 인해 인종이나 성별 등에 대한 감수성이 낮은 마케팅 활동은 분노를 유발해 브랜드에 회복할 수 없는 위기를 초래하기도 한다. 사람과 사람 간의 관계뿐 아니라 브랜드가 사람을 대하는 자세에서도 감수성 지수를 높여야 할 시대가 된 것이다.

# 마케팅 매니지먼트의
# 변화

　　마케팅 활동이 소비자의 마음을 움직이려면 그 시대상을 잘 반영해야 한다. 과거의 마케팅 활동은 경쟁 브랜드 대비 차별적인 우위를 보여주는 상품 자체에 초점을 맞춘 접근이었다. 하지만 기술이 표준화되고 품질이나 속성 측면에서 상품 간의 차별적 특성이 줄면서 구매 의사 결정에 브랜드는 중요한 요소가 됐다.

　　마케팅 차원에서도 상품 자체의 차별성을 강조하기보다 브랜드가 존재하는 이유와 아이덴티티, 브랜드의 성격을 규정하고 이를 전

**마케팅 관리의 변화**

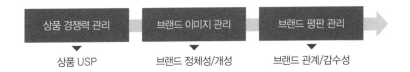

달함으로써 다른 브랜드와 차별화시키려는 브랜드 관리에 초점을 맞춘 접근이 주목받게 됐다. 디지털 시대에 접어들자 소비자들이 정보의 주도권을 가지게 되었고, 구매 의사 결정 과정 또한 다변화되면서 요즘 소비자는 기업이 발신하는 브랜드 메시지에 관심을 기울이지 않고 있다. 따라서 일방적으로 우리 브랜드를 알리는 데 집중하기보다 브랜드의 가치관을 소비자와 공유하고 진정성 있는 관계를 형성하는 것이 필요한 시대가 된 것이다. 즉 생산자 관점에서 상품이나 브랜드를 소비자에게 알리고자 하는 과거의 마케팅 방식에서 벗어나 소비자와 브랜드의 가치관을 공유하고 교감을 높일 수 있는 사회적 관점에서의 마케팅 활동이 중요해지고 있다.

# 감수성의 중요성

사회적 관점에서의 마케팅 활동에서 가장 중요한 것은 소비자와의 관계 형성이다. 여기서 관계란 단순히 상품을 구매한 고객 관리 차원에서의 마케팅 활동이 아닌 브랜드를 중심으로 형성되는 강한 유대감을 의미한다. 최근 진행된 많은 연구를 보면 소비자가 다양한 정보를 탐색하고 구매 의사 결정 과정도 복잡해지면서 이전 대비 브랜드 로열티의 개념이 약해지는 것으로 나타났다. 하나의 브랜드를 고집하기보다 다양한 정보를 바탕으로 구매 시점에 자신에게 맞는 브랜드를 선택하기 때문이다. 이렇게 이성적으로 다양한 정보를 고려하는 소비자라 하더라도 감성적으로 강한 유대가 형성된 브랜드에 대해서는 무조건적인 지지와 충성을 보내기도 한다. 소비자와의 감성적인 유대를 높이기 위해 브랜드가 갖춰야 할 역량은 진정성 있는 태도와 적극적인 소통 등이 있지만 요즘 시대에 눈여겨봐야 할 것은 시대적 흐름을 읽는 감수성이다.

## 브랜드 감수성의 정의

브랜드 감수성이란 끊임없이 변하는 사회적 맥락을 타깃의 눈높이에서 함께 고민하고 그들이 나아가고자 하는 변화의 물결을 증폭시키는 실체적 행동을 보여줌으로써 살아 있는 브랜드로서 스스로의 존재 의미를 증명하는 것을 의미한다. 단, 주의해야 할 것은 브랜드 감수성을 사회적 약자에 대한 배려, 환경 보호 등의 사회 공헌 활동CSR과 동일한 것으로 생각해서는 안 된다는 점이다.

CSR 활동이 사회의 구성원 중 하나로서 기업이 사회적 책임을 다하기 위한 목적으로 진행되는 것이라면, 브랜드 감수성에 근거한 마케팅 활동은 책임의 차원이 아닌 기업의 신념이 자연스럽게 표출되는 활동이다. CSR 활동은 기업의 평판 관리를 위해 다른 기업이 하는 것과 유사한 활동을 의무적으로도 모방할 수 있지만, 브랜드 감수성은 사회적으로 화두가 되고 있는 주요 이슈에 대해 브랜드가 가지고 있는 철학과 가치관을 보여줄 수 있어야 하므로 다른 기업의 활동을 단순히 따라 해서는 진정성을 의심받기 쉽다.

## 감수성 부족으로 위기를 초래한 브랜드

미국 트럼프 대통령의 강경한 이민 정책에 대한 반발, 인종이나 종교·사상적 차이 등의 이유로 인한 박해를 피해 탈출하는 난민 문제 등 2010년대 들어 인권에 대한 관심이 높아지고 있다. 인종차별이나 성차별 문제는 오래전부터 사회 이슈가 되고 있었지만 지구 반대편의 소식을 쉽게 알 수 있는 글로벌 시대가 되고 소셜미디어가 성장한 2010년 이후 이 문제는 더욱 강한 사회적 화두가 되고 있다. 그럼에도 이러한 시대적 분위기를 파악하지 못해 위기를 자초하는 브랜드들이 있다.

### 중국의 문화를 비하해 불매 운동까지 일으킨 돌체앤가바나

2018년 돌체앤가바나는 상하이 패션쇼를 런칭하면서 젓가락으로 피자와 스파게티를 먹는 동양 모델이 등장하는 패션쇼 홍보 영상을 온에어 했다. 이 영상에는 서양인이 보기에 전형적인 동양인의 모습을 한 모델이 등장한다. 이 모델은 지저분한 배경 속에서 과장되고 우스꽝스러운 중국어 발음을 한다. 전반적인 분위기나 내용이 마치 중국의 문화가 미개한 것처럼 표현됐다. 영상에 대한 중국인들의 반발이 거세지던 상황이었음에도 불구하고 돌체앤가바나의 창립자 스테파노 가바나는 인스타그램에서 중국인들은 미개한 사람이라는 뉘앙스의 언쟁을 벌이고 조롱까지 했다.

동양인을 비하하는 인종차별적인 영상으로 문제를 일으킨 돌체앤가바나.
자료: CNN

2016년에도 동양인이 손으로 스파게티

를 먹는 인종차별적 화보를 제작해 논란을 일으킨 적 있는 돌체앤가바나의 행동에 중국 사회는 비난과 함께 불매 운동을 시작했다. 대표 소셜미디어인 웨이보에는 1억 개 이상의 비난 게시물이 올라왔다. 상하이 패션쇼에 출연하기로 했던 장쯔이를 포함한 유명 연예인과 모델들은 불참을 선언했다. 돌체앤가바나의 전속 모델들도 위약금을 감수하면서 전속 계약을 해지했다. 중국의 문화관광부는 패션쇼를 취소시키고 백화점과 대표 온라인 쇼핑몰 등에서 브랜드를 퇴출시켰다.

상황이 심각해지자 돌체앤가바나의 경영진이 공식 사과 영상을 웨이보에 게재했으나 인종에 대한 감수성이 떨어지는 이들의 행동은 전 세계의 부정 여론을 조성하기에 충분했다.

### 흑인에 대한 인종차별적 상품을 출시했다가 역풍을 맞은 구찌

구찌는 명품 브랜드의 권위를 내려놓고 밀레니얼 세대와 교감하고 소통하는 브랜드로의 변신에 성공해 젊은층의 찬사를 받고 있

인종차별적인 의류 제품으로 논란을 일으킨 구찌.
자료: 〈조선일보〉

다. 그런데 구찌가 2019년 초 인종에 대한 감수성이 떨어지는 패션을 선보여 논란을 일으켰다. 눈 아래에서 목까지 덮는 검은색 터틀넥 스웨터에 입 주변에 구멍을 내고 붉은 입술 모양을 그려 넣어 마치 블랙 페이스(흑인 얼굴)를 연상시키는 듯한 이 의류는 인종 차별적이라는 반발과 함께 구찌 불매 운동까지 일으키게 만들었다. 전 세계 언론 및 소셜미디어에서 비난이 거세지자 구찌는 사과 성명을 내고 해당 제품을 회수하는 동시에 판매를 중단했다. 5월에는 시크교도가 쓰는 터번을 모자로 출시했다가 종교적으로 신성시하는 복장을 액세서리로 전락시켰다며 다시 한 번 전 질타를 받기도 했다.

구찌는 브랜드 이미지에 치명적 영향을 끼치는 인종차별 문제를 일으키지 않기 위해 디자이너와 직원의 다양성에 대한 의식 향상을 위한 프로그램을 기획했다. 그 일환으로 다양성 책임자Global Director for Diversity and Inclusion라는 직책을 신설하고 미국 메이저리그 사무국에서 다양성 & 포용성 책임자로 일했던 르네 티라도를 영입했다.

### 여성에 대한 성차별적 고정관념으로 치명타를 맞은 빅토리아 시크릿

20년 이상 매년 연말이면 화려한 패션쇼로 소비자의 관심을 받아온 빅토리아 시크릿. 빅토리아 시크릿의 패션쇼는 엄청난 제작비와 전 세계에 중계되는 라이브 방송 등으로 패션업계에서 가장 큰 이벤트 가운데 하나라고 평가받는다. 이 쇼는 비현실적으로 보일 정도로 완벽한 비율의 몸매를 가진 '엔젤'이라 불리는 모델들을 등장시켜 전 세계 여성들의 선망 대상이 된 동시에 미의 기준에 대한 고정관념을 심어주게 됐다.

빅토리아 시크릿 홈페이지에 업로드된 2018년 빅토리아 시크릿 패션쇼 영상.
자료: 빅토리아 시크릿 홈페이지

하지만 밀레니얼 세대가 성장하면서 미의 기준에 대한 인식이 바뀌고 있다. 란제리 선택에 있어서도 내 몸에 맞는 편안한 것을 추구하는 트렌드가 생겨났다. 자신의 몸을 있는 그대로 사랑하자는 바디 포지티브Body Positive 인식이 확산되면서 빅토리아 시크릿도 이전의 성공을 누리지 못하고 있다. 가장 인기가 높았던 2001년에는 1,200만 명 이상이던 패션쇼 시청 인구가 2018년에는 330만 명 이하로 떨어졌고, 매출 또한 하락해 30%대를 상회하던 미국 내 시장 점유율이 2018년에는 24%까지 떨어졌다.

인기가 하락하게 된 계기는 시대 변화의 흐름을 읽지 못하고 성차별적 발언을 해서 물의를 일으킨 빅토리아 시크릿의 모기업 L브랜드의 마케팅 책임자 에드 라젝의 영향도 한몫했다. 라젝이 2018년 패션잡지 〈보그〉와의 인터뷰에서 패션쇼는 판타지이므로 트랜스젠

더나 플러스 사이즈의 모델은 내세우지 않을 것이라고 언급해 엄청난 반발을 일으켰다. 라젝의 공식 사과에도 불구하고 빅토리아 시크릿이 추구하는 미의 기준에 대한 여론이 회복되지 않자 빅토리아 시크릿은 2019년 첫 트랜스젠더 모델 발렌티나 삼파이오를 발탁했고, 라젝은 오랜 세월을 근무했던 빅토리아 시크릿을 사임했다.

## 타이밍을 놓치지 않은 용기 있는 지지

시대의 흐름을 읽지 못하는 낮은 인권 감수성으로 인해 문제를 일으킨 브랜드가 있는 반면, 시대적 흐름을 파악하고 브랜드의 정신과 연결시켜 소비자의 찬사를 받은 브랜드도 있다. 이런 브랜드의 특징은 사회 이슈에 편승하는 게 아니라 사회 이슈에 대한 기업의 진정성 있는 접근을 보여준다는 것이다.

### 나이키의 '저스트 두 잇' 30주년 캠페인

미국 경찰의 흑인 과잉 진압이 논란이 된 2016년, NFL 샌프란시스코 포티나이너스의 콜린 캐퍼닉은 경기 시작 전 국가 제창을 거부하고 기립 대신 무릎을 꿇는 퍼포먼스를 했다. 흑인 인종차별에 항의하는 의미로 한 이 퍼포먼스는 소속팀과 NFL을 넘어 전 스포츠계에서 이슈가 됐다. 트럼프 대통령의 공개 비난 탓이었는지 콜린 캐퍼닉은 2017년 계약 종료 후 실직하게 되었다.

나이키는 '저스트 두 잇Just Do It' 30주년 기념 '드림 크레이지

콜린 캐퍼닉을 등장시킨 나이키의 '드림 크레이지' 캠페인은 2019년 칸 페스티벌에서 옥외광고 부문 그 랑프리를 포함해 10개 이상의 상을 수상하는 등 캠페인 자체로도 성과를 거뒀다.
자료: 〈USA TODAY〉

Dream Crazy' 캠페인을 하면서 NFL 은퇴 이후 인권운동가로 활동하는 콜린 캐퍼닉을 메인 모델로 등장시켰다. 사회 이슈가 됐던 콜린 캐퍼닉의 모델 기용으로 초기에는 소셜미디어상에서 엄청난 비난과 함께 불매 운동까지 이어졌지만, 예상 외로 광고 열흘 만에 하락했던 주가가 반등하고 매출도 이전 대비 증가하는 등 긍정적인 성과가 나타났다. 특히 젊은층은 나이키의 과감한 선택에 찬사를 보냈다.

나이키는 여기서 그치지 않고 2019년 2월 아카데미 시상식에서 후속 캠페인 '드림 크레이지어Dream Crazier'를 선보였다. 인종차별을 다룬 전편에 이어 이 캠페인에서는 여성의 성차별을 주제로 다뤘다. 체조선수 시몬 바일스, 스노우보더 클로이 킴 등 유명 여성 스포츠

2019년 나이키는 세레나 윌리엄스가 나레이션한 '드림 크레이지어' 캠페인을 통해 사회적 시선과 불공평함에 굴하지 않고 최고의 선수가 되기 위해 도전하는 여성 스포츠인들의 메시지를 전하고 있다.
자료: 〈Nike〉 유튜브 채널

선수들의 모습과 함께 심판 판정에 항의해 이슈가 됐던 테니스 스타 세레나 윌리엄스의 목소리로 여성에 대한 사회적 편견과 고정관념에 대해 얘기했다. 그리고 이러한 세상의 인식과 편견에 맞서 여성들이 당당하게 도전해갈 것을 제안함으로써 사람들에게 다시 한 번 큰 울

림과 공감을 줬다. 인종차별이나 성차별 같은 사회적으로 민감한 이
슈를 외면하기보다 용기 있는 지지를 보낸 나이키는 고정관념이나
관습에 과감하게 도전하고 부당한 것에 저항하는 브랜드라는 이미
지를 강화하면서 젊은층의 전폭적인 지지를 받고 있다.

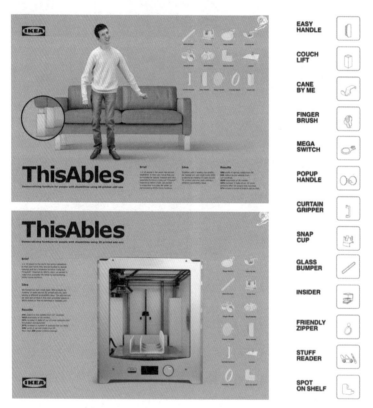

평소 쓰던 가구, 가구점에서 편히 살 수 있는 것에 손잡이, 스위치 등 간단히 부착할 수 있는 보조 도구를
하나만 더해도 장애인을 충분히 배려할 수 있다는 아이디어를 2019년 3월 이케아가 내놓았다. 이케아
이스라엘에서 비영리 단체와 협력해 이케아 가구용 손잡이 제품군인 '디스에이블스'를 개발했다. 이름에
서부터 아이디어가 돋보인다.
자료 : 〈이케아 이스라엘〉 유튜브 채널

## 장애인을 위한 가구 소품을 선보인 이케아

이케아 이스라엘은 장애인들이 일반적으로 설계된 가구와 소품을 쓰는 데 불편함을 겪고 있다는 사실을 인식하게 됐다. 이것이 장애인들이 일반인들처럼 이케아의 제품들을 편리하게 이용하도록 도와주는 '디스에이블스ThisAbles' 프로젝트를 진행하게 된 배경이다. 비영리 단체인 밀밧, 액세스 이스라엘과 공동 진행한 이 프로젝트에서 이케아의 상품 디자이너들은 가구나 소품을 쓰는 데 장애인들이 어려움을 겪고 있는 요소들을 파악하고, 불편함을 해결해줄 수 있는 13개의 장치를 개발해 이스라엘 내 이케아 매장에서 판매했다. 뿐만 아니라 웹사이트https://thisables.com를 통해 도면을 공개하고 전 세계 어디서나 다운로드받아 3D 프린터로 출력할 수 있게 했다. 이 프로젝트는 '많은 사람을 위한 더 좋은 생활을 만든다'는 이케아의 비전을 잘 보여주는 사례로 2019년 칸 페스티벌에서 헬스 앤 웰니스 부문 그랑프리를 수상하는 등 많은 상을 수상하기도 했다.

## 모든 사람의 안전을 생각하는 볼보

안전을 브랜드의 핵심 가치로 생각하는 볼보는 여성이 남성에 비해 교통사고로 다치거나 사망할 확률이 높은 이유가 충돌 테스트에 쓰이는 더미가 남성 기준으로 제작되었기 때문이라는 인사이트를 발견했다. 이런 문제점을 해결하기 위해 임산부를 포함해 다양한 여성 더미를 이용한 충돌 실험을 했다. 볼보는 3점식 안전벨트 개발 60주년에 맞춰 약 40년간의 충돌 실험 결과와 교통사고 데이터, 그동안의 연구 결과들이 업로드된 디지털 라이브러리를 오픈했다. 데

볼보는 프로젝트 이름인 E.V.A Equal Vehicle for All의 의미 그대로 모두가 안전한 자동차 생활을 할 수 있도록
경쟁 브랜드뿐 아니라 일반인도 자료를 찾아볼 수 있도록 정보를 공개했다.
자료: 〈Volvo cars〉 유튜브 채널

이터가 축적된 디지털 사이트, 영상 콘텐츠와 옥외광고 등을 통해
안전해야 할 모든 인간의 권리를 위해 노력하는 볼보의 철학을 진
정성 있게 전달한 결과 많은 사람들에게 긍정적인 평가를 받았고,
2019년 칸 페스티벌에서도 크리에이티브 전략 부문 그랑프리 등 다
수의 상을 수상했다. 볼보의 이런 활동은 안전을 중요한 가치로 생
각하는 브랜드 철학을 커뮤니케이션하는 것에 그치지 않고, 제품 개
발 단계에서부터 인간의 가장 근본적인 욕구인 안전의 욕구를 지켜
주기 위해 노력하고 있음을 보여주었다는 점에서 의의가 있다.

# 감수성을 높이기 위한
# 가이드라인

브랜드 감수성은 타깃에 대한 세심한 관찰과 사회 변화에 대한 면밀한 이해를 기반으로 할 때 높아질 수 있다. 그리고 이를 소비자와 교감하려면 과감하면서도 철저한 계획을 준비해야 한다. 마케팅 관점에서 감수성을 높이기 위해 갖춰야 할 요소들은 무엇인가.

첫째, 핵심 타깃을 세심하게 관찰할 수 있는 모니터링 시스템을 구축해야 한다. 많은 기업이 방대한 고객 데이터를 수집하고, 온라인에서의 소셜 버즈량을 분석하는 등 고객의 행동 패턴과 인식의 변화를 파악하는 시도를 하고 있다. 하지만 대부분 판매 관점에서 바라본 제한적인 분석이다. 사회적 감수성에 대한 고려가 필수인 시대를 준비하려면 사회 이슈에 대한 발 빠른 파악과 타깃의 주요 관심사, 사회적 성향 및 가치관 등 보다 확대된 범위의 데이터 수집과 다각적 분석 시스템 구축이 선행돼야 한다.

둘째, 기업 내부 교육 프로그램을 통한 감수성 육성 및 외부 전문 기구와의 적극적 협업 체계를 구축해야 한다. 구찌 사례에서처럼 해외 선도적 기업들은 다양성과 포용성을 책임질 전문가를 영입하거나 브랜드 감수성의 내재화를 위한 교육 프로그램을 도입하고 있다. 2018년 말 흑인을 연상시키는 원숭이 모양의 열쇠고리를 출시해 비난을 받았던 프라다는 마틴 루터 킹의 일대기를 그린 영화 〈셀마〉(2014)의 감독인 에바 두버네이를 위원장으로 하는 다양성위원회를 구성하고 유색 인종의 목소리를 적극 반영하고 있다. 한편 인권·성별·민족·다양성 관련 기구들과의 협력을 통해 캠페인을 기획하는 기업도 있다. 이 기업들은 외부 기관과의 적극적인 협업을 통해 과거 기부와 자선에 머물던 수동적 사회 공헌 프레임에서 벗어나고 있다.

셋째, 타깃 관점에서 디테일한 액션 플랜을 설계해야 한다. 국내에서는 아직 조심스러운 이슈이지만 해외에서는 LGBT를 지지하는 마케팅 활동을 벌이는 기업이 늘고 있다. 이들은 매년 6월 전 세계적으로 열리는 LGBT 축제인 프라이드 퍼레이드에 맞춰 기업의 로고를 무지개색으로 바꾸고 행사에 참여함으로써 응원을 보내거나, LGBT에 대한 기업 철학을 밝히는 캠페인을 집행하기도 한다. 성소수자나 장애인 등 사회적 약자라고 인식되는 사람들을 위한 브랜드 활동을 기획할 때는 반드시 이들을 위한 활동으로 인해 또 다른 차별이나 갈등을 발생시키지 않아야 한다. 기업 관점에서 포용력이 높은 기업이라는 사실을 보여주는 데 집중하는 게 아니라 당사자들에 대한 진심 어린 이해와 세심한 배려가 우선시돼야 하는 것이다. 프라이드 행사가 열리는 6월 한 달만 쓸 수 있는 페이스북의 무지개색 '좋아요'는 독창적인 알고리즘을 통해 성소수적 취향을 공개할 경우

차별이나 괴롭힘, 박해당할 우려가 있는 나라나 지역에서는 이 '좋아요'를 쓸 수 없도록 제한했다. 이 조치에 따라 한국의 사용자들은 해당 기간 동안 무지개색 '좋아요'를 이용할 수 없었던 것이다.

개방적이고 자유로운 사고를 가진 밀레니얼 세대가 성장하면서 성별이나 인종, 가치관 등 기성세대가 당연하게 여겨온 고정관념에 대한 도전이 끊임없이 제기되고 있다. 다양성을 인정하고 모든 사람을 차별 없이 평등하게 대해야 한다는 인식과 가치관은 앞으로 더욱 강화될 것이다. 따라서 기업 관점에서 이런 시대적 흐름을 인지하고 감수성을 높이는 것은 중요하다. 또한 사회적으로 민감한 이슈를 다루는 게 최신 트렌드라는 안일한 생각으로 캠페인에 동참해서는 대중의 공감을 이끌어낼 수 없다. 진정성 없는 행동은 오히려 브랜드 리스크로 이어질 수 있기 때문이다.

# Chapter 5

# CSR? CSF!: 지속 가능한 미래를 실천하다

LIFESTYLE TREND

넷플릭스의 유명한 드라마 시리즈인 '블랙 미러'에서는 첨단기술 발전의 양면성을 창의적으로 보여준다. 〈블랙 미러〉(2016) 시즌 3의 '미움 받는 사람들'에서는 멸종돼버린 꿀벌을 작은 AI 드론으로 대체한 미래의 모습을 그리기도 했다. 꿀벌이 사라졌지만 자연환경 속 꿀벌의 역할을 대체할 수 있는 기술력이 있는 미래. 이런 미래가 현실로 다가왔을 때 우리는 생명체를 대신할 수 있는 기술 발전에 경의를 느껴야 할까 아니면 꿀벌의 멸종을 슬퍼해야 할까?

4차 산업혁명이 도래하면서 우리에게 더욱더 윤택한 삶을 약속하고 있지만 사회가 발전할수록 우리는 빠르게 지구의 자원을 소비하고 환경을 파괴하고 있다. 눈부시게 발전하는 기술과 이에 반해 빠른 속도로 훼손되고 있는 자연환경, 이것은 21세기 발전의 양면성이자, 다음 세대를 위해 현 세대가 반드시 해결해야 하는 과제이기도 하다. 환경과 사회, 조직의 지속가능한 발전을 위해 지금 이 시대의 사회 구성원이 해야 할 일이 무엇인지 생각해보자.

첨단기술의 명암을 그린 SF 드라마 〈블랙 미러〉의 한 장면.

# 지속 가능한
# 삶의 방식

〈뉴욕타임스〉는 2018년을 'CEO 행동주의activism'의 해였다고 평가했고, 영국 경제 주간지 〈이코노미스트〉는 2019년을 '채식주의의 해'로 선언했다. 그도 그럴 것이 소비자는 먹는 것뿐 아니라 입거나 몸에 바르는 것까지 동물성 성분이 들어가거나 동물 실험을 하는 제품을 기피하며 친환경적 가치관에 맞게 사회와 산업의 변화를 촉구하고 있기 때문이다. 글로벌 브랜드들도 환경 보호 문제에 입장을 적극적으로 표명하고 있다. 구찌는 전 세계 구찌 상품의 모피 사용을 금지시켰다. 애플은 세계 모든 시설을 신재생에너지로 운영하겠다는 포부를 밝혔다. 파타고니아는 국립공원 내 민간 부문의 자원 추출 사업을 용인하겠다는 트럼프 대통령을 고

페타의 동물 실험을 하지 않았다는 마크와 모피 사용을 금지한 구찌.
자료: 구찌

소하며 질책했다. 미래 환경에 대한 전망과 지속 가능할 발전을 위한 기업과 사회, 소비자 등 모두의 실천을 고려할 때 이런 전 세계적 움직임은 단순한 소비 트렌드에서 그치기보다 거시적인 하나의 삶의 방식으로 받아들여질 것으로 보인다.

## 지속 가능한 발전이란

1987년 UN 총회에서 전 세계의 자연환경 오염을 막기 위해 UN 가입국들의 동참을 촉구하고자 자연환경 보호와 사회경제적 발전이 양립할 수 있는 대안을 공표했다. 이 총회에서 발표한 〈브룬트란트 보고서(우리의 공동 미래)〉는 지속 가능한 발전을 '미래 세대의 세상(미래 세대가 원하거나 필요한 것, 그들의 능력)을 저해하지 않으면서 현

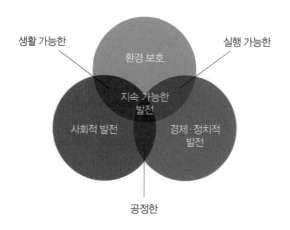

생활 가능한

실행 가능한

환경 보호

지속 가능한
발전

사회적 발전

경제·정치적
발전

공정한

세대의 필요를 충족시키는 발전'으로 정의했다. 현시점에서 이룰 수 있는 궁극의 발전을 최우선의 목표로 삼을 게 아니라 미래에도 발전할 수 있는 환경을 보장하는가를 목표로 삼아야 한다는 것이다. 지속 가능한 발전은 자연환경 보호뿐 아니라 사회 전반 여러 분야에 걸쳐 고려돼야 한다는 관점에서 크게 환경 보호, 사회적 발전, 경제·정치적 발전이 주요 기둥으로 여겨지고 있다.

## 지속 가능한 발전을 위한 실천에도 변하는 자연환경

기후변화정부간협의체 IPCC는 인간이 초래한 기후 변화가 지구에 끼칠 치명적 영향력을 최소화하려면 2030년까지 탄소 배출량을 45% 수준으로 낮춰야 하고 2050년까지 0%를 달성해야 한다고 경고한다. 이 같은 지표들에 기반해 국제 사회와 각국 정부, 민간 부문까지 지속 가능한 발전을 실현시키기 위해 노력하고 있으나 전체 탄소 배출량은 여전히 증가하고 있다.

탄소 배출 지표뿐 아니라 일상생활에서도 우리는 환경 변화의 위력을 체감하고 있다. 대형 산불, 태풍, 미세먼지 스모그, 슈퍼 폭염 등 기후 변화로 인한 자연재해가 선진국과 후진국 등 국가의 발전 수준과 무관하게 발생하고 있으며 재발생하는 주기 또한 짧아지고 있을 뿐 아니라 피해 규모도 커지고 있다. 예를 들어 미국 정부기관에 따르면 기후 변화는 향후 미국 GDP의 10% 상당의 피해를 입힐 것으로 예상되고 있다. 보다 더 적극적인 대응이 필요한 시점이다.

## 기존의 기업 전략

세계적인 컨설팅회사 맥킨지는 'Sustainability & Resource Productivity Report(2014)'에서 지속 가능한 발전이 종종 "사치스러운 투자나 PR용 장치 정도"로 여겨졌다고 진단했다. 지금까지 기업을 포함한 민간 부문에서 지속 가능한 발전이란 언제 도래할지 모르는 막연한 미래에 대한 대비를 의미했다. 우선순위가 낮아서 사업 환경이 여유로울 때나 시행할 수 있는 사안이거나 비즈니스가 초래한 피해인 자연환경 훼손, 임직원에 대한 불공정한 대우 등에 대한 뒤늦은 대응책으로 여겨지기 일쑤였다. 따라서 많은 기업이 대외적으로 실천한 지속 가능한 발전 접근 역시 단기적으로 친환경 이미지를 얻기 위해 일시적으로 실행한 PR 도구이거나 중장기적인 목적 없이 파편적으로 접근한 경우가 적지 않았다.

## 지속 가능한 발전을 향한 비즈니스 환경 변화

과거와 같이 미온적 태도를 유지하기에는 기업이 직면한 비즈니스 환경이 변하고 있다.

### 지속 가능성을 위한 규제 정책 증가

매해 국제적·국가적 차원의 규제 정책이 새롭게 발표되고 있다. EU는 파리협정을 채택하지 않은 국가와 신규 교역을 체결하지 않겠

# SUSTAINABILITY

SOCIETY　ENVIRONMENT　ECONOMY　TRAFFIC　POWER　CO₂-EMISSIONS　RECYCLING

지속 가능한 발전은 자연환경 보호뿐 아니라 사회 전반 여러 분야에 걸쳐 고려돼야 한다.
자료: 셔터스톡

다고 선언했고, 중국은 에너지 효율이 낮은 차량 500여 종의 생산을 금지했다. 우리나라 또한 매해 새로운 규제 정책을 발표하고 있다. 사업체는 페널티를 피하기 위해 사업을 개선해야 할 뿐 아니라 변하는 규제 정책을 예측하고 이를 위한 투자를 감행할 수밖에 없게 됐다.

### 재무 리스크 증가

포스코대우는 2018년 팜오일 농장 확장을 위한 무분별한 삼림 벌채로 거센 비난을 받으며 네덜란드 연금 기금의 4억 규모 투자금과 영국 최대 의약품 유통사와의 파트너십을 잃었다. 지속 가능한 발전을 실천하고 있는가가 중요 투자 요소로 부각되며, 사업체들은 재무적 리스크 관리를 위해 지속 가능한 발전을 염두에 두게 됐다.

## 지속 가능한 발전에 대한 기업들의 관점 변화

규제에 대응하고 리스크로부터 사업을 보호하는 것 외에 안전한 미래를 다음 세대에게 전달해야 한다는 사회적 책임을 다하는 점은 모두 지속 가능한 발전에 중요한 부분이지만, 지속 가능한 발전을 실천하는 것 자체로도 긍정적인 기회 요인들이 있다.

### 시장을 선도하는 혁신 기회

지속 가능한 발전을 목표로 한 비즈니스의 근본적인 체질 개선은 또 다른 혁신으로 이어질 수 있다. 유니레버는 지속 가능한 발전을 실천하기 위해 물을 덜 사용해도 되는 세탁 용품 개발에 투자했고, 그 결과 기존 경쟁사의 제품과는 다른 상품을 시장에 선보였다. 더 저렴하고 더 세정력이 좋은 제품을 개발하던 경쟁 구도에서 벗어나 혁신을 이룰 수 있었다는 점에서 유니레버는 지속 가능한 발전을 기회 요인으로 삼았다고 할 수 있다.

### 대규모 투자 유치 기회

도이치방크는 환경·사회·지배 구조ESG 영역에서 높은 점수를 획득한 기업이 산업 내 중상위권의 영업 이익을 낸다는 연구 결과를 발표했다. 즉 지속 가능성을 실천하고 있는 기업은 안정적인 수익성을 보장할 수 있기 때문에 고액의 투자 유치가 가능하다는 것을 의미한다. 따라서 이런 지속 가능성 지표에 기반한 '그린펀드'들이 증가하고 있다. 〈포브스〉는 2018년 국제 ESG 투자 규모를 20조 달러로 추산했다.

### 에너지 효율성을 증가시킬 기회

풍력에너지, 태양광에너지 등 대체에너지의 장점은 자원 고갈의

염려 없이 효율적으로 에너지를 활용할 수 있다는 점이다. 과거에는 대체에너지로 변화하기 위해 대규모의 초기 투자 자본이 투입되어야 해서 대체에너지의 활용성이 낮았지만 기술이 발전하면서 투자비용이 빠르게 감소하고 있어 화석 연료보다 저렴해질 전망이다. 따라서 지속 가능한 에너지 활용에 투자하는 것은 사업의 전체적 에너지 효율성을 증가시킬 기회가 된다.

### 소비자의 변한 가치관에 어필할 기회

전 세계적으로 사회적 가치, 개인 신념과 철학을 기준으로 소비를 결정하는 소비 트렌드가 부상하고 있다. '미닝아웃', '가치 소비' 등의 이름을 가진 이 현상에 의하면, 품질이 어느 정도 충족됐을 때 그 브랜드와 상품이 추구하는 가치와 사회적 책임이 소비 결정에 중요한 요소가 된다고 본다. 이때 지속 가능한 발전을 위한 변화를 선제적으로 적용한 브랜드는 그렇지 않은 경쟁사에 대비해 소비자에게 어필할 수 있는 강력한 차별성을 가지게 된다.

## 지속 가능한 발전을 실천하는 브랜드의 사례

### 비건 화장품의 부상

기존의 비거니즘은 고기, 계란, 우유 등 동물성 제품을 섭취하지 않는 엄격한 채식주의 식습관으로 알려져 있었다. 철저히 식물성 성분으로만 만들어졌지만 완벽한 버거의 맛을 살려 미국의 가장 핫한

미국 스타트업 임파서블 푸드의 임파서블
버거.
자료: 임파서블 버거

햄버거로 떠올랐던 임파서블 버거가 비거니즘의 대표 모습이었다.

하지만 비거니즘은 식문화뿐 아니라 삶의 전반에서 동물성 제품을 지양하는 생활 방식으로 전파되고 있다. 뷰티 산업에서는 동물성 원료를 쓰지 않고 동물을 대상으로 잔인한 실험을 하지 않은 비건 화장품 브랜드들이 각광받고 있다. 동물 털 대신 인조모만 쓰는 화장품 브러시 브랜드 에코툴스, 세계적 스킨케어 브랜드 클라란스의 동물 실험을 하지 않는 '마이 클라란스' 상품 라인, 연지벌레 색소나 동물성 왁스를 쓰지 않는 국내 비건 화장품 브랜드 디어달리아 등이다.

왼쪽부터 동물 털 대신 인조모만 쓰는 에코툴스, 비건 라인업 마이 클라란스, 국내 비건 화장품 브랜드
디어달리아.
자료: 각 사

## 플라스틱과의 전쟁

플라스틱 쓰레기로 고통 받고 있는 해양 생물의 충격적인 모습이 공개되면서 수많은 브랜드가 무분별한 플라스틱 사용에 대한 전쟁을 선포했다. 2020년을 기점으로 스타벅스는 전 세계 매장의 플라스틱 빨대 사용을 금지하기로 했다. 펩시는 생수 브랜드 아쿠아피나를 플라스틱 병이 아닌 알루미늄 캔으로 대체하기로 했다. 삼성전자는 전 세계에 출시하는 제품의 포장재를 플라스틱과 비닐 대신 종이와 친환경 소재로 단계적으로 변경할 예정이다. 배달의민족이 운영하는 배달 식자재 비품 전문 업체인 배민상회는 플라스틱 용기를 대신할 수 있는, 생분해되는 친환경 배달 용기를 출시했다.

시계 방향으로 펩시의 아쿠아피나 생수 캔, 삼성전자 100% 재활용 종이 포장재, 배민상회의 친환경 배달 용기.
자료: 각 사

## 재활용을 통한 새로운 상품 개발

지속 가능한 미래를 저해하는 부정적인 요소들을 근절시킬 뿐 아니라 신제품 출시를 통해 위기를 타진하고자 하는 브랜드도 있다. 아디다스는 해양 폐플라스틱을 재활용하여 소재로 사용한 운동화 라인을 별도로 출시해 소비를 통한 폐플라스틱 업사이클링을 장려하고 있다. 싱가포르를 거점으로 활동 중인 MIT미디어랩 산하 연구팀인 그래비키랩Graviky Labs은 공기 중 오염 물질에서 채취한 탄소로 에어잉크를 만들고, 이 잉크를 사용할 수 있는 필기구 등 소품을 제작하기도 했다. 이 잉크는 기존의 환경에 유해한 잉크를 대체해 공기 오염을 해결할 수 있다는 장점이 있다. 이처럼 재활용을 통해 새롭게 생산된 상품들은 더 이상 희귀템이 아닌 일상생활에 밀접한 상품으로 진화하고 있다.

해양 환경 보호 단체인 Parley for the Oceans과 협업한 아디다스(위), 그래비키랩의 대기 공해 잉크인 '에어잉크'로 디자인한 제품들(아래).
자료: 아디다스, Chark Innovations

## 지속 가능한 발전을 위한 구체적 방안

지속 가능한 발전을 위해 컨설팅회사 맥킨지는 다음과 같은 4가지 단계를 제안했다.

첫째, 이슈를 파악하고 우선순위를 정하라. 지속 가능한 발전을 위해서 해결돼야 할 과제는 많고, 모든 기업이 원대한 목표를 세우고자 할 수 있다. 중요한 것은 모든 과제를 해결하고자 하는 의지가 아니라 각 기업의 가치 체계에 기반한 선택과 집중이다. 이는 기업이 추구하는 지속 가능한 미래상을 파악하고, 그에 해당하는 목표들의 우선순위를 정하는 것을 의미한다.

코카콜라는 자사의 중장기 브랜드 가치 체계에 기반해 최우선적인 해결 과제로 '물'을 도출했다. 해결 방법 중에서도 생산 과정의 수자원 활용 효율성 높이기, 물 부족 지역에 공헌하기 등 물과 관련된 지속 가능한 발전에 집중할 수 있게 됐다.

둘째, 구체적인 목표로 치환하고 외부에 공표하라. 지속 가능한 발전을 위한 내부 분석을 마치고 달성하고자 하는 목표의 우선순위를 설정한 후에는 이런 정보를 구체적이고 측정이 가능한 목표로 해석해야 한다. 그리고 이를 외부에 공표해 기업의 포부를 어필하고 브랜드 가치를

| 중장기 전략적 테마(가치) | 'me, we, the world' |
|---|---|

선결 과제 도출

| 지속 가능한 발전 위한 목표 | 물, 웰빙, 여성 |
|---|---|
| 최우선 과제 | '물' |

높일 수 있다.

볼보는 구체적인 목표를 공표한 대표적인 브랜드다. 볼보 CEO 하칸 사무엘손은 "2025년까지 차량용 플라스틱 부품의 25% 이상을 재활용 플라스틱 소재로 대체하겠다. 목표 달성을 위해 볼보뿐 아니라 자동차 산업 전반의 변화를 촉구한다"고 발표하기도 했다.

셋째, 긍정적 영향력을 가시화하라. 지속 가능한 발전을 위한 전략을 수립하는 과정에서 가장 큰 장애물은 단기 수익 창출에 대한 압력으로 인한 좌절이다. 수익에 연관이 없어 보이는 중장기 목표는 실행이 지속되기 어렵다. 가장 이상적인 방법은 지속 가능성 전략의 긍정적인 재무 영향력을 가시화하는 것이다. 이를테면 지속 가능한 발전을 실천한 기업의 브랜드 가치 향상의 효과나 생산 공정 과정에서의 자원 효율성 증대로 발생된 흑자를 계산하는 방법이 있다.

지속 가능한 발전 전략으로 발생될 수익을 예측하는 일은 산출 방식이 복잡할 뿐 아니라 기업의 기밀 정보이기도 해 아직까지 알려진 정보가 한정적이다. 인텔은 지속 가능한 발전을 위해 투자하는 수자원 보존 프로젝트의 재무 가치를 계산하는 재무분석가를 기용한 것으로 알려졌다. 또한 이런 재무 정보를 투자가들에게 전달하는 방식으로 지속 가능한 발전을 위한 투자와 긍정적 영향력을 극대화하는 데 노력을 기울이고 있다.

넷째, 단기 목표로 분할해 목표 의식을 만들어라. 앞서 개발한 중장기적 목표를 달성하고 긍정적 영향력을 실제화할 수 있도록 단기 목표를 설정해야 한다. 기업의 지속 가능한 발전은 관계사와 임직원의 업무와는 거리가 먼 일로 치부될 수 있다. 단기적으로 그들이 이

룰 수 있는 목표로 세분화하고 이행 시 인센티브를 제시해 달성하고
자 하는 목표 의식을 만드는 게 바람직하다.

아디다스는 지속 가능한 발전을 위한 자사 전략을 3~5년 이내
이룰 수 있는 단기 단계로 세분화하고 자사의 공급사들이 이행하도
록 장려한다. 공급사들이 단기 목표를 이룰 시 보상할 수 있는 체계
를 갖춰놓고 있다.

찰스 디킨스의 대표작《두 도시 이야기》도입부는 집필된 지 160여
년이 지났음에도 현대 사회와 기술 발전의 한 면을 정확히 묘사하고
있다. "최고의 시절이자 최악의 시절, 지혜의 시대이자 어리석음의 시
대였다. 믿음의 세기이자 의심의 세기였으며, 빛의 계절이자 어둠의
계절이었다. 희망의 봄이면서 곧 절망의 겨울이었다. 우리 앞에는 모
든 것이 있었지만 한편으로 아무것도 없었다. 우리는 모두 천국으로
향해 가고자 했지만 우리는 엉뚱한 방향으로 걸었다."
디킨스가 묘사하는 절망의 겨울에 접어들지 않기 위해 전 세계 국가
들과 브랜드들은 2020년을 약속의 해로 선정한 듯하다. 〈포브스〉 선
정 250개 기업들의 수많은 경영 방침 가운데 무려 330개가 환경 보
호와 연관되어 있다. 공교롭게도 모두 2020년을 달성 목표의 해로
잡았다. 과연 얼마나 많은 기업이 실천에 성공하고 지속 가능한 발전
에 기여했을지 귀추가 주목된다. 약속 이행의 관점에서 나아가 장기
적인 안목에서 지속 가능한 우리 모두의 미래에 대비하기 위해 변화
의 큰 흐름을 늘 예의주시해야 한다.

# 2020 팔리는
# 라이프스타일 트렌드

1판 1쇄 발행 | 2019년 11월 15일
1판 2쇄 발행 | 2020년 1월 23일

**지은이** 김나연, 이상길, 류현준, 박종제, 권정주, 이현명, 전준석, 이지원, 정하윤
**펴낸이** 김기옥

**경제경영팀장** 모민원
**기획 편집** 변호이, 김광현
**커뮤니케이션 플래너** 박진모
**경영지원** 고광현, 임민진
**제작** 김형식

**인쇄·제본** 민언프린텍

**펴낸곳** 한스미디어(한즈미디어(주))
**주소** 121-839 서울특별시 마포구 양화로 11길 13(서교동, 강원빌딩 5층)
**전화** 02-707-0337 | **팩스** 02-707-0198 | **홈페이지** www.hansmedia.com
**출판신고번호** 제 313-2003-227호 | **신고일자** 2003년 6월 25일

ISBN 979-11-6007-448-2  13320